Naturgeografische Bausteine B: Klima / Wetter
Lerntext, Aufgaben mit Lösungen, Glossar und Zusammenfassungen

Markus-Hermann Schertenleib, Helena Egli-Broz und Andrea Grigoleit

4., überarbeitete Auflage 2016

Naturgeografische Bausteine B: Klima / Wetter
Lerntext, Aufgaben mit Lösungen, Glossar und Zusammenfassungen
Markus-Hermann Schertenleib, Helena Egli-Broz und Andrea Grigoleit

Grafisches Konzept und Realisation, Korrektorat: Mediengestaltung, Compendio Bildungsmedien AG, Zürich
Druck: Edubook AG, Merenschwand
Coverbild: © 2014 Thinkstock

Redaktion und didaktische Bearbeitung: Andrea Grigoleit

Artikelnummer: 14133
ISBN: 978-3-7155-7272-7
Auflage: 4., überarbeitete Auflage 2016
Ausgabe: U1066
Sprache: DE
Code: XGG 021

Alle Rechte, insbesondere die Übersetzung in fremde Sprachen, vorbehalten. Der Inhalt des vorliegenden Buchs ist nach dem Urheberrechtsgesetz eine geistige Schöpfung und damit geschützt.

Die Nutzung des Inhalts für den Unterricht ist nach Gesetz an strenge Regeln gebunden. Aus veröffentlichten Lehrmitteln dürfen bloss Ausschnitte, nicht aber ganze Kapitel oder gar das ganze Buch fotokopiert, digital gespeichert in internen Netzwerken der Schule für den Unterricht in der Klasse als Information und Dokumentation verwendet werden. Die Weitergabe von Ausschnitten an Dritte ausserhalb dieses Kreises ist untersagt, verletzt Rechte der Urheber und Urheberinnen sowie des Verlags und wird geahndet.

Die ganze oder teilweise Weitergabe des Werks ausserhalb des Unterrichts in fotokopierter, digital gespeicherter oder anderer Form ohne schriftliche Einwilligung von Compendio Bildungsmedien AG ist untersagt.

Copyright © 2011, Compendio Bildungsmedien AG, Zürich

Dieses Buch ist klimaneutral in der Schweiz gedruckt worden. Die Druckerei Edubook AG hat sich einer Klimaprüfung unterzogen, die primär die Vermeidung und Reduzierung des CO_2-Ausstosses verfolgt. Verbleibende Emissionen kompensiert das Unternehmen durch den Erwerb von CO_2-Zertifikaten eines Schweizer Klimaschutzprojekts.

Mehr zum Umweltbekenntnis von Compendio Bildungsmedien finden Sie unter: www.compendio.ch/Umwelt

Inhaltsverzeichnis

	Vorwort zur vierten Auflage	5
1	**Atmosphäre und Klimaelemente**	**7**
1.1	Aufbau der Atmosphäre	7
1.2	Zusammensetzung der Atmosphäre	9
1.3	Klimaelemente	11
2	**Sonnenstrahlung**	**12**
2.1	Strahlungsstrom und Sonnenstrahl-Einfallswinkel	12
2.2	Breitenabhängigkeit des Strahlungsstroms	14
2.3	Reflexion und Absorption	16
2.4	Jahreszeiten und solare Klimazonen	18
3	**Luftdruck**	**22**
3.1	Physik der Luft	22
3.2	Luftdruckmessung	24
4	**Wind**	**27**
4.1	Physik der Winde	27
4.2	Windgeschwindigkeitsmessung	29
4.3	Lokale Windsysteme	32
4.3.1	See- und Landwind	32
4.3.2	Tal- und Bergwind	33
4.4	Planetarisches Druck- und Windsystem	33
4.4.1	Urmodell des planetarischen Windsystems	34
4.4.2	Erweitertes Urmodell des planetarischen Windsystems	34
4.4.3	Planetarische Winde	37
4.4.4	Planetarisches Druck- und Windsystem und seine jahreszeitliche Verlagerung	43
4.5	Monsune	48
4.6	Spezielle Winde	50
4.6.1	Regionale Winde	50
4.6.2	Wirbelwinde	50
5	**Luftfeuchtigkeit**	**53**
5.1	Physik der feuchten Luft	53
5.1.1	Verdunstung	53
5.1.2	Sättigungsmenge	54
5.1.3	Absolute und relative Luftfeuchtigkeit	54
5.1.4	Kondensation	55
5.1.5	Luftfeuchtigkeitsmessung	56
5.2	Föhn	59
5.2.1	Temperaturgradienten	59
5.2.2	Modell der Föhnströmung	60
5.2.3	Klimatologische Betrachtung des Föhns im Alpenraum	61
5.2.4	Andere Föhnwinde	62
6	**Klimafaktoren und Ozeanografie**	**64**
6.1	Klimafaktoren	64
6.2	Ozeanografie	68
6.2.1	Verteilung der Meeres- und Festlandoberflächen	68
6.2.2	Globaler Wasserkreislauf	69
6.2.3	Was sind Meeresströmungen?	70
6.2.4	Windbedingte Oberflächenströmungen	70
6.2.5	Auftriebswasser durch ablandige Winde	73
6.2.6	Klimabeeinflussung durch Strömungen	73
6.2.7	El Niño – Klimaanomalie mit globalen Folgen	74
7	**Klimaklassifizierung**	**78**
7.1	Klimadiagramme	78
7.2	Köppens Klimaklassifikation	79
7.2.1	Klimaeinteilung	79
7.2.2	Klimazonen- und Klimatypenbeschreibung	84
7.2.3	Vegetationszonen	86

8	**Wettererfassung**	**92**
8.1	Bodenstationen	92
8.1.1	Landstationen	92
8.1.2	Meeresstationen	93
8.2	Radiosondierung	94
8.3	Satellitenbilder	95
9	**Wetterbericht und Wetterkarteninterpretation**	**96**
9.1	Wetterkarte oder Bodenwetterkarte	96
9.2	Wetterkarteninterpretation	101
9.2.1	Wetterentwicklungen in der Frontalzone	101
9.2.2	Allgemeine Lage	104
9.3	Wettervorhersage oder Wetterprognose	107
9.4	Typische Grosswetterlagen	107
9.5	Wetterregeln	115
9.5.1	Zwölf Wetterregeln zur Kurzfristvorhersage	115
9.5.2	Bauernregeln	116
10	**Mensch und Atmosphäre**	**118**
10.1	Klimawandel	118
10.1.1	Messbare Klimaveränderungen	118
10.1.2	Treibhauseffekt	120
10.1.3	Treibhausgase	121
10.1.4	Prognosen für die Klimaentwicklung	125
10.1.5	Rückkopplungsprozesse und ihre Wirkung auf das Klima	127
10.1.6	Klimaschutz	128
10.1.7	Ihr persönlicher Beitrag zum Klimaschutz	129
10.2	Vom Menschen verursachte Luftverunreinigungen	130
10.2.1	Wintersmog (Smog)	130
10.2.2	Sommersmog: Troposphären-Ozon	132
10.2.3	Ozonloch: Stratosphären-Ozon	133
	Gesamtzusammenfassung	**136**
	Lösungen zu den Aufgaben	**146**
	Glossar	**159**
	Stichwortverzeichnis	**167**

Vorwort zur vierten Auflage

Dieses Lehrmittel richtet sich an Lernende, die sich auf die Passerellen-Prüfung in Geografie vorbereiten. Unsere Lehrmittelreihe für die Passerelle besteht aus folgenden Werken:

- Naturgeografische Bausteine A und B
- Wirtschaft, Umwelt und Raum
- Bevölkerung und Raum
- Regionalgeografie

Inhaltliche Gliederung

Das Lehrmittel «Naturgeografische Bausteine B: Klima / Wetter» setzt folgende Schwerpunkte:

- Im Kapitel 1 werden Sie den Aufbau der Atmosphäre kennenlernen und sehen, aus welchen Stoffen sie sich zusammensetzt.
- Im Kapitel 2 geht es um das Klimaelement Sonnenstrahlung. Die hier vermittelten Grundkenntnisse werden Ihnen helfen, die physikalischen Vorgänge des Treibhauseffekts und des Klimawandels besser zu verstehen. Mit diesem beschäftigen wir uns im Kapitel 10.
- Im Kapitel 3 befassen Sie sich mit dem Klimaelement Luftdruck und der Luftdruckmessung.
- Im Kapitel 4 lernen Sie das Klimaelement Wind und das komplexe globale Windsystem kennen.
- Im Kapitel 5 geht es um das Klimaelement Luftfeuchtigkeit.
- Im Kapitel 6 beschäftigen wir uns mit den Klimafaktoren, die die Intensität und Wirkung verschiedener Klimaelemente beeinflussen.
- Im Kapitel 7 lernen Sie, wie man die Erdoberfläche in verschiedene Klimazonen mit unterschiedlichen Wetterabläufen und Vegetationen gliedern kann.
- Im Kapitel 8 wird die Arbeitsweise der meteorologischen Stationen kurz dargestellt.
- Im Kapitel 9 erfahren Sie, wie meteorologische Tabellen und Grafiken zu lesen und zu interpretieren sind. Sie lernen Grosswetterlagen zu bestimmen und zu deuten, wahrscheinliche Wetterentwicklungen vorherzusagen und eine kurzfristige Wetterprognose zu erstellen.
- Im Kapitel 10 geht es um das aktuelle Thema der Klimaveränderungen durch menschliche Einflüsse.

An einigen Stellen sind Verweise auf Karten aus Atlanten angegeben. Sie erkennen diese Hinweise an den Abkürzungen SWA (Schweizer Weltatlas; Lehrmittelverlag Zürich; 2010) und DWA (Diercke Weltatlas Schweiz; Verlag Westermann; 2008). Beachten Sie auch die interaktive Version http://schweizerweltatlas.ch/.

Auf der Internetseite http://www.compendio.ch/geografie werden Korrekturen und Aktualisierungen zum Buch veröffentlicht.

Zur aktuellen Auflage

Klimawandel und Treibhauseffekt werden zu immer zentraleren Themen in unserer Gesellschaft. Daher ist es wichtig, diese bedrohlichen Prozesse der Erderwärmung genau zu verstehen. Doch dazu braucht es die entsprechenden physikalischen Grundkenntnisse. Um diese zu ergänzen, wurde ein Kapitel zum Klimaelement «Sonnenstrahlung» eingefügt. Dadurch verschiebt sich die Kapitelnummerierung um 1 gegenüber der Vorauflage.

Das Kapitel 10, S. 118, «Mensch und Atmosphäre» wurde neu gegliedert und den Erkenntnissen des neuen IPCC-Klimaberichts von 2014 angepasst.

Im Kapitel 4.2, S. 29 «Windgeschwindigkeitsmessung» wurde die Erwähnung des Windsacks weggelassen.

In den anderen Kapiteln wurde der bewährte Inhalt nur stellenweise bzw. wo nötig aktualisiert.

In eigener Sache

Haben Sie Fragen oder Anregungen zu diesem Lehrmittel? Über unsere E-Mail-Adresse postfach@compendio.ch können Sie uns diese gerne mitteilen.

Zusammensetzung des Autorenteams

Dieses Lehrmittel wurde von Markus-Hermann Schertenleib in Zusammenarbeit mit Helena Egli-Broz verfasst und bearbeitet. Für die vorliegende vierte Auflage wurde es von Markus-Hermann Schertenleib, Giovanni Danielli und der Redaktorin Andrea Grigoleit weiterentwickelt.

Zürich, im Juni 2016

Markus-Hermann Schertenleib, Autor
Andrea Grigoleit, Redaktorin

1 Atmosphäre und Klimaelemente

Lernziele Nach der Bearbeitung dieses Kapitels können Sie ...

- den schichtweisen Aufbau der Atmosphäre beschreiben.
- das Luftgemisch in seine unterschiedlichen Anteile aufteilen.
- die verschiedenen Klimaelemente nennen.

Schlüsselbegriffe Atmosphäre, Klima, Klimaelemente, Klimatologie, Meteorologie, Tropopause, Troposphäre, Wetter, Witterung

Die Erde ist, wie Sie beim leisesten Windhauch und bei jedem Atemzug erleben, von einer Gashülle, der Atmosphäre[1], umgeben. Sie beinhaltet den für das Leben notwendigen Sauerstoff und schützt es vor schädigenden Strahlen. Wir untersuchen die vielfältigen Prozesse in der Atmosphäre, insbesondere in ihrer untersten Schicht, der Troposphäre[2]. Sie prägen unser tägliches Leben, bestimmen ganz allgemein die Lebensvorgänge und sind fortwährend an der Gestaltung der Erdoberfläche mitbeteiligt.

Klimaelemente

Die Klimaelemente sind die veränderlichen und messbaren physikalischen Wirkgrössen der Atmosphäre. Es sind dies:

- Sonnenstrahlung
- Lufttemperatur
- Luftdruck
- Wind
- Luftfeuchtigkeit
- Niederschlag

1.1 Aufbau der Atmosphäre

Atmosphäre

In der Atmosphäre der Erde sind vier verschiedene Schichten, Stockwerken ähnlich, zu unterscheiden (vgl. Abb. 1-1):

- Troposphäre
- Stratosphäre
- Mesosphäre
- Thermosphäre mit Ionosphäre

Troposphäre

Die für uns wichtigste Schicht ist die unterste, die Troposphäre. Sie ist die eigentliche Wetterschicht, das Kernstück der Meteorologie. In ihr werden die Luftmassen durch ausgeprägte Vertikalbewegungen durchmischt («gewendet»). In der Troposphäre nimmt die Temperatur durchschnittlich um 0.65 °C pro 100 m Höhe ab.

Tropopause

Infolge der Erdrotation und der Temperaturverteilung auf der Erde liegt ihre Obergrenze, die Tropopause, über den Polen in 8 km, über dem Äquator in 17 km und in den gemässigten Breiten in etwa 12 km Höhe. Oberhalb der Tropopause beginnt die stabil geschichtete Stratosphäre[3], in der vertikale Luftbewegungen praktisch ausbleiben. In ihr befindet sich die Ozonschicht (vgl. Kap. 10.2.3, S. 133). Ausserdem verglühen in ihren oberen Schichten die Meteore. Die Mesosphäre[4], das dritte Stockwerk, reicht von der Stratopause in 50 km Höhe bis zur 80 km hoch gelegenen Mesopause.

---

[1] Griech. *atmos* «Dunst» und griech. *sphaira* «Kugel».
[2] Griech. *trepein* «wenden».
[3] Lat. *stratum* «Schicht».
[4] Griech. *mesos* «Mitte».

Darauf folgt die Thermosphäre, in der sich die Ionosphäre[1] befindet. Letztere zeigt eine bis zu fünffache Schichtung unterschiedlicher Elektronendichte, die das Reflektieren von Rundfunkwellen für den Nachrichtenverkehr über weite Distanzen ermöglicht. Hier entstehen auch durch die Kollision von Atmosphärenteilchen und dem energiereichen Sonnenwind die Polarlichter (vgl. Kap. 7.7, S. 81). Am oberen Ende der Thermosphäre, bei etwa 600 km Höhe, geht die Atmosphäre allmählich in den interplanetaren Raum über. Diese Zone wird als Exosphäre bezeichnet.

[Abb. 1-1] Schematischer Aufbau der Atmosphäre

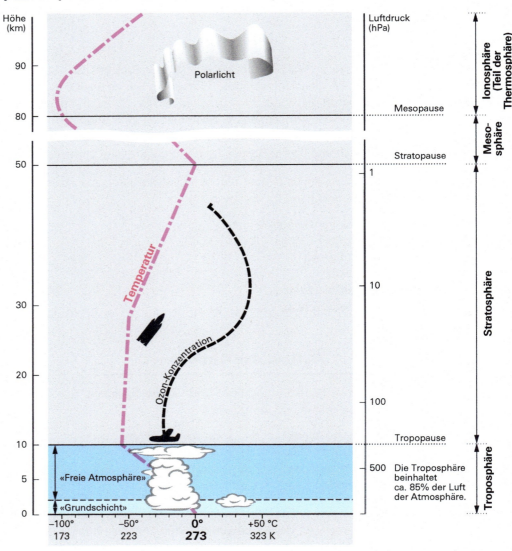

Zusammenfassung Die Atmosphäre gliedert sich in die Troposphäre, die eigentlich wetterwirksame Schicht sowie in die Strato-, die Meso- und die Thermo-/(Iono)sphäre. Die durchschnittliche Temperaturabnahme in der Troposphäre beträgt 0.65 °C/100 m.

Aufgabe 1 Die Erde weist einen durchschnittlichen Radius von 6 367 km auf. Die durchschnittliche Mächtigkeit der wetterwirksamen Troposphäre beträgt 12 km. Auf einem Globus mit einem Durchmesser von 1 m soll die Troposphäre mittels einer Kunststoffschicht dargestellt werden. Wie mächtig ist die Modell-Troposphäre?

[1] Griech. *ion* «wandernd».

1.2 Zusammensetzung der Atmosphäre

Zusammensetzung der Atmosphäre

Die Atmosphäre weist bis in etwa 20 km Höhe ein Gemisch von Gasen auf.

In der wetterwirksamen Troposphäre setzt sich die Luft zusammen aus:

78.08	Volumen-%	Stickstoff, N_2	Merkzahlen:	78%
20.95	Volumen-%	Sauerstoff, O_2		21%
0.93	Volumen-%	Argon, Ar		0.9%
0.04	Volumen-%	Kohlenstoffdioxid, CO_2		0.04%
0.062	Volumen-%	Übrige Gase		0.06%

Unter «übrige Gase» fallen die Edelgase Helium (He), Neon (Ne), Krypton (Kr) und Xenon (Xe) sowie Ozon (O_3) und Wasserdampf (H_2O). Der CO_2-Gehalt unterliegt als Folge der zunehmenden Verbrennung fossiler Energieträger einer messbaren regionalen und zeitlichen Veränderung (vgl. Kap. 10.1.3, S. 121).

Der Wasserdampf, die Grundlage für die Niederschläge, gehört zu den mengenmässig kleinen Gasanteilen der Troposphäre. In unseren Breiten schwankt sein Anteil zwischen 0.4 und 1.3 Volumen-%. Ab einer Höhe von 20 km stellt sich bei sehr niedrigem Druck ein anderes Mischungsverhältnis von Gasen ein. Vor allem nimmt die Konzentration an Ozon zu (vgl. Kap. 10.2.3, S. 133).

[Abb. 1-2] Aufsteigender Frühnebel in den Bergen

Bild: © stefan welz – Fotolia.com

Vergleich Erdkugel – Troposphäre

Das Volumen der Troposphäre, die 85% der Atmosphärenluft beinhaltet, ergibt eine Luftkugel mit einem Durchmesser von nur einem Sechstel des Erddurchmessers.

[Abb. 1-3]   Volumenvergleich Erdkugel – Troposphäre

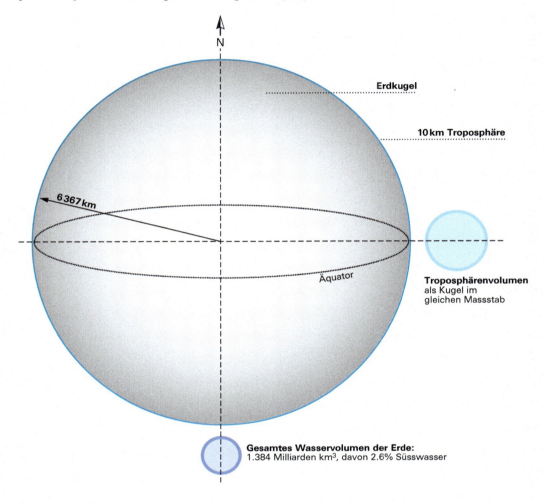

| Zusammenfassung | Die Atmosphäre setzt sich zusammen aus: Stickstoff (ca. 78%), Sauerstoff (ca. 21%), Argon (ca. 0.9%), Kohlenstoffdioxid (ca. 0.04%) und weiteren Gasen. |

| Aufgabe 2 | Die durchschnittliche Jahrestemperatur in Genf (405 m ü. M.) beträgt 10 °C. Welche Durchschnittstemperatur erwarten Sie für die Klimastation auf dem Grossen Sankt Bernhard (2 479 m ü. M.)? |

1.3 Klimaelemente

Klimaelemente

Das Wort «Klima»[1] weist darauf hin, dass die in diesem Begriff zusammengefassten Erscheinungen auf die Neigung der Erdachse zur Ekliptik, die Erdumlaufbahn um die Sonne und auf die im Jahresablauf sich somit verändernden Sonnenstrahl-Einfallswinkel zurückzuführen sind. Zu den Klimaelementen zählen wir sechs grundlegende, mit meteorologischen Messinstrumenten erfassbare Wettergrössen:

- Sonnenstrahlung
- Lufttemperatur
- Luftdruck
- Wind
- Luftfeuchtigkeit
- Niederschlag

Ihnen ist sicher aufgefallen, dass das Wort Klima dominiert, obwohl wir uns zuerst mit der Meteorologie[2] auseinandersetzen wollen. Die folgenden fünf Definitionen helfen Ihnen, einige inhaltlich verwandte Begriffe auseinanderzuhalten:

Definitionen

- Meteorologie (Wetterlehre, Teilbereich der Klimatologie): Lehre von den physikalischen Erscheinungen und Vorgängen in der Atmosphäre.
- Wetter: augenblicklicher, absoluter Zustand der Atmosphäre über einem Ort, wie er durch die Grössen der meteorologischen Elemente (Klimaelemente) und ihr Zusammenwirken gekennzeichnet ist.
- Witterung: Diese umschreibt den allgemeinen Charakter eines kurzzeitigen (Stunden bis Tage) Wetterablaufs über einem Ort.
- Klimatologie (Klimakunde): Lehre vom Klima der Erde. Sie beschäftigt sich mit der Witterung im Jahresverlauf, um daraus eine Aussage über den mittleren Zustand der Atmosphäre abzuleiten.
- Klima: mittlerer Zustand der Atmosphäre über einem grösseren Gebiet mit ähnlichen Wetterabläufen während einer längeren Zeitepoche (30 Jahre).

So herrschen beispielsweise zur gleichen Zeit in Lausanne, St. Gallen, München und Hannover vier verschiedene Wetter, während der Klimatyp für alle vier Städte derselbe ist.

Zusammenfassung

Die Klimaelemente

- Sonnenstrahlung,
- Lufttemperatur,
- Luftdruck,
- Wind,
- Luftfeuchtigkeit und
- Niederschlag

sind veränderliche physikalische Grössen der Atmosphäre, deren Entwicklung das Klima eines Gebiets prägt.

---

[1] Griech. *klinein* «neigen».
[2] Griech. *meteoros* «in der Luft schwebend», gemeint sind das Wetter und die Witterung.

2 Sonnenstrahlung

Lernziele	Nach der Bearbeitung dieses Kapitels können Sie ... • die Grundzüge der Physik der Strahlung erklären. • das Zustandekommen der verschiedenen Jahreszeiten erläutern. • die solaren Klimazonen nennen.
Schlüsselbegriffe	Absorption, Albedo, Reflexion, solare Klimazonen, Sonnenstrahlung, Strahlung, Strahlungsstrom

Sonnenstrahlung

Die Sonne ist unser wichtigster Energielieferant. Für die Wettervorgänge ist Energie notwendig. Sie stammt nahezu vollständig von unserem Zentralgestirn Sonne. Andere Energiequellen, wie z. B. das Innere der Erde, der das Sonnenlicht reflektierende Mond und die Vielzahl der Sterne, sind vernachlässigbar klein. Von der Sonne beziehen wir unsere tägliche Wärme und selbst fossile Energieträger wie Kohle und Erdöl sind nichts anderes als von Pflanzen gebildete biogene gespeicherte Sonnenenergie.

2.1 Strahlungsstrom und Sonnenstrahl-Einfallswinkel

Definition

Unter Strahlung, sichtbar wie das Licht oder unsichtbar wie die Wärme des uns erwärmenden Heizkörpers, verstehen wir den Transport von Energie mittels elektromagnetischer Wellen.

Ohne materiellen Träger durchdringt die Strahlung den luftleeren Weltraum und befördert Energie von einem Himmelskörper zum anderen.

Definition

Strahlungsstrom ist die Energiemenge der Sonne, die pro Fläche und Zeit auf die Atmosphärenobergrenze auftrifft.

Die heute gültige Masseinheit für die Energie ist W/m^2 (= Watt pro Quadratmeter)[1].

Solarkonstante

Eine weitere Grösse, die direkt aus dem Strahlungsstrom hergeleitet wird, ist die Solarkonstante. Sie ist die Bestrahlungsstärke des Strahlungsstroms an der Obergrenze der Erdatmosphäre auf eine senkrecht zum Strahlungsstrom stehende Einheitsfläche und beträgt ca. $1\,365\,W/m^2$. Neuere Messungen haben ergeben, dass dieser Wert im Mittel mehrerer Jahre nur wenig schwankt, also sehr konstant ist.

Die Erde kreist um die Sonne. Von der Erde aus betrachtet scheint die Sonne allerdings um die Erde zu kreisen, und zwar auf je nach Jahreszeit unterschiedlichen Bahnen. Sie strahlt somit fortwährend unter einem anderen Einfallswinkel auf die Erdoberfläche ein. Uns interessiert nun die Abhängigkeit des auf die Erdoberfläche auftreffenden Strahlungsstroms J vom Sonnenstrahl-Einfallswinkel. Betrachten Sie Abbildung 2-1 und versuchen Sie, die gezeichneten Informationen in Worte umzusetzen. Dann erst lesen Sie weiter.

---

[1] W/m^2 kann man auch ausdrücken in $J/cm^2 \cdot s$ (= Joule pro Quadratzentimeter und Sekunde, wobei 1 J einer Wattsekunde (= Ws) entspricht: 1 J = 1 Ws (4.2 Ws vermögen $1\,cm^3$ Wasser um 1 °C zu erwärmen).

[Abb. 2-1] Abhängigkeit des Strahlungsstroms J vom Sonnenstrahl-Einfallswinkel α

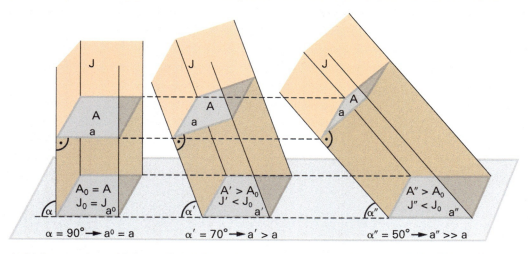

Je kleiner α, desto kleiner wird J. Denn je kleiner α, desto grösser wird die Fläche A.

Sonnenstrahl-Einfallswinkel

Naturwissenschaftlich formuliert heisst das: Fällt ein Sonnenstrahlbündel senkrecht auf eine Fläche, so ist die bestrahlte Fläche A_0 am kleinsten und somit der Strahlungsstrom J_0 maximal. Mit abnehmendem Sonnenstrahl-Einfallswinkel α vergrössert sich die Fläche A_0 zu A'. Das heisst, dass das Strahlenbündel seine Energie an eine grösser werdende Fläche A' abgibt. Dadurch nimmt der Strahlungsstrom pro Flächeneinheit ab, J' ist kleiner als J_0. Betrachten Sie dazu Abbildung 2-2.

[Abb. 2-2] Entwicklung des Strahlungsstroms auf der Erdoberfläche

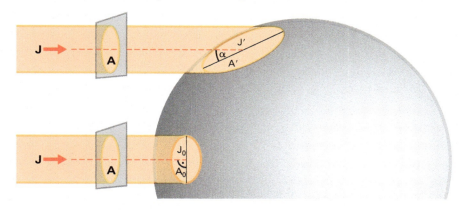

Abnahme des Strahlungsstroms J_0 zu J' in Abhängigkeit vom veränderlichen Sonneneinfallswinkel und somit durch die Verteilung auf eine grösser werdende Fläche A'.

An jedem Punkt der Erde steht zur Mittagszeit die Sonne am täglichen Höchstpunkt über dem Horizont. Dieser Höchstpunkt der Sonne auf ihrer scheinbaren Bahn heisst Kulminationspunkt. In Abhängigkeit von den Jahreszeiten ist der Kulminationspunkt tiefer oder höher zu suchen.

Zur nord- und südwinterlichen Mittagszeit steht die Sonne 47° (2 · 23.5°) tiefer als zur sommerlichen.

Die tägliche Einstrahlungszeit variiert je nach Ort und Tag zwischen 0 und 24 Stunden, der Sonnenstrahl-Einfallswinkel zwischen 0° und 90°.

Die Sonnenstrahlung ist das wesentliche Anfangsglied der Kette mit den übrigen voneinander abhängigen Klimaelementen Lufttemperatur, Luftdruck, Winde, Luftfeuchtigkeit und Niederschlag.

Zusammenfassung Alle Flächen der Erde werden von unterschiedlichen Sonnenstrahl-Einfallswinkeln getroffen: Je grösser der Einfallswinkel α ist, desto kleiner ist die bestrahlte Fläche und desto grösser der Strahlungsstrom resp. die einströmende Energie.

Im globalen Jahresdurchschnitt wird jeder Erdoberflächenpunkt täglich 12 Stunden bestrahlt. An den einzelnen Erdoberflächenpunkten unterscheiden sich die Sonnenstrahl-Einfallswinkel während des lichten Tages hingegen stark.

Aufgabe 3 Bestimmen Sie zeichnerisch die Sonnenstrahl-Einfallswinkel zur Mittagszeit am 21.3. oder 23.9. auf dem 47. nördlichen Breitenkreis.

An diesen Tagen steht die Sonne zur Mittagszeit senkrecht über dem Äquator.

2.2 Breitenabhängigkeit des Strahlungsstroms

Erdbewegungen

Führen wir uns einmal die Bewegungen der Erde als Himmelskörper vor Augen. Betrachten Sie dazu die Abbildung 2-3. Einmal täglich dreht sich die Erde, von West nach Ost, um die eigene Achse. Diese Bewegung, die Rotation[1], führt zum Wechsel von Tag und Nacht. Im Verlaufe eines Jahres wandert die Erde einmal um die Sonne, was wir mit Revolution[2] bezeichnen. Das Besondere an der Revolution ist, dass die Erdachse unter einem Winkel von 23.5° schräg zur Senkrechten auf der Ekliptik steht und immer zum gleichen Punkt am Himmelsgewölbe, zum Polarstern, weist.

[Abb. 2-3] Rotation und Revolution der Erde

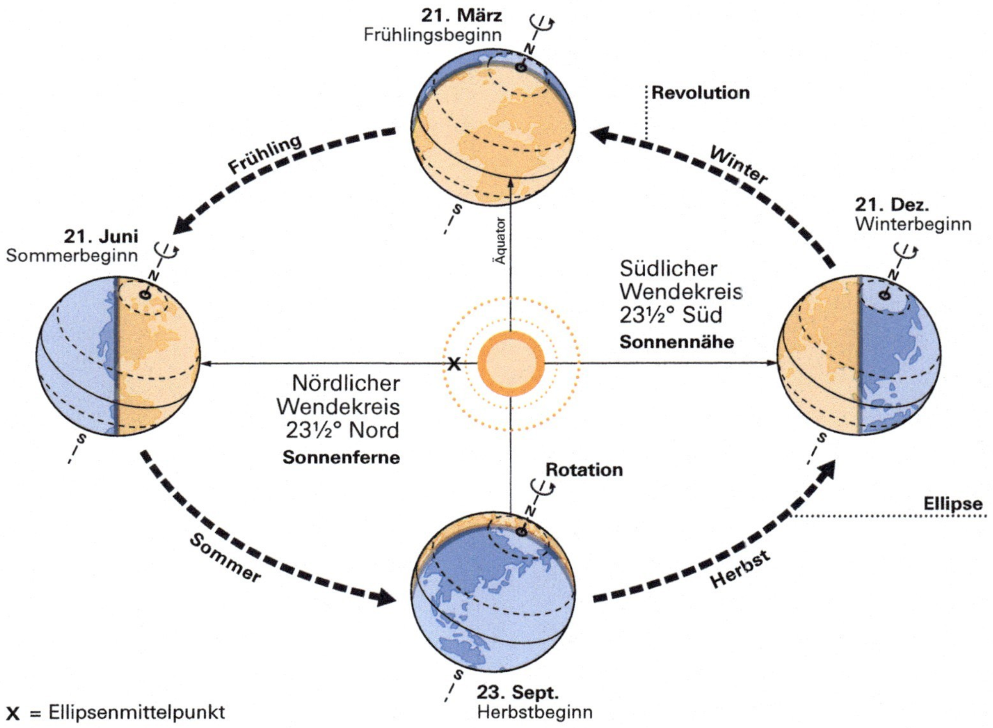

X = Ellipsenmittelpunkt

Die Erde dreht sich täglich um sich selbst (Rotation) und jährlich um die Sonne (Revolution).

[1] Lat. *rotare* «kreisförmig herumdrehen» (um die körpereigene Achse).
[2] Lat. *revolvere* «zurückrollen, zurückdrehen» (um die körperfremde Achse).

Die Licht- und Schattenhalbkugeln richten sich nach dem einfallenden Licht: Sie wandern bezüglich des Äquators um 23.5° «auf und ab» – nordwärts und südwärts, im Verlaufe eines Jahres also um 47°.

Zum einen wird die Intensität des Strahlungsstroms durch die Lage der Erdachse zu den Sonnenstrahlen beeinflusst. Zum andern aber wird die Intensität auch ganz stark durch die Tageszeit verändert.

Zusammenfassung

Infolge der Revolution und der Rotation der Erde fallen die Sonnenstrahlen während des Jahres unter sich ständig verändernden Winkeln auf die Erdoberfläche ein.

Der auf einen beliebigen Standort der Erde fallende Strahlungsstrom ist abhängig vom Sonnenstrahl-Einfallswinkel. Er wird verändert durch den Breitenkreis des Standorts, den Abstand des Standorts zum Breitenkreis mit senkrechtem Sonnenstrahl-Einfallswinkel und die Tageszeit am Standort (Ortszeit).

Aufgabe 4 Ergänzen Sie die folgende, zu Abbildung 2-3 passende Tabelle 2-1:

[Tab. 2-1]   Sonnenstand im Jahreslauf

Datum	Die Sonne steht senkrecht über dem ...	Die Strahlen tangieren die ...	Auf der Nordhalbkugel herrscht ... und beginnt der ...	Auf der Südhalbkugel herrscht ... und beginnt der ...
21.3.	Äquator	Pole	Tag-und-Nacht-Gleiche	
				Herbst
21.6.	nördlichen Wendekreis	Polarkreise		der kürzeste Tag
			Sommer	
23.9.				Tag-und-Nacht-Gleiche
				Frühling
21.12.			der kürzeste Tag	
			Winter	

Aufgabe 5 Welche astronomischen Grössen bestimmen den Breitenkreis, der von den senkrecht auf die Erdoberfläche einfallenden Sonnenstrahlen getroffen wird?

2.3 Reflexion und Absorption

Beim Schneesport tragen Sie bei wolkenlosem Himmel eine Sonnenbrille. Die gleissende Schneefläche blendet Ihre Augen, die dunklen Gläser schützen Sie vor unnötigen Schmerzen oder gar Schneeblindheit. Was geht hier vor?

Wesen der Reflexion und Absorption

Eine weisse Schneefläche wirft nahezu vollumfänglich die einfallenden Sonnenstrahlen zurück. Wir sprechen von Reflexion[1]. Die dunklen Gläser nehmen einen Teil der Strahlung in sich auf und mildern so die für Ihre Augen schmerzlich empfundene Strahlungsintensität. Dabei kommt die Absorption[2] zum Zug.

Definition
- Reflexion: Eigenschaft von hellen, glänzenden Körpern, einfallendes Licht zu reflektieren, zu spiegeln.
- Absorption: Eigenschaft von dunklen, matten Körpern, einfallende Strahlung aufzunehmen.

Was aber geschieht mit den absorbierten Strahlen? Die Antwort erforschen Sie selbst mit dem folgenden Experiment.

Experiment
Legen Sie ein schwarzes und ein weisses Blatt Papier unter die leuchtende Schreibtischlampe. Welches Papier ist angenehmer anzuschauen? Berühren Sie nach einiger Zeit die Papiere. Was spüren Sie?

Sie haben mit diesem einfachen Experiment gemerkt, dass dunkle Körper gegenüber weissen mehr Strahlung (kurzwellige Lichtstrahlen) absorbieren, also mehr Energie in sich aufnehmen, diese Energie als Wärme speichern und wieder abstrahlen (Infrarotstrahlung). Dies ist eine wichtige Erkenntnis: Berghänge aus dunklem Gestein absorbieren mehr Strahlungsenergie, erwärmen sich und geben die Wärme wieder an die Umgebungsluft ab.

Albedo
Weil Reflexion und Absorption in der Klimatologie so wichtig sind, hat man dafür einen Fachbegriff eingeführt: die Albedo[3].

Definition
Albedo: Rückstrahlvermögen bzw. das Verhältnis zwischen einfallender und reflektierter Sonnenstrahlung.

Albedo-Werte
Je dunkler und rauer eine Oberfläche ist, desto kleiner ist ihre Albedo; feuchte Oberflächen haben eine geringere Albedo als trockene. Zur Illustration des Gesagten hier einige Albedowerte bei senkrechter Sonneneinstrahlung:

Neuschneedecke	75–95%	Sandboden	15–40%
Geschlossene Wolkendecke	50–80%	Ackerboden	7–17%
Altschneedecke	40–70%	Wälder	5–20%
Gletschereis	30–45%	Wasserflächen, Meer	3–10%

---

[1] Lat. *reflectere* «zurückbiegen, zurückwenden».
[2] Lat. *absorbere* «hinunterschlürfen, verschlingen».
[3] Lat. *albus* «weiss».

Merke

Je heller und glänzender ein Körper ist, desto höher ist seine Albedo und desto weniger erwärmt sich dieser Körper.

Je dunkler und matter ein Körper ist, desto geringer ist seine Albedo und desto mehr erwärmt sich dieser Körper.

Reflexion und Absorption

Beim Lesen eines Buchs nützen Sie die Reflexion und die Absorption aus. Die schwarzen Buchstaben werden dadurch erkennbar, dass sie das auf das weisse Blatt fallende Licht absorbieren, während das Blatt das Licht reflektiert (vgl. Abb. 2-4).

[Abb. 2-4]   Reflexion und Absorption

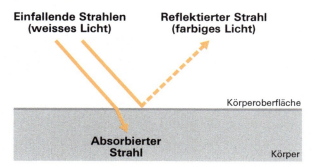

Ein Körper, der weder schwarz noch weiss ist, reflektiert und absorbiert nur einen Teil des einfallenden Sonnenlichts. Den reflektierten Lichtanteil empfinden wir als Farbe. Ein roter Körper reflektiert den Rotanteil des Lichts und absorbiert alle übrigen Anteile.

Reflexions- und Absorptionsvermögen der Atmosphäre und der Erdoberfläche

Wir fragen uns, ob der gesamte einfallende Strahlungsstrom die Erdoberfläche erreicht. Spazieren Sie in Gedanken unter einem leicht bewölkten Himmel. Der Strahlungsstrom wird zum Teil an den Wolken reflektiert. Dies ist nicht die einzige Grösse, die den Strahlungsstrom reduziert. Betrachten Sie dazu Abbildung 2-5.

[Abb. 2-5]   Prozentuale Anteile des reflektierten und absorbierten Strahlungsstroms

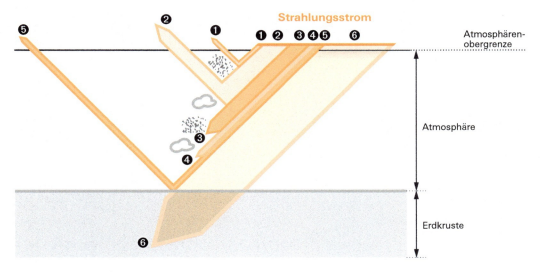

❶ 6% reflektieren die Gase der Luft und die Staubteile.
❷ 20% reflektieren die Wolken.
❸ 16% absorbieren die Gase und die Staubteile.
❹ 3% absorbieren die Wolken.
❺ 4% erreichen die Erdoberfläche und werden von ihr reflektiert.
❻ 51% erreichen die Erdoberfläche und werden von ihr absorbiert.

Zusammenfassung

Der auf die Atmosphärenoberfläche einfallende Strahlungsstrom erreicht etwa zur Hälfte die Erdoberfläche. Die Wirksamkeit dieses Strahlungsstroms ist abhängig vom Einfallswinkel des Strahlungsstroms, der durch den Tagesgang der Sonne, die geografische Breite und die Exposition bestimmt wird, und von der Albedo, die ihrerseits von der Beschaffenheit des bestrahlten Materials abhängig ist.

Aufgabe 6

Studieren Sie im Atlas die Karten (SWA S. 84–87; DWA S. 44) und beantworten Sie die Frage mit Ihrem gesamten Wissen des Kapitels 2, S. 12:

Weshalb sind die mittleren Januar-Temperaturen tiefer als die mittleren Juli-Temperaturen?

2.4 Jahreszeiten und solare Klimazonen

Jetzt wollen wir untersuchen, wie der im Verlauf des Jahres unter unterschiedlichem Winkel einfallende Strahlungsstrom den Jahresablauf in Jahreszeiten und die Erde in verschieden bestrahlte Zonen unterteilt.

Die rotierende Erdachse revoltiert unter einem Winkel von 66.5° zu ihrer Umlaufbahn um die Sonne, ohne ihre Richtung zu verändern. Dadurch wandern die Licht- und Schattenhalbkugeln bezüglich des Äquators um je 23.5°, total 47°, «auf und ab» – nordwärts und südwärts.

Mithilfe der Abbildung 2-6 vergegenwärtigen wir uns die Situation:

Jahreszeiten

Die Zeit zwischen dem 21.3. und 21.6. nennen wir auf der Nordhalbkugel Frühling, auf der Südhalbkugel Herbst. Anschliessend folgen Sommer resp. Winter, Herbst resp. Frühling und Winter resp. Sommer. Möchten wir die Jahreszeiten ohne Erwähnung der Erdhalbkugel aufzählen, so sprechen wir vom Nordfrühling resp. Südherbst usw.

[Abb. 2-6] Jahreszeiten und solare Klimazonen

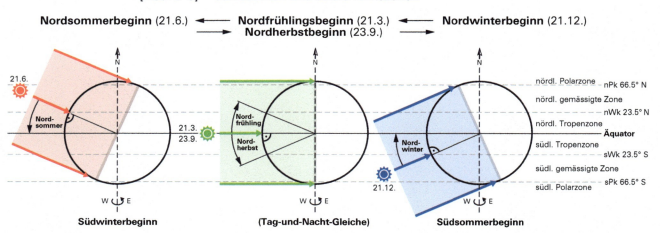

(nPk = nördl. Polarkreis, nWk = nördl. Wendekreis, sWk = südl. Wendekreis, sPk = südl. Polarkreis).

Solare Klimazonen

Am 21. Juni steht die Sonne senkrecht über 23.5° Nord. Der Strahlungsstrom tangiert den nördlichen Polarkreis auf 66.5° Nord und den südlichen Polarkreis auf 66.5° Süd. Der Äquator, die Wende- und die Polarkreise teilen somit die Erde, wie Abbildung 2-7 zeigt, in sechs solare Klimazonen:

[Abb. 2-7]   Solare Klimazonen

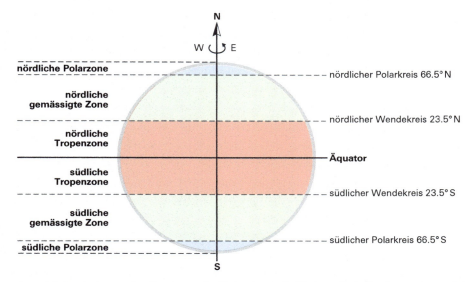

Am 21.6. weisen alle Punkte nördlich des nördlichen Polarkreises einen 24-stündigen Lichttag auf, alle Punkte südlich des südlichen Polarkreises eine 24-stündige Nacht. Auf der Nordhalbkugel beginnt der Nordsommer, auf der Südhalbkugel der Südwinter. Analog leiten wir für die sechs solaren Klimazonen ab:

- Nördl. / südl. Polarzonen: Die Polarzonen sind durch Erdoberflächenpunkte charakterisiert, die einen Tag bis zu einem halben Jahr ganztägig von der Sonne bestrahlt (Polartage) und die einen Tag bis zu einem halben Jahr ganztägig im Dunkeln sind (Polarnächte).
- Nördl. / südl. Tropenzonen: Die Tropenzonen weisen Punkte auf, die zweimal jährlich zur Mittagszeit senkrecht bestrahlt werden und den täglichen Wechsel von gleich langen Tagen und Nächten aufweisen.
- Nördl. / südl. gemässigte Breiten: Die gemässigten Breiten beinhalten Punkte, die nie senkrecht bestrahlt werden, keinen Polartag und keine Polarnacht haben und vom täglichen Wechsel stark unterschiedlich langer Tage und Nächte geprägt sind.

Aus Abbildung 2-8 ersehen Sie, wie die unterschiedlichen Sonnenbahnen von ausgewählten Punkten der Erd-Nordhalbkugel aus erlebt werden. Die Längen der eingezeichneten Bahnen repräsentieren die Tageslängen.

[Abb. 2-8] Tagessonnenbahnen der Nordhalbkugel von besonderen Breitenkreisen aus gesehen

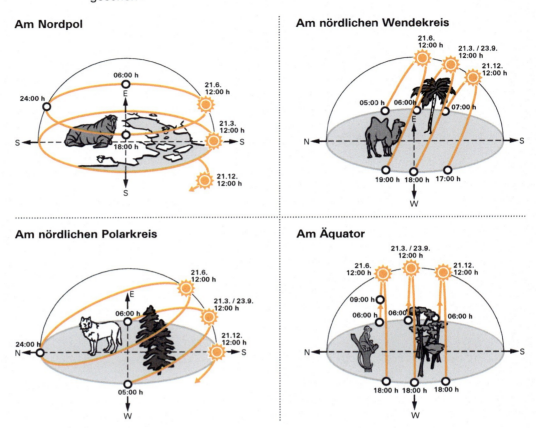

Unschwer erkennen Sie, dass die Sonnenbahnebenen mit zunehmender Pol-Lage des Beobachters schiefwinkliger zur Horizontebene stehen. Weiter ist festzustellen, dass mit zunehmender Schiefstellung der Sonnenbahnebene die Tage länger werden.

Zusammenfassung

Die Jahreszeiten heissen auf der Nordhalbkugel und der Südhalbkugel:

vom	21.3.	bis	20.6.	(Nord-)Frühling	(Süd-)Herbst
vom	21.6.	bis	22.9.	(Nord-)Sommer	(Süd-)Winter
vom	23.9.	bis	20.12.	(Nord-)Herbst	(Süd-)Frühling
vom	21.12.	bis	20.3.	(Nord-)Winter	(Süd-)Sommer

Die sechs solaren Klimazonen heissen: nördliche und südliche Polarzone, nördliche und südliche gemässigte Zone sowie nördliche und südliche Tropenzone.

Die folgenden Breitenkreise teilen die Erde in die solaren Klimazonen ein:

- Äquator auf   0° (Nord / Süd)
- Nördlicher Wendekreis auf   23.5° Nord
- Südlicher Wendekreis auf   23.5° Süd

Auf den Wendekreisen liegen die nördlichsten bzw. südlichsten Punkte der nördl. bzw. südl. Tropenzone, über denen die Sonne nur an einem Tag im Jahr senkrecht steht.

- Nördlicher Polarkreis auf   66.5° Nord
- Südlicher Polarkreis auf   66.5° Süd

Auf ihnen liegen die südlichsten bzw. nördlichsten Punkte der nördl. bzw. südl. Polarzone, über denen die Sonne nur an einem Tag nicht mehr auf- bzw. untergeht.

Aufgabe 7 An welchem Tag ist bezüglich des Lichts (oder auch des Sonnenstrahl-Einfallswinkels) auf der Nordhalbkugel der sommerlichste, herbstlichste, winterlichste, frühlingshafteste Tag (vgl. dazu Abb. 2-8)?

Aufgabe 8 Am Äquator erleben Sie sehr kurze, abrupte Sonnenauf- und Sonnenuntergänge. In unseren Breiten und bis zum nördl. Polarkreis hin sind die Sonnenauf- und Sonnenuntergänge von stundenlanger Schönheit. Worin liegen diese Zeitunterschiede begründet (vgl. dazu Abb. 2-8)?

Aufgabe 9 Es klingt unglaublich, ist aber wahr: Am 21. Juni ist der Strahlungsstrom an der Atmosphärenobergrenze über dem Nordpol gut ein Drittel grösser als über einem Punkt am Äquator. Können Sie diesen Sachverhalt erklären (vgl. dazu Abb. 2-8)?

3 Luftdruck

Lernziele	Nach der Bearbeitung dieses Kapitels können Sie ... • den Zusammenhang zwischen Luftdruck und -temperatur erklären. • die Messung des Luftdrucks und die Darstellung der Ergebnisse erläutern.
Schlüsselbegriffe	adiabatisch, barometrische Höhenstufe, Hektopascal, Hoch, Isobaren, Luftdruck, Tief

Was ist Luftdruck?

Das Gasgemisch Luft ist ein physikalischer Körper, eine Masse. Das wird Ihnen immer wieder bewusst, wenn Ihnen die Luft während einer Radfahrt Widerstand leistet oder der Durchzug in Ihrer Wohnung die Türen und Fenster zuschlägt. Da die Luft der Atmosphäre zudem der Erdanziehung ausgesetzt ist, übt sie auf die Erdoberfläche Druck aus.

Wir kommen nicht darum herum, uns etwas mit der Physik der Luft auseinanderzusetzen.

3.1 Physik der Luft

Luftdruck

Über jedem Erdoberflächenpunkt steht ein Teil der Atmosphäre und übt Druck auf die Erdoberfläche aus. Der Druck (p) ist die Kraft F, die auf eine Fläche A wirkt: p = F : A. Die Fläche A wird in m^2 gemessen, die Kraft F in Newton (N = kg · m/s^2). Die Gewichtskraft F, die die Atmosphäre auf die Erdoberfläche ausübt, berechnet sich also aus der Masse m der Luft (kg) und der Erdanziehung g (9.8067 m/s^2). Somit gilt: p = m · g/A oder mit den Masseinheiten ausgedrückt:

$$p = \frac{kg \cdot m}{s^2 \cdot m^2} = N/m^2; [kg \cdot m/s^2 = N]$$

Ein Newton pro Quadratmeter (1 N/m^2) wird auch einem Pascal (1 Pa) gleichgesetzt.

Die gesamte Luftsäule, die über einem Quadratzentimeter (cm^2) auf 0 m ü. M. liegt, hat eine Masse von durchschnittlich 1.0332 kg. Diese Luftsäule erzeugt den sogenannten Normaldruck, der einer physikalischen Atmosphäre (atm) entspricht: 1 atm = 1.0332 kg/cm^2. Berechnen wir den Druck im Masse-Weg-Zeit-System (kg-m-s-System), dann erhalten wir eine Druckgrösse von $1.01325 \cdot 10^5$ Pa. Wie erfolgte die Berechnung?

$$p = \frac{1.0332 \text{ kg} \cdot 9.8067 \text{ m} \cdot 10\,000 \text{ cm}^2}{cm^2 \cdot s^2 \cdot m^2} = 1.01325 \cdot 10^5 \, N/m^2 = 1.01325 \cdot 10^5 \, Pa$$

Hektopascal

Betrachten wir die Legende der in den Tageszeitungen abgebildeten Wetterkarten, so stossen wir auf die Druckbezeichnungen Hektopascal und Millibar. Mit Hektopascal (hPa) sind einhundert Pa gemeint, mit Millibar (mbar) der tausendste Teil eines Bars. 1 hPa ist gleich viel wie 1 mbar. Heute ist aber die Masseinheit mbar nicht mehr in Gebrauch; es darf nur noch mit Hektopascal = hPa gearbeitet werden.

Höhenabhängigkeit des Luftdrucks

Luftdruck nimmt mit der Höhe ab

Sie fahren mit der Seilbahn talwärts. In den Ohren beginnt es zu knacken und die leere PET-Flasche liegt eingedrückt im Rucksack. Was geschah? Je tiefer Sie in die Atmosphäre eintauchen, desto grösser wird die über Ihnen lastende Luftsäule und desto mehr Masse wirkt auf Ihre Trommelfelle oder die PET-Flasche. Und mit zunehmender Masse steigt der Druck. Die Luft ist ein komprimierbarer[1] Körper.

---

[1] Lat. *comprimere* «zusammendrücken».

Experiment	Mit der Fahrradpumpe können Sie nachweisen, dass die Luft komprimierbar ist. Drücken Sie den Luftausgang zu, und Sie können die Luft in der Pumpe zusammenpressen.

Über tief liegenden Luftschichten lastet eine grössere Luftsäule als über höher gelegenen. Der Druck ist demnach über tief liegenden Gebieten grösser. Da Luft komprimierbar ist, verändert sich der Luftdruck in Abhängigkeit der Höhe nicht linear, sondern exponentiell. Der Luftdruck in der unteren Troposphäre (bis ca. 3–4 km Höhe) sinkt um etwa 1 hPa pro 10 m zunehmender Höhe. Diesen Druckabfall nennt man die barometrische Höhenstufe.

Definition	Die barometrische Höhenstufe ist die Höhendifferenz, die man zurücklegen muss, um einen Druckabfall des Normaldrucks von 1 hPa festzustellen. Die barometrische Höhenstufe beträgt in der unteren Troposphäre ca. 10 m.

Wärmeabhängigkeit des Luftdrucks

Ausdehnung der Luft bei Erwärmung	Luft dehnt sich, wie alle Gase, bei zunehmender Wärme aus, die Luftmasse verteilt sich auf ein grösseres Volumen. Dadurch wird ihr spezifisches Gewicht kleiner. Da der Luftdruck massenabhängig ist, sinkt er bei zunehmender Temperatur.

Denken wir an ein Höhenfeuer. Einem Vulkan gleich schiesst das lodernde Feuer die glühenden Ascheteile in die Luft. Die durch die Glut erwärmte Luft wird unter gleichzeitiger Abnahme ihres spezifischen Gewichts zur Ausdehnung gezwungen. Luft, die spezifisch leichter wird als ihre Umgebungsluft, beginnt aufzusteigen.

Luft kann sich also ausdehnen. Die aktive Grösse ist dabei die Wärme. Jetzt wollen wir nach dem Prinzip der Fahrradpumpe die Volumenänderung betrachten:

Experiment	Die Fahrradpumpe wird während des Gebrauchs heiss. Durch das Komprimieren der Luft im Pumpenzylinder nimmt die Lufttemperatur zu, ohne dass Sie Wärme zugeführt haben. Die Energie der Bewegung, hier Ihre Muskelenergie, ist in Wärme umgewandelt worden. Öffnen Sie jetzt das Fahrradventil und halten Sie dort ein Thermometer hin. Die Temperatur der ausströmenden Luft sinkt unter die der Umgebungsluft. Der Wärmegehalt der bis anhin eingeengten und jetzt entweichenden Luft verteilt sich auf ein grösseres Volumen. Die Temperatur sinkt, ohne dass Sie Wärme entzogen haben.
Adiabatisch	Werden bei einem Gas das Volumen und der Druck so verändert, dass dabei keine Wärme zu- oder weggeführt wird, so spricht man von adiabatischen[1] Veränderungen. Diese Art der Temperaturveränderung wird uns noch als äusserst bedeutsame Grösse im Zusammenhang mit den steigenden und sinkenden Luftmassen begegnen.
Merke	Bei adiabatischer Kompression der Luft steigt die Temperatur, bei adiabatischer Dekompression der Luft sinkt die Temperatur.

Wir haben jetzt die zwei Möglichkeiten kennengelernt, wie die Temperatur der Luft verändert wird: durch Zu- oder Wegführung von Wärme (= diabatische Änderungen) und durch Druckänderungen (= adiabatische Änderungen). Versuchen Sie sich stets an diese beiden Möglichkeiten zu erinnern. Zur besseren Unterscheidung halten wir nochmals fest:

Die diabatische Temperaturveränderung bezeichnet die Temperaturänderung, wenn:

- Wärme hinzugefügt wird: Der erwärmte Untergrund gibt Infrarotstrahlung an die angrenzende Luft ab und erwärmt diese → thermische oder diabatische Erwärmung.
- Wärme abgeführt wird: Die warme Luft strahlt Wärme ins Weltall und kühlt sich ab → thermische oder diabatische Abkühlung.

[1] Griech. *a-* «nicht» und griech. *diabainein* «hindurchgehen».

Adiabatische Temperaturveränderung

Die adiabatische Temperaturveränderung erfolgt ohne Zu- oder Wegführung von Wärme, sondern nur aufgrund der Druckänderung. Dies geschieht:

- durch absinkende Luft – es kommt zu Kompression; z. B. wird die Föhnluft beim Absinken von den Alpen allein durch Kompression wärmer → dynamische oder adiabatische Erwärmung,
- durch aufsteigende Luft – es kommt zu Dekompression → dynamische oder adiabatische Abkühlung.

Zusammenfassung

Die Masseinheit für den Luftdruck ist das Hektopascal. Auf Meereshöhe lastet die Erdatmosphäre mit einem durchschnittlichen Luftdruck von 1 013 hPa, dem Normaldruck.

Über einer warmen Fläche erwärmt sich die Luft und dehnt sich aus. Die Luftmasse wird auf ein grösseres Volumen verteilt und somit werden spezifisches Gewicht und Luftdruck kleiner. Die Luft beginnt zu steigen. Über einer kalten Fläche hingegen ist die Luft kühl und schwer.

Aufgabe 10

Aus einer Wetterkarte lesen Sie einen Luftdruck von 1 040 hPa für Bern heraus. Herrscht in Bern eher Hoch- oder Tiefdruck?

Aufgabe 11

Stellen Sie sich Folgendes vor:

Einen aufgeblasenen Ballon bekleben Sie entlang seines Äquators mit Klebestreifen. Sie nehmen den Ballon auf eine Fahrt über Alpenpässe mit. Welche Form hat der Ballon bei Erreichen der Passhöhe angenommen? Begründen Sie, wie diese Form zustande kam.

3.2 Luftdruckmessung

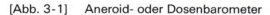

Barometer

Die Luftdruckmessung erfolgt mithilfe des Barometers[1]. In der Regel werden Aneroid-[2] oder Dosenbarometer verwendet. Das sind Geräte mit einer luftarmen Dose – denken Sie an die leer getrunkene PET-Flasche im Rucksack –, deren nachgebende Bewegungen bei Aussenluftdruckveränderungen mittels eines Hebelmechanismus angezeigt werden.

Da der Luftdruck höhenabhängig ist, eignet sich das Barometer auch als Höhenmesser.

[Abb. 3-1] Aneroid- oder Dosenbarometer

Bild: © Per Tillmann – Fotolia.com

---

[1] Griech. *baros* «Schwere».
[2] Griech. *a-* «nicht», griech. *aer* «Luft» und griech. *aidos* «Beschaffenheit».

Darstellung der Messwerte

Definition

Isobaren sind Linien, die Orte gleichen Luftdrucks verbinden.

Reduzierte Isobaren

Um die Höhenabhängigkeit des Luftdrucks auszuschalten, werden die gemessenen Druckwerte rechnerisch auf die Meeresoberfläche reduziert. Würde man dies nicht tun, dann wären Isobarenkarten primär nichts anderes als höhenverzerrte topografische Karten und die gemessenen Werte könnten nicht miteinander verglichen werden. Wie gesagt, reduziert man deshalb den Druck und spricht vom reduzierten Druck und von reduzierten Isobaren. Wie ist der Rechenvorgang zu vollziehen? Betrachten wir das folgende Beispiel.

Beispiel

In Zürich (406 m ü. M.) wird ein momentaner Luftdruck von 985 hPa gemessen. Es gilt zu überlegen, wie hoch der Luftdruck auf dem Grund einer bis auf 0 m ü. M. reichenden Grube wäre. Sie wissen, dass die barometrische Höhenstufe, also die Höhendifferenz, die eine Zunahme von 1 hPa ausmacht, etwa 10 m beträgt. Der Druck in der 406 m tiefen Grube wäre also 40.6 hPa höher als der an der Oberfläche: 985 hPa + 40.6 hPa = 1025.6 hPa. In Zürich herrscht also relativ hoher Druck.

Hoch und Tief

Man kann sich die Karte mit reduzierten Isobaren wie eine Landkarte mit Höhenlinien (Isohypsen) vorstellen. Betrachten Sie dazu Abbildung 3-2. Die Isobaren auf der Karte stellen die Druckunterschiede wie Höhenunterschiede dar: Das Hoch (H) entspricht einem Berg, das Tief (T) einer Mulde. Nebenbei sei erwähnt, dass die Winde vom Hoch (Berg) zum Tief (Mulde) fliessen und dabei abgelenkt werden (vgl. Abb. 4-11, S. 37).

[Abb. 3-2] Luftdruckdarstellung mithilfe eines Höhen-Blockdiagramms

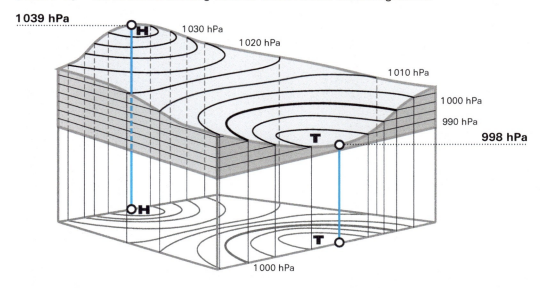

[Abb. 3-3] Globaler Jahresluftdruck für den 20. westl. Längenkreis auf 0 m ü. M.

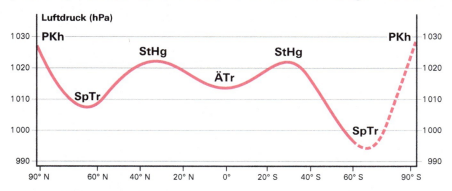

PKh = polares Kältehoch mit Höhentief t
SpTr = subpolare Tiefdruckrinne mit Höhenhoch h
StHg = subtropischer Hochdruckgürtel mit Höhentief t
ÄTr = äquatoriale Tiefdruckrinne mit Höhenhoch h

> **Zusammenfassung**
>
> Ein Gebiet, auf dem hoher Druck, also ein Hoch, lastet, heisst Hochdruckgebiet.
>
> Ein Gebiet, auf dem tiefer Druck, also ein Tief, lastet, heisst Tiefdruckgebiet.
>
> Hoch und Tief bzw. Hoch- und Tiefdruckgebiete werden mit H und T bezeichnet.

Aufgabe 12 — Betrachten wir einen grossen Heissluftballon. Welche Temperaturänderungen geschehen mit der Luft im Ballon vor und während des Steigflugs?

Aufgabe 13 — Ein Heissluftballon schwebt auf einigen hundert Metern über dem Grund und der Pilot hat kein Benzin oder Gas mehr, um die Luft weiter zu erwärmen. Was geschieht mit dem Heissluftballon?

Aufgabe 14 — Betrachten Sie im Atlas (SWA S. 171; DWA S. 167) die globale mittlere Luftdruckverteilung im Juli. Auf dem 30. nördl. Breitenkreis liegen ein Hoch von über 1 025 hPa (über dem nördlichen Atlantik) und ein Tief von unter 1 000 hPa (über Südasien). Gemäss der breitenabhängigen Temperatur und des sich daraus entwickelnden Luftdrucks dürfte dies doch nicht sein!

Worin liegt die Bildung eines Tiefs und eines Hochs auf der gleichen Breite begründet?

4 Wind

Lernziele

Nach der Bearbeitung dieses Kapitels können Sie ...

- die Windentstehung erläutern.
- lokale und globale Windsysteme erklären.
- die Eigenschaften spezieller Winde wie Tornados, Taifune und Zyklone beschreiben.

Schlüsselbegriffe

Ablenkung der Winde, Antizyklone, äquatoriale Tiefdruckrinne, Azorenhoch, Bergwind, Corioliskraft, Frontalzone, Hurrikan, ITC, Islandtief, Jetstream, Kalmen, Landwind, Monsun, Passatsystem, planetarisches Druck- und Windsystem, Polarfront, Rossbreiten, Seewind, Talwind, Tornado, Wind, Wirbelsturm, Zyklone

Die Winde durchmischen die Troposphäre fortwährend. Unser Ziel ist es, die Charakteristiken und Mechanismen der Winde zu verstehen. Die wichtigsten Winde bilden gemeinsam ein System, das planetarische Windsystem (vgl. Kap. 4.4, S. 33), das auf dem Prinzip des Luftdruckausgleichs beruht.

Die folgenden Grundlagen sind an sich leicht zu verstehen; es ist nur die Grösse des Systems, die uns die Überschaubarkeit erschwert.

Was ist Wind?

Die Entstehung eines Winds erleben Sie mit jedem Atemzug. Die Muskulatur weitet den Brustkasten aus. Das Volumen der Lunge wird grösser, der Innendruck sinkt. Der Luftdruck ausserhalb des Körpers ist grösser als der Innendruck. Und so fliesst Luft vom grösseren Druck zum kleineren. Dieses Fliessen verspüren wir als einströmende Luft.

Oder anders formuliert: Durch die Ausdehnung des Brustkorbs wird ein Tief im Innenraum erzeugt. Das aussen liegende Hoch entspannt sich zum Tief hin, die Luft beginnt einzuströmen.

4.1 Physik der Winde

Definition

Unter Wind versteht man in Bewegung geratene Luft, die von Gebieten höheren Drucks (H) in Gebiete niedrigeren Drucks (T) fliesst.

Die Erwärmung der Luft ist das Resultat der Erwärmung der Erdoberfläche. Diese ist nicht überall und zu allen Zeiten gleich, denn sie hängt ab vom Einfallswinkel des Strahlungsstroms, der durch den Tagesgang der Sonne, die Breitenlage und die Exposition bestimmt wird, und von der Albedo, die vom Material geprägt ist.

Wird ein Gebiet erwärmt, dehnt sich die Luft aus und steigt auf. Am Boden entsteht so ein Hitzetief. Betrachten Sie dazu Abbildung 4-1, S. 28.

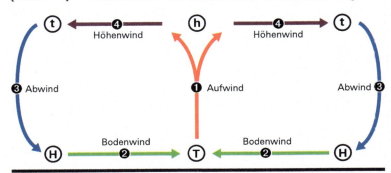

[Abb. 4-1] Grundmuster der thermischen Windentstehung

Windentstehung

1. Die Sonne erwärmt den Boden und dadurch erwärmt sich die Luft am Boden. Die erwärmte Luft dehnt sich aus, sie wird spezifisch leichter und steigt deshalb auf. Damit lastet weniger Luftmasse über der Wärmequelle, also nimmt am Boden der Luftdruck ab; es entsteht ein Bodentief (= T). Warme Luft wird in die Höhe gebracht und es entsteht ein Hoch in der Höhe, das Höhenhoch (= h)[1]. Rund um das Höhenhoch ist der Luftdruck auf gleicher Höhe über Meer etwas geringer, d. h., es hat dort Höhentiefs (= t). (Der Aufwind ist rein thermisch bedingt und fliesst deshalb nicht von einem Hoch in ein Tief!)
2. Am Boden ist ein Druckgefälle entstanden und es weht ein Wind vom Bodenhoch zum Bodentief: der Bodenwind.
3. Über dem nicht erwärmten Gebiet kühlt sich die Höhenluft nun langsam ab, d. h., sie wird dichter, also spezifisch schwerer, und beginnt langsam abzusinken. Es drückt also Luftmasse auf den Boden: Das Bodenhoch (= H) entsteht. (Vergleichbar zum Aufwind ist auch der so entstehende Abwind rein thermisch bedingt und fliesst deshalb nicht von einem Hoch in ein Tief!)
4. Aus dem Höhenhoch fliesst nun Luft weg in die umgebenden Höhentiefs: der Höhenwind.

Angetrieben wird der oben beschriebene Kreislauf vom thermisch entstandenen Bodentief (= Hitzetief).

Zusammenfassung

Die Luft hat das Bestreben, Druckunterschiede auszugleichen, indem sie von Räumen höheren Drucks in solche niedrigeren Drucks strömt.

Thermische Luftdruckunterschiede und thermische Winde: Der Bodenwind weht vom Bodenhoch ins Bodentief. Der Höhenwind weht (in entgegengesetzter Richtung) vom Höhenhoch zum Höhentief. Über dem Bodentief liegt das Höhenhoch und umgekehrt. Der Motor der gesamten Luftbewegung ist das Bodentief (Hitzetief).

Aufgabe 15 Wie kommt ein Wind zustande?

Aufgabe 16 Bei grossflächigen Waldbränden legt die Feuerwehr zwischen der Feuerfront, dem Hitzetief und dem entsprechenden Bodenhoch zusätzliche Feuer. Worin liegt der Sinn dieses Tuns begründet?

[1] Bitte beachten Sie, dass die Druckgebiete am Boden mit den Grossbuchstaben H und T, diejenigen in der Höhe aber in unserer Darstellung aus didaktischen Gründen mit Kleinbuchstaben (h und t) bezeichnet werden.

4.2 Windgeschwindigkeitsmessung

Im Gegensatz zu den anderen Klimaelementen ist der Wind ein sogenannter Vektor[1]. Das heisst, er weist eine Richtung und eine Grösse, die Geschwindigkeit, auf. Die korrekte Windangabe verlangt also zwei Messungen, die der Geschwindigkeit und die der Richtung. Die übrigen Klimaelemente sind Skalare[2], also Grössen, die keine Richtung aufweisen.

Die Messung der Windgeschwindigkeit erfolgt in der Regel mit dem Schalenkreuzanemometer[3]. Das Prinzip eines solchen Geräts ersehen Sie aus nachfolgender Abbildung 4-2.

[Abb. 4-2]   Schalenkreuzanemometer

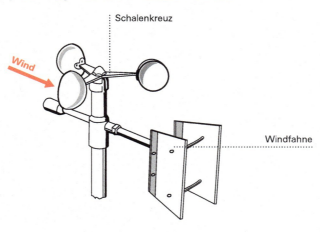

Masseinheiten der Windgeschwindigkeit

Die Windgeschwindigkeit (v) wird in m/s, km/h oder Knoten (kn) angegeben. Ein Knoten entspricht einer Seemeile oder nautischen Meile[4] pro Stunde (1.852 km/h).

Beaufort-Skala

Der englische Admiral Beaufort führte 1806 eine auf Windbeobachtungen gestützte Windskala ein. Die nach ihm benannte Skala (Beaufort-Skala) ist zwölfteilig und zeigt die Auswirkungen des Winds im Binnenland und auf offener See. Nach oben hin nimmt dabei die einzelne Gradspanne zu. Damit wird gezeigt, dass ein Orkan nicht die zwölffache Stärke einer sehr leichten Brise aufweist, sondern sehr viel mehr.

Beispiel

Setzen wir für die sehr leichte Brise 5 km/h, für den Orkan 125 km/h ein, so verhalten sich die Werte für die in der bewegten Luft steckenden Energien nicht im Verhältnis 1:25 (5:125), sondern 1:625 (12.5 : 7 812.5)! Die Orkanluft besitzt demzufolge das 625-Fache an Energie von einer sehr leichten Brise.

---

[1] Lat. *vector* «Träger».
[2] Lat. *scalaris* «zur Leiter gehörig», gemeint ist die gestufte Einteilung von Messinstrumenten.
[3] Griech. *anemos* «Wind».
[4] Die nautische Meile hat ihren Namen vom griech. Wort *nautikos* «die Seefahrt betreffend». Sie errechnet sich als das Bogenmass einer Bogenminute auf dem Äquator oder einem Meridian, sie entspricht also dem 21 600sten Teil des Erdumfangs (ca. 40 000 km).

[Abb. 4-3] Beaufort-Skala in Grad Beaufort und Windwirkungen auf Land und See

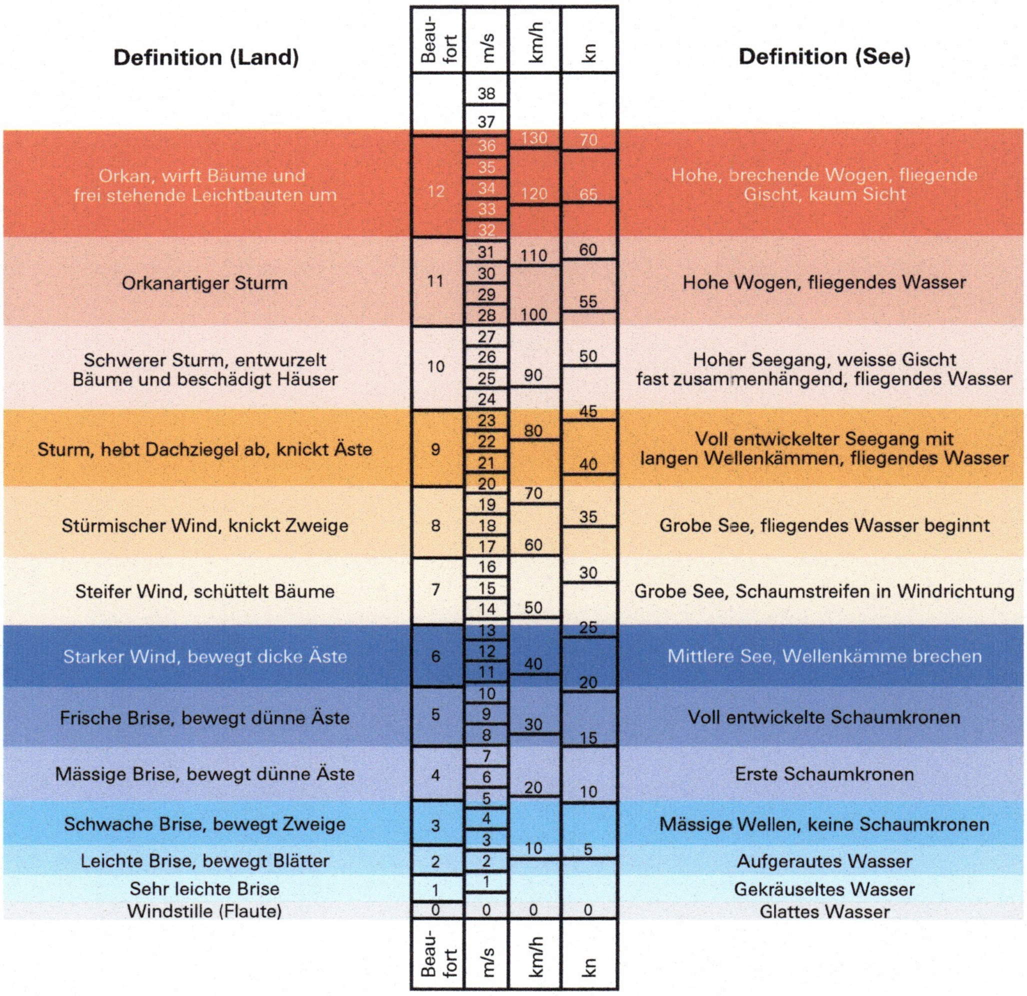

Definition (Land)	Beaufort	m/s	km/h	kn	Definition (See)
Orkan, wirft Bäume und frei stehende Leichtbauten um	12	32–38	120–130	65–70	Hohe, brechende Wogen, fliegende Gischt, kaum Sicht
Orkanartiger Sturm	11	28–31	100–110	55–60	Hohe Wogen, fliegendes Wasser
Schwerer Sturm, entwurzelt Bäume und beschädigt Häuser	10	24–27	90	45–50	Hoher Seegang, weisse Gischt fast zusammenhängend, fliegendes Wasser
Sturm, hebt Dachziegel ab, knickt Äste	9	21–23	80	40	Voll entwickelter Seegang mit langen Wellenkämmen, fliegendes Wasser
Stürmischer Wind, knickt Zweige	8	17–20	60–70	35	Grobe See, fliegendes Wasser beginnt
Steifer Wind, schüttelt Bäume	7	14–16	50	30	Grobe See, Schaumstreifen in Windrichtung
Starker Wind, bewegt dicke Äste	6	11–13	40	25	Mittlere See, Wellenkämme brechen
Frische Brise, bewegt dünne Äste	5	8–10	30	20	Voll entwickelte Schaumkronen
Mässige Brise, bewegt dünne Äste	4	5–7	20	15	Erste Schaumkronen
Schwache Brise, bewegt Zweige	3	3–4	10	10	Mässige Wellen, keine Schaumkronen
Leichte Brise, bewegt Blätter	2	2		5	Aufgerautes Wasser
Sehr leichte Brise	1	1			Gekräuseltes Wasser
Windstille (Flaute)	0	0	0	0	Glattes Wasser

Windrichtung

Die Windrichtung wird entweder mit den Himmelsrichtungen (Nord, Süd etc.) oder dem Azimut (Ost = 90°, West = 270°) angegeben. Mit der Windfahne (vgl. Abb. 4-2, S. 29) wird die Windrichtung bestimmt. Diese dreht sich vom Wind ab und weist in die Strömungsrichtung des wehenden Winds. Der Wind erhält den Namen nach der Richtung, aus der er weht. Ein nach Süden blasender Wind kommt aus Norden und heisst Nordwind. Mit dem Kompass[1] wird die Windrichtung bestimmt. Betrachten Sie dazu Abbildung 4-4.

Windrose

Die Windrose ist ein in 360 Bogengrad (°) eingeteilter und nach Norden orientierter Kreis. Mit ihr definiert man die Himmelsrichtungen. Die Zählung der Grade beginnt im Norden mit 0° und führt über Osten (im Uhrzeigersinn) via Süden nach Norden zurück. Diese Zählung der Grade entspricht dem Azimut.

---

[1] Ital. *compasso* «Zirkel, Magnetnadel».

[Abb. 4-4] Windrose auf einem Kompass

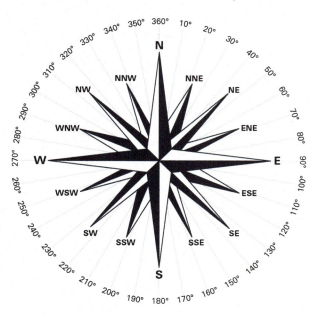

Darstellung der Windhäufigkeiten und ihrer Richtung

Mit der Darstellung der prozentualen Windrichtungsverteilung wird die an einem Ort während einer bestimmten Beobachtungszeit vorherrschende Windrichtung dokumentiert. Alle regelmässig durchgeführten Windbeobachtungen werden in acht Windsektoren zusammengefasst. Deren Radien repräsentieren den prozentualen Anteil der entsprechenden Windrichtung. Die Anzahl der Beobachtungen ohne Wind ist im Zentrum festgehalten. Betrachten Sie dazu das Beispiel in Abbildung 4-5.

[Abb. 4-5] Prozentuale Windrichtungsverteilung in Friedrichshafen am Bodensee um 6 und 12 Uhr im Juli

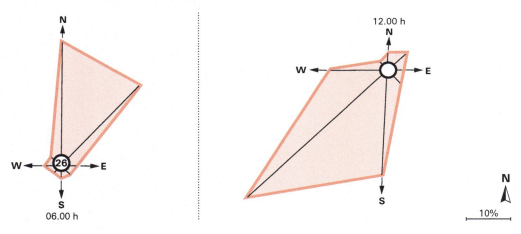

Zusammenfassung

Die Windgeschwindigkeit wird mit dem Schalenkreuzanemometer gemessen. Sie wird in m/s, km/h oder in Knoten (1 Knoten = 1.85 km/h) angegeben. Die Beaufort-Skala ist zwölfteilig und dient der Abschätzung der Windgeschwindigkeit.

Die Windrichtung wird mit den Himmelsrichtungen (N, E, S, W etc.) oder durch das Azimut (in °) angegeben. Der Wind wird immer nach seiner Herkunftsrichtung benannt.

Aufgabe 17 Aus welcher Himmelsrichtung wehen gemäss Abbildung 4-5 die meisten Winde zur hochsommerlichen Mittagszeit in Friedrichshafen?

4.3 Lokale Windsysteme

Winde, die regelmässig das kleinräumige Wettergeschehen beeinflussen, zählen wir zu den lokalen[1] Windsystemen.

4.3.1 See- und Landwind

Denken Sie zurück an die Ausführungen in Kapitel 4.1, S. 27, «Physik der Winde». Dieses vierteilige Grundmuster der Windentstehung gilt für alle thermisch bedingten Winde, so auch für die See- und Landwinde. Prägen Sie sich die Abbildung 4-1, S. 28, gut ein. Wo immer Winde entstehen, ist das Paar Tief-Hoch verantwortlich für die Bewegung der Luftmassen.

See- und Landwind Betrachten Sie nun Abbildung 4-6. Am Tag wird Luft über dem Festland stärker erwärmt als über einer Wasserfläche. Es entsteht Seewind. In der Nacht kühlen die stark, aber nur oberflächlich erwärmten Landmassen rascher aus als das schwach, aber bis in grosse Tiefen erwärmte Wasser. Die Luft über dem Festland wird nachts kälter als über einer Wasserfläche. Es entsteht Landwind.

[Abb. 4-6]   Seewind (l.) und Landwind (r.)

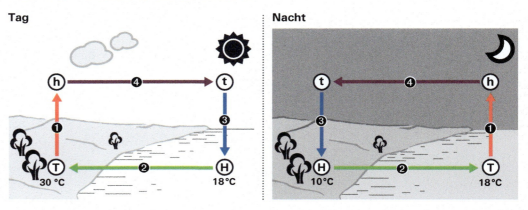

Die Zahlen 1 bis 4 sowie die Abkürzungen H, h, T und t in Abbildung 4-6 korrespondieren mit denen der Abbildung 4-1, S. 28.

In unseren Breiten ist der See- und Landwind eher saisonbedingt. Im Sommer weht der Seewind am Vormittag. Am Nachmittag flaut er ab. Um die Zeit des Sonnenuntergangs herrscht Windstille, die frühen Nachtstunden lassen dann den Landwind aufkommen. Je heisser die Tage, desto stärker weht der Seewind. Mit bis zu 20 km/h strömt er 20–30 km tief ins Landesinnere hinein. Von Bedeutung ist die Grösse der Gewässer. Grössere Seen (z. B. Bodensee und Genfersee) reichen aus, um das System spürbar in Gang zu setzen.

Entlang der tropischen und subtropischen Meeresküsten liegen die Geschwindigkeiten bei ca. 40 km/h. Dann bläst der Seewind sehr willkommen, er senkt die Temperaturen und lässt die Feuchtigkeit ansteigen.

[1] Lat. *localis* «örtlich».

4.3.2 Tal- und Bergwind

Gebirgsbewohner sind vertraut mit einem Verwandten des See- und Landwinds, dem Hangauf- und Hangab- bzw. Tal- und Bergwind.

Wie in Abbildung 4-7 zu sehen, erhitzen sich während des Vormittags die steilen, dunklen Gebirgsflanken schneller und stärker als das zum Teil lange im Schatten liegende Tal. Das Kältehoch im Tal entspannt sich zum Gebirgstief hin. Am Abend kühlen die Gebirgsflanken rascher ab als der Talboden; der Wind kehrt um. Aus dem warmen Hangaufwind wird ein frischer Hangabwind.

[Abb. 4-7] Hangauf- bzw. Talwind (l.) und Hangab- bzw. Bergwind (r.)

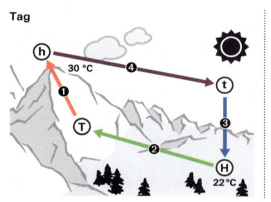 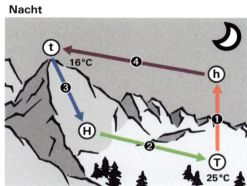

Tal- und Bergwind

Dieses für einzelne Berge geltende Prinzip liegt in lang gestreckten Tälern dem Tal- und Bergwind zugrunde. Die Täler steigen ja vom Rand zum Inneren des Gebirges an, sodass nicht nur geneigte Gebirgsflanken an den Seiten, sondern eine Neigungsfläche in Talrichtung besteht. Die talaufwärts dem Erdboden aufliegende Luft wird tagsüber stärker erwärmt, in der Nacht stärker abgekühlt als die talabwärts auf gleicher Höhe gelegene Luft.

Zusammenfassung

In Küstenregionen entsteht das Hitzetief während des Tages über dem Land (→ Seewind), während der Nacht über der Wasserfläche (→ Landwind).

Im Gebirge entsteht das Hitzetief am Morgen über den Gebirgsflanken bzw. dem oberen Tal (→ Hangauf- bzw. Talwind), am Abend über der Talsohle bzw. dem unteren Tal (→ Hangab- bzw. Bergwind).

Aufgabe 18

Betrachten Sie die Abb. 4-5, S. 31. Weshalb wehen in Friedrichshafen (Bodensee) während der hochsommerlichen Tage die Winde am frühen Morgen aus nordnordöstlichen, am Mittag aus südsüdwestlichen Richtungen?

4.4 Planetarisches Druck- und Windsystem

Das planetarische[1] Druck- und Windsystem (planetarische Zirkulation) ist ein für das weltweite Wettergeschehen bedeutungsvoller Mechanismus. Um den Wetterablauf über Mitteleuropa daraus ableiten zu können, benötigen wir mindestens eine modellhafte Vorstellung dieses Mechanismus. Schrittweise werden Sie sich deshalb das heute gültige Modell erarbeiten:

---

[1] Griech. *planos* «irrend, umherschweifend».

Ablenkung der Winde

Wir gehen aus vom Urmodell des planetarischen Windsystems, das auf dem Grundmuster der Windentstehung (vgl. Abb. 4-1, S. 28) aufbaut. Eine exakte Betrachtung der Windentstehung führt uns zum erweiterten Urmodell des planetarischen Windsystems. Hier tritt eine neue Erscheinung in den Vordergrund: Die Erdrotation führt zu einer Ablenkung der Winde. Dann lernen wir die grossräumigen Winde (Passatwinde, polare Ostwinde und Westwinde) kennen. Abschliessend betrachten wir das heute gültige Modell des planetarischen Druck- und Windsystems und seine jahreszeitliche Verschiebung.

4.4.1 Urmodell des planetarischen Windsystems

Urmodell

Im Jahresdurchschnitt sind die Temperaturen am Äquator hoch und an den Polen tief. Allein nach diesen Überlegungen erwarten wir einen bodennahen Luftstrom von den Polen zum Äquator hin (vgl. Abb. 4-1, S. 28 und Abb. 4-8).

[Abb. 4-8]   Urmodell des planetarischen Windsystems

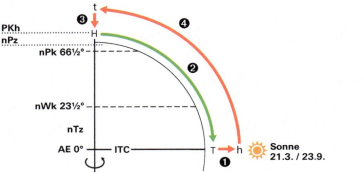

PKh = polares Kältehoch
ITC = innertropische Konvergenzzone
nPz = nördl. Polarzone
nTz = nördl. Tropenzone
nPk = nördlicher Polarkreis
nWk = nördlicher Wendekreis
AE = Äquator

1 aus dem Bodentief (T) aufsteigende Warmluft
2 Bodenwind vom Bodenhoch (H) zum Bodentief (T)
3 aus dem Höhentief (t) absinkende Kaltluft
4 Höhenwind vom Höhenhoch (h) zum Höhentief (t)

Dieses Urmodell des planetarischen Windsystems bedarf aber einiger Verbesserungen, denn so einfach arbeitet die Erdatmosphäre nicht.

4.4.2 Erweitertes Urmodell des planetarischen Windsystems

Das Modell

Erweitertes Urmodell

Zwei Gründe bedingen die Aufteilung der einfachen Zirkulation des Urmodells des planetarischen Windsystems (vgl. Abb. 4-8) in die zweifache des erweiterten Urmodells (vgl. Abb. 4-9):

- Einerseits sinkt die ursprünglich über dem Äquator aufgestiegene Luft bereits zwischen dem 25. und 35. Breitenkreis wieder ab. Sie ist in der Höhe kühl und schwer geworden. Aus dem sich so bildenden subtropischen Hochdruckgürtel (StHg) fliesst die Luft als sogenannter Passatwind in die innertropische Konvergenzzone (ITC) zurück.
- Andererseits strömt die über den Polen absinkende, kalte und schwere Luft aus dem polaren Kältehoch (PKh) hinaus in Richtung des Äquators. Je weiter sie sich von den Polen entfernt, desto wärmer wird sie und desto eher beginnt sie wieder aufzusteigen. Bereits zwischen dem 55. und 65. Breitenkreis steigt die leicht erwärmte polare Kaltluft auf und bildet so die subpolare Tiefdruckrinne (SpTr).

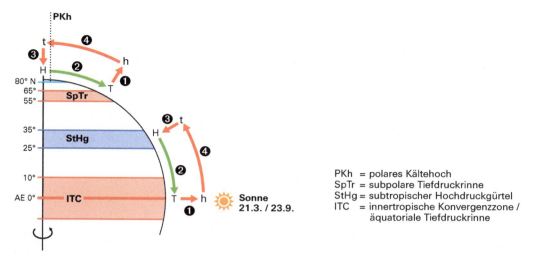

[Abb. 4-9] Erweitertes Urmodell des planetarischen Windsystems

PKh = polares Kältehoch
SpTr = subpolare Tiefdruckrinne
StHg = subtropischer Hochdruckgürtel
ITC = innertropische Konvergenzzone / äquatoriale Tiefdruckrinne

Hier noch eine Übersicht und Erklärung der verwendeten Abkürzungen für die vier planetarischen Druckgebilde.

- PKh = polares Kältehoch; grossräumiges, thermisches Hochdruckgebiet im Bereich der Pole, das durch die starke Abkühlung der Luft in polaren Breiten entsteht.
- SpTr = subpolare Tiefdruckrinne; grossräumige, thermische Tiefdruckzellen im Bereich zwischen 55° und 65° N/S, die durch das Aufsteigen der wärmer gewordenen polaren Ostwinde verursacht werden.
- StHg = subtropischer Hochdruckgürtel = Rossbreiten oder Rossbreitenhoch; grossräumige, thermische Hochdruckzellen im Bereich zwischen 25° und 35° N/S, die durch das langsame Absinken der vom Äquator her kommenden Höhenwinde verursacht werden.
- ITC = innertropische Konvergenzzone (von engl. innertropical convergence) = äquatoriale Tiefdruckrinne; grossräumige, zusammenhängende thermische Tiefdruckrinne im Bereich des Äquators (± 15°). In der ITC fliessen Luftmassen von der Nord- und der Südhalbkugel zusammen – sie konvergieren[1]. Die ITC ist ein Wärmetief.

ITC / äquatoriale Tiefdruckrinne

Die Zirkulation zwischen dem subtropischen Hochdruckgürtel und der ITC (= äquatorialen Tiefdruckrinne), die durch die starke Sonneneinstrahlung erzeugt wird, ist der Hauptmotor des planetarischen Druck- und Windsystems. Die zweite Zirkulation zwischen dem polaren Kältehoch und der subpolaren Tiefdruckrinne betrachten wir als den Hilfsmotor.

Gerne würden wir nun in Abbildung 4-9 die Lücke zwischen dem subtropischen Hochdruckgürtel und der subpolaren Tiefdruckrinne mit einem von Süden nach Norden strömenden Bodenwind schliessen. Lange Zeit wurde dies auch so getan, denn zeichnerisch zumindest spricht nichts dagegen. Neue Erkenntnisse, die wir bei der Besprechung des Westwindsystems kennenlernen (vgl. Kap. 4.4.3, S. 37), belehren uns eines Besseren.

Zunächst müssen wir uns aber die horizontale Bewegung der Luftmassen noch genauer anschauen und erleben dabei eine Überraschung.

Ablenkung bewegter Luftmassen

Die Luft fliesst horizontal vom Hoch ins Tief; ein eiserner Grundsatz, den Sie nicht mehr vergessen sollten. Die strömende Luft fliesst allerdings nicht auf dem direktesten Weg vom Hoch ins Tief, sondern sie wird abgelenkt. Der folgende Versuch zeigt Ihnen das. Falls an Ihrem Wohnort nicht gerade Jahrmarkt ist, können Sie ihn auch in Gedanken nachvollziehen.

[1] Lat. convergere «zusammenstreben, einem gemeinsamen Ziel zustreben, sich hinneigen».

| **Experiment** | Sie stehen auf einem Karussell, das sich im Gegenuhrzeigersinn dreht, und halten einen Ball in den Händen. Sie versuchen nun, den Ball auf der rotierenden Scheibe des Karussells zur Drehachse im Zentrum zu rollen. Der Ball rollt nun aber nicht wie beabsichtigt zum Zentrum, sondern rechts an diesem vorbei. Weshalb? |

Sie beschleunigen den Ball zwar mit Ihrem Arm in Richtung Zentrum des Karussells, aber seine Laufbahn wird noch von einer zweiten Kraft beeinflusst. Sie befinden sich ja, zusammen mit dem Ball, bereits in rascher Kreisbewegung. Der Ball hat also zum Zeitpunkt der Ballabgabe die Tendenz, sich im Gegenuhrzeigersinn weiterzubewegen. Nun ist aber die Geschwindigkeit des Karussells am Rand viel grösser als im Zentrum. Je weiter der Ball gegen innen rollt, desto grösser wird der Unterschied zwischen Bogen- oder Seitwärtsgeschwindigkeit des Balls und der Drehgeschwindigkeit der Karussellscheibe. Der Ball wird immer stärker in Drehrichtung (nach rechts) abgelenkt.

Analog zu unserem Experiment verhalten sich auch die Winde (und auch die Wassermassen, wie Sie in Kap. 6.2.4, S. 70, sehen werden) über der Erde, die ja, von Norden betrachtet, ebenfalls im Gegenuhrzeigersinn rotiert. Betrachten Sie dazu Abbildung 4-10.

[Abb. 4-10] Rechtsablenkung auf der Nordhalbkugel infolge der Erdrotation

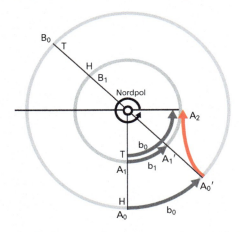

Ein Luftpaket soll aus einem polfernen Hoch A_0 in Abhängigkeit vom Druckgefälle polwärts wandern und das Tief A_1 erreichen. Mit einer hohen Rotationsgeschwindigkeit b_0 verlässt das Luftpaket den Punkt A_0 und kommt andauernd über Bodenpunkte zu liegen, die sich infolge des kleiner werdenden Radius langsamer drehen als das ankommende Luftpaket. Das Luftpaket eilt somit stets jedem Bodenpunkt der Linie A_0–A_1 voraus. Hat das Luftpaket den Kreis mit A_1 erreicht, liegt A_1 bereits bei A_1'. Da A_1 mit der kleineren Rotationsgeschwindigkeit b_1 unterwegs ist, kommt das Luftpaket auf A_2 deutlich vor A_1' zu liegen. Das Luftpaket ist nach rechts abgelenkt worden.

| **Corioliskraft** | Die Scheinkraft, resultierend aus der Erdrotation, die die Luftströme auf der Nordhalbkugel nach rechts, auf der Südhalbkugel nach links ablenkt, nennt man Corioliskraft[1]. |

| **Ablenkung der Winde** | Die strömende Luftmasse setzt sich durch den Druckunterschied zwischen dem Hoch und dem Tief in Bewegung und wird durch die Corioliskraft abgelenkt. Die Luft strömt also nicht senkrecht, sondern schiefwinklig, teilweise fast parallel zu den Isobaren aus dem Hoch ins Tief. Da die Ablenkung der Winde durch die Corioliskraft auf der Nordhalbkugel nach rechts erfolgt, fliessen die Bodenwinde im Uhrzeigersinn aus dem Hoch und im Gegenuhrzeigersinn ins Tief. Auf der Südhalbkugel, wo die Winde nach links abgelenkt werden, fliessen sie im Gegenuhrzeigersinn aus dem Hoch und im Uhrzeigersinn ins Tief. |

Beachten Sie, dass wir immer bewusst von Bodenwinden sprechen. In grösserer Höhe, wo die Winde nicht mehr durch die Reibung an der Erdoberfläche gebremst werden, ist die Wirkung der Corioliskraft noch stärker und die Winde verlaufen dort fast parallel zu den Isobaren. Wir wollen uns aber vorläufig auf die bodennahen Luftbewegungen konzentrie-

[1] Nach ihrem Entdecker, dem Franzosen Gaspard Gustave de Coriolis.

ren, denn sie sind es, die wir Erdenbewohner als Winde wahrnehmen. Abbildung 4-11 zeigt, wie ein bodennahes Luftteilchen auf der Nordhalbkugel vom Hoch ins Tief fliesst:

[Abb. 4-11] Idealisierte Darstellung der Luftbewegung zwischen einem Bodenhoch (H) und einem Bodentief (T) auf der Nordhalbkugel

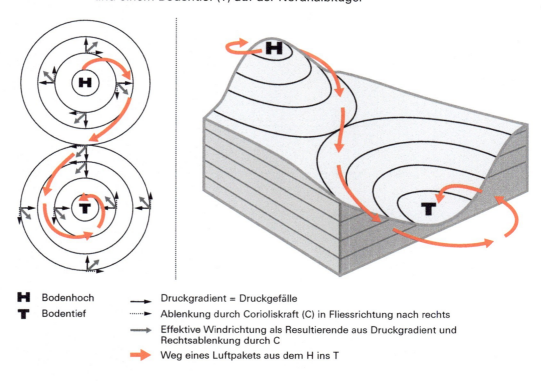

H Bodenhoch
T Bodentief

→ Druckgradient = Druckgefälle
┄┄► Ablenkung durch Corioliskraft (C) in Fliessrichtung nach rechts
→ Effektive Windrichtung als Resultierende aus Druckgradient und Rechtsablenkung durch C
➡ Weg eines Luftpakets aus dem H ins T

Beginnen wir unseren Weg im Zentrum des Hochs. Das Luftteilchen wird durch das Druckgefälle nach aussen gedrückt, gleichzeitig wird es aber auch von der Corioliskraft nach rechts (Nordhalbkugel!) abgelenkt (Abb. 4-10). Auf seinem weiteren Weg aus dem Zentrum des Hochs wird es ständig nach aussen und rechts abgelenkt, sodass es in einer nach rechts drehenden Spirale aus dem Hoch fliesst, also im Uhrzeigersinn.

Kommt das Luftteilchen an den Rand des Tiefs, ändert sich seine Fliessrichtung. Das Druckgefälle weist nun ins Zentrum des Tiefs. Das Vektordiagramm verdeutlicht, dass das Druckgefälle das Luftteilchen gegen das Zentrum des Tiefs saugt und die Corioliskraft dieses immer noch nach rechts ablenkt, sodass es in einer nach innen und rechts drehenden Spirale ins Tief fliesst, also im Gegenuhrzeigersinn.

4.4.3 Planetarische Winde

Das Passatsystem und seine innertropische Konvergenzzone (ITC)

Passat

Das Passatsystem[1] bildet eine kreislaufartige Zirkulation zwischen den Tropen und den Subtropen (vgl. Abb. 4-12, S. 38). Dazu gehören:

- die in der ITC aufsteigenden Luftmassen,
- der Abfluss dieser Luft in der Höhe polwärts (= tropische Höhenwinde),
- die absinkende Luft in den Subtropen und schliesslich
- die Passatwinde vom subtropischen Hoch zur ITC.

[1] Span. *pasar* «durchschreiten».

[Abb. 4-12] Die Passatströmungen mit der äquatorialen ITC am 21.3. und 23.9.

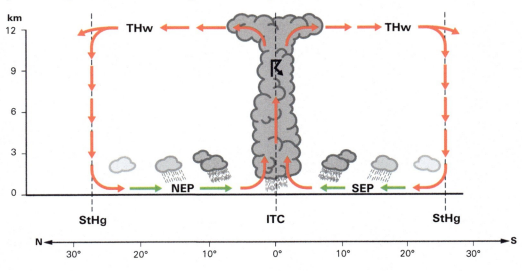

NEP = Nordostpassat
SEP = Südostpassat
ITC = innertropische Konvergenzzone
THw = tropischer Höhenwind
StHg = subtropischer Hochdruckgürtel

Beginnen wir mit der innertropischen Konvergenzzone: In den inneren Tropen erwärmt sich die Luft aufgrund des steilen Sonnenstands stark und steigt deshalb auf. Am Boden entsteht ein Tief, die äquatoriale Tiefdruckrinne (= ITC). Der Aufstieg der tropischen Luft ist die Hauptursache der Zirkulation im Passatsystem.

Zwischen dem 25. und dem 35. nördlichen bzw. südlichen Breitenkreis sinkt die abgekühlte Luft ab und bildet den nördlichen bzw. südlichen subtropischen Hochdruckgürtel (StHg). Aus diesem fliesst die Luft als Passatwind wieder äquatorwärts. Auf der Nordhalbkugel wird er nach rechts abgelenkt und deshalb zum Nordostpassat (NEP). Auf der Südhalbkugel erfolgt die Ablenkung nach links, die Luft strömt als Südostpassat (SEP) in die ITC. Jetzt wissen Sie auch, woher die innertropische Konvergenzzone ihren Namen hat: Hier, in den inneren Tropen, strömen die Luftmassen der Passate zusammen – sie konvergieren.

Kalmen und Rossbreiten

Die Passate waren schon den alten Seefahrern wohl bekannt, da sie sich zum Segeln gut ausnützen lassen. Ebenso bekannt und verrufen waren auch die drei windstillen Zonen oder Kalmen[1], die sich als ITC und subtropische Hochdruckgürtel um die Erde ziehen. Die in den Kalmen aufsteigende und absinkende Luft bläht keine Segel. Die Kalmen der subtropischen Hochdruckgürtel werden auch Rossbreiten genannt, weil hier die Segelschiffe der Entdecker oft wochenlang still in der Flaute standen und dann angeblich die mitgeführten Pferde wegen Wasser- und Futtermangels über Bord geworfen oder geschlachtet wurden.

Das System der polaren Ostwinde

Polare Ostwinde

Unverändert bleiben die zwei grundlegenden Tatsachen, dass der Wind von einem Hoch- in ein Tiefdruckgebiet fliesst und die Corioliskraft die Winde ablenkt. Aus dem polaren Kältehoch strömt die Luft gemäss dem erweiterten Urmodell des planetarischen Windsystems zur subpolaren Tiefdruckrinne (Abb. 4-9, S. 35). Betrachten Sie Abbildung 4-13.

[Abb. 4-13] System der polaren Ostwinde, 21.3. / 23.9.

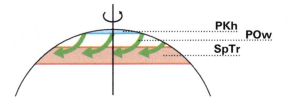

PKh = polares Kältehoch
SpTr = subpolare Tiefdruckrinne
POw = polarer (Nord)Ostwind

Analog den Passaten wird die bodennahe Luft durch die Corioliskraft und den Bodenreibungswiderstand abgelenkt. Es entstehen die polaren (Nord)Ostwinde (POw) auf der Nordhalbkugel bzw. polare (Süd)Ostwinde auf der Südhalbkugel.

[1] Franz. *calme* «still».

Westwindsystem

Strahlstrom oder Jetstream

Das Westwindsystem ist der hauptverantwortliche Mechanismus für das tägliche Wettergeschehen der gemässigten Breiten auf der Nord- und der Südhalbkugel – und damit auch für den mitteleuropäischen Raum. Fassen wir vorerst das Wesentlichste zusammen, um einen Überblick zu gewinnen:

Die Luftmassen der tropischen Höhenwinde finden über dem subtropischen Höhengürtel zu wenig Raum, um vollumfänglich in diesen absinken zu können. Überschüssige Höhenluftmassen der tropischen Höhenwinde fliessen weiter nordwärts und werden durch die Erdrotation in ihrer Fliessrichtung weiter nach rechts abgelenkt. Der polwärts weiterfliessende Teil der tropischen Höhenwinde wird durch ein starkes Druckgefälle beschleunigt und heisst Strahlstrom oder Jetstream. Der Strahlstrom oder Jetstream ist ein Höhenwestwind.

Der Strahlstrom erzeugt entlang seines nach Osten gerichteten Wegs aus dynamischen[1] Gründen Hoch- und Tiefdruckzellen. Diese wandern, vom Strahlstrom oder Höhenwestwind mitgerissen, ostwärts und prägen den abwechslungsreichen Wetterverlauf der gemässigten Breiten.

Vergleichen Sie im Folgenden den Text immer wieder mit der Abb. 4-14, S. 40. Wenden wir uns zuerst dem Strahlstrom zu:

Strahlstrom und Polarfront

In der Abbildung 4-9, S. 35 klafft zwischen dem 35. und dem 45. Breitenkreis eine Lücke. Diese gilt es zu schliessen. Wahrscheinlich würden Sie gerne nach Osten gerichtete Westwinde einzeichnen. Völlig falsch ist Ihre Überlegung nicht, doch der Wetterablauf in dieser Zone lehrt uns, den Sachverhalt genau zu studieren. Die folgenden Überlegungen stellen ein vereinfachtes Modell für die Nordhalbkugel dar, das dem wahren Sachverhalt sehr nahe kommt.

Eigentlich hätte die Westwindzone den Namen Chaoszone verdient, aber wie ist Chaos zu erklären und zu lernen? Da können uns nur Vereinfachungen weiterhelfen. Beschreiben wir die Luftströmungen im Einzelnen anhand der Abbildung 4-14, S. 40:

Die über der ITC aufsteigenden Luftmassen (Abb. 4-14: T → h) fliessen als tropische Höhenwinde (Abb. 4-14: h → THw → t) ins subtropische Hoch (H, StHg). Der subtropische Hochdruckgürtel (Erdumfang entlang des subtropischen Hochdruckgürtels ca. 33 000 km) ist flächenmässig kleiner als die ITC (Erdumfang entlang der ITC = 40 000 km = Äquator). Der tropische Höhenwind (THw) kann also weder als Ganzes in der Höhe bleiben, noch kann er als Ganzes im subtropischen Hochdruckgürtel absinken. So sinkt der tropische Höhenwind teils im subtropischen Hochdruckgürtel ab (= dynamisches Absinken, Abb. 4-14: t → H), teils fliesst er in der Höhe als Jetstream (Abb. 4-14: t → Js → PHw) weiter polwärts.

Der abgesunkene Teil des tropischen Höhenwinds fliesst vom subtropischen Hochdruckgürtel seinerseits teils als Passat (Abb. 4-14: H → NEP → T) zum Äquator, teils als Westwind (Abb. 4-14: H → Ww → T) polwärts.

Der in der Höhe gebliebene Teil des tropischen Höhenwinds bewegt sich weiter polwärts. Infolge der Corioliskraft und der fehlenden Bodenreibung fliesst er praktisch als reiner Westwind in der Höhe.

---

[1] Griech. *dynamis* «Kraft».

Die Mächtigkeit der Atmosphäre nimmt vom Äquator zu den Polen nicht regelmässig, sondern treppenartig ab. Die grosse «Treppenstufe» (es gibt noch kleinere, die uns hier nicht interessieren) liegt über der Polarfront (Pf). Grosse «Treppenstufe» bedeutet, dass auf gleicher Höhe über Meer ein grosses Druckgefälle herrscht, und dies hat – wie wir unterdessen wissen – eine grosse Windgeschwindigkeit zur Folge: Die Höhenwinde werden stark beschleunigt und heissen deshalb Jetstream (Js). Windgeschwindigkeiten von gegen 500 km/h sind für den Jetstream nicht unüblich.

Durch seine hohen Windgeschwindigkeiten kann der Jetstream Luft aus den tieferen, bodennahen Luftschichten absaugen und es entstehen dynamische Tiefdruckgebiete; doch davon mehr im folgenden Abschnitt. Diese «Treppenstufe» grenzt die kalte polare Luftmasse (kalt → dichter → geringere Mächtigkeit der Atmosphäre = «untere Treppenstufe») von der warmen, subtropischen Luftmasse (warm → weniger dicht → grössere Mächtigkeit der Atmosphäre = «obere Treppenstufe») ab. Die Grenze dieser zwei Luftmassen heisst Polarfront (Pf).

[Abb. 4-14] Idealisierte Darstellung der Entstehung von Jetstream, Polarfront und Westwind (21.3. / 23.9.)

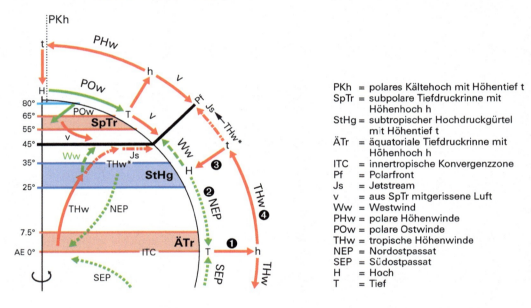

Die überschüssigen Luftmassen des THw* werden zum Jetstream (THw* → Js).

Jetstream

Der Jetstream rast mit ca. 500 km/h ostwärts. Wie haben wir uns dies zu erklären? Ein Punkt des Äquators dreht sich mit einer Geschwindigkeit von 40 000 km/Tag, ein Punkt auf 45° Nord mit ca. 28 000 km/Tag. Daraus ergibt sich die Differenz von 500 km/h. Der Jetstream umgibt den Globus als starker, bandförmiger Luftstrom – mit einem breiten Hutrand vergleichbar. Er wird in der Luftfahrt zuweilen ausgenützt. Der Schweizer Ballonfahrer Bertrand Piccard liess sich 1999 zum Teil vom Jetstream um die Erde blasen.

Polarfront und Frontalzone

Der Jetstream vermag mit seiner gewaltigen Stärke bis auf die Erdoberfläche, wenn auch laufend abgeschwächt, durchzugreifen. Dieser Luftvorhang ist die Polarfront. Sie grenzt die warmen Luftmassen des subtropischen Hochdruckgürtels (StHg) gegen die kalten der subpolaren Tiefdruckrinne (SpTr) ab. Die Polarfront schwankt hin und her und legt sich dabei fortwährend in Wellen. Der Schwankungsbereich der Polarfront heisst Frontalzone (vgl. Kap. 9.2.1, S. 101).

Zyklone und Antizyklone

Infolge von Luftbewegungen entstehen in diesem Bereich tiefe und hohe Drucke, sogenannte dynamische Tief- und Hochdruckzellen. Die von Süden zur Polarfront fliessende Warmluft erzeugt einen Unterdruck (Tiefdruck). Die von Norden mitgerissene Kaltluft erzeugt einen Überdruck (Hochdruck). Die Druckdifferenz[1] beult die Polarfront nach Süden aus und legt sie so in Wellen. Sie sind im Gegensatz zu den thermischen nicht direkt durch erwärmte Luft entstanden, sondern infolge bewegter Luftmassen. Das dynamisch entstandene Tiefdruckgebiet heisst Zyklone[2] (T), das dynamisch entstandene Hochdruckgebiet Antizyklone (H). Die vollständige Entwicklung von Zyklonen heisst Zyklogenese[3].

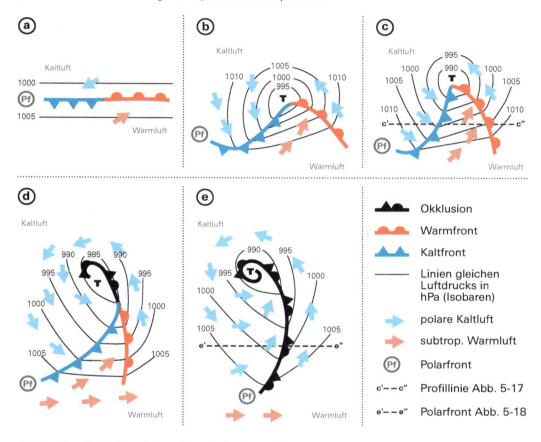

[Abb. 4-15]   Entwicklung von dynamischen Zyklonen

a) Die polare Kaltluft und die subtropische Warmluft treffen an der Polarfront (Pf) aufeinander.

b)–c) Durch die Reibung der beiden Luftmassen aneinander verformt sich die Polarfront wellenförmig: Die vorstossende Kaltluft lässt eine Kaltfront, die Warmluft eine Warmfront entstehen.

d)–e) Besonders in der Nähe des Tiefdruckzentrums dringt die Rückseitenkaltluft mit höherer Geschwindigkeit vor, als sich die Warmluft wegbewegt. Die Warmfront wird dadurch früher oder später eingeholt, es entsteht eine Okklusion.

In der Abbildung 4-17, S. 42 sehen Sie sehr schön, wie aus einer Welle in der Polarfront die Warm- und die Kaltfront (vgl. Abb. 4-16, S. 42) entstehen. Sie sehen daraus, dass die Warm- und die Kaltfront einen Teilabschnitt der Polarfront darstellen. Die Schwankungsbreite der Polarfront, innerhalb welcher sich also auch die Fronten bewegen, wird als Frontalzone bezeichnet.

---

[1] Fliessen zwei Luftmassen unterschiedlicher Geschwindigkeit aneinander vorbei, so entstehen Druckdifferenzen.
[2] Griech. *kyklos* «Kreis».
[3] Griech. *genesis* «Entstehung».

[Abb. 4-16] Profil durch die Warm- und die Kaltfront

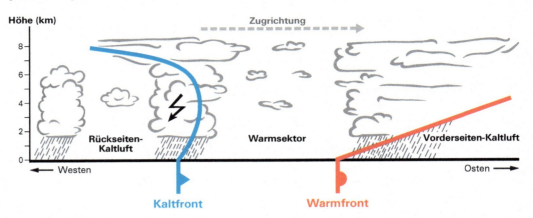

Die Profillinie geht aus der Abbildung 4-15, S. 41 c) hervor.

Über einen am Boden stationierten Beobachter fliessen die Fronten von links nach rechts. Zuerst sieht er aufziehende Wolken, gefolgt von Niederschlägen. Kurz darauf wird es wärmer – er befindet sich im Warmsektor. Bald steigen die Wolkentürme der Gewitterwolken am Horizont auf: Sie bringen die heftigen Niederschläge, die sich zu leichter Bewölkung auflösen – dem Rückseitenwetter.

Okklusion

Die rückseitig vorstossende Kaltluft bewegt sich meist mit höheren Windgeschwindigkeiten als die Warmluft und holt deshalb die vor ihr liegende Warmfront nach einigen Tagen ein. Somit wird die Warmluft von der Rückseiten- und der Vorderseitenkaltluft (vgl. Abb. 4-16 und 4-17) in die Höhe gedrückt und es berühren sich am Boden zwei Kaltluftmassen: eine kalte Rückseiten-Kaltluft und eine kühle Vorderseiten-Kaltluft. Wenn die Kaltfront von hinten auf eine Warmfront auffährt – oder anders formuliert: wenn die Kaltfront sich mit der Warmfront zusammenschliesst –, so nennen wir das eine Okklusion[1].

[Abb. 4-17] Profil durch eine Okklusion

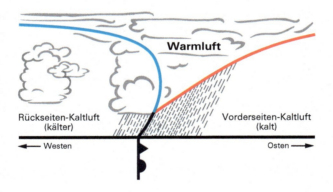

Die Kalt- hat die Warmfront eingeholt und hebt diese an. Dadurch wird die Wolkenbildung verstärkt und die Niederschläge werden heftiger.

[1] Lat. *occludere* «verschliessen».

4.4.4 Planetarisches Druck- und Windsystem und seine jahreszeitliche Verlagerung

Planetarisches Druck- und Windsystem

Die Verteilung der Hoch- und Tiefdruckgebiete (in der erdnahen Atmosphäre) ist im heutigen Modell (vgl. Abb. 4-18) zwar ähnlich wie beim erweiterten Urmodell des planetarischen Windsystems, aber sie ist zellenhafter. Zudem werden für ihre Erklärung im Wesentlichen die Strömungsverhältnisse in der Höhe herangezogen. Dabei sind die Höhenwestwinde von entscheidender Bedeutung. Sie bilden eine Ausgleichsströmung zwischen dem in der Höhe herrschenden hohen Druck über den Tropen und dem niedrigen Luftdruck über den Polen. Unter dem Einfluss der Corioliskraft ergibt sich daraus ein Westwind. Dieser ist in der Zone des Übergangs von tropischen zu polaren Luftmassen (Frontalzone) am stärksten (Jetstream) und wirkt sich dort bis zum Erdboden aus.

Islandtief und Azorenhoch

Die Westwinde bilden Wirbel aus, was zur Entstehung von Hoch- und Tiefdruckgebieten führt. Da die Corioliskraft polwärts zunimmt, scheren die Tiefdruckgebiete zum Pol hin aus und bilden deshalb vorwiegend im polwärtigen Teil der Westwindzone die wandernden Tiefdruckgebiete (z. B. Islandtief) mit ihren Fronten. Bei den Hochdruckgebieten bewirkt die Corioliskraft (weil sie sich in die entgegengesetzte Richtung drehen) ein Ausscheren zum Äquator hin. Sie führen zur Bildung des zellenhaft aufgebauten subtropischen Hochdruckgürtels (z. B. Azorenhoch).

[Abb. 4-18] Planetarisches Druck- und Windsystem

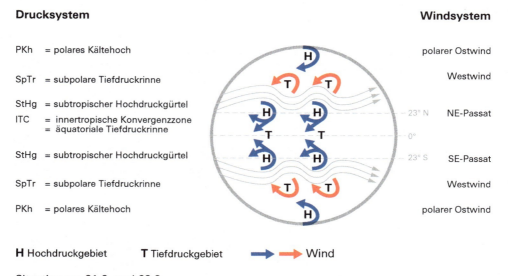

Drucksystem

PKh = polares Kältehoch
SpTr = subpolare Tiefdruckrinne
StHg = subtropischer Hochdruckgürtel
ITC = innertropische Konvergenzzone = äquatoriale Tiefdruckrinne
StHg = subtropischer Hochdruckgürtel
SpTr = subpolare Tiefdruckrinne
PKh = polares Kältehoch

Windsystem

polarer Ostwind
Westwind
23° N NE-Passat
0°
23° S SE-Passat
Westwind
polarer Ostwind

H Hochdruckgebiet   **T** Tiefdruckgebiet   ➡ ➡ Wind

Situation am 21.3. und 23.9.

Bis jetzt haben wir die planetarischen Druck- und Windverhältnisse immer so betrachtet, als ob sie auf der Nord- und Südhalbkugel symmetrisch wären. Wie Sie wissen, verschiebt sich aber der Zenitalstand der Sonne jahreszeitlich. Dies hat zur Folge, dass die Zone stärkster Erwärmung, gekennzeichnet durch ein Druckminimum (= ITC), über den Kontinenten im Sommer weit polwärts wandert. Sehr ausgeprägt zeigt sich dies auf der an Landmassen reicheren Nordhalbkugel: Die ITC liegt im Juli nicht mehr über dem Äquator, sondern sie wandert über dem Festland bis auf 30° Nord. Betrachten Sie dazu Abbildung 4-19, S. 44.

[Abb. 4-19] Die Lage der ITC im Nord- und im Südsommer

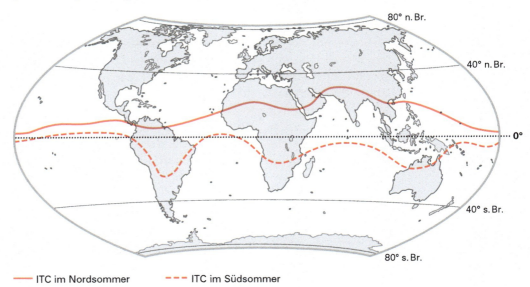

—— ITC im Nordsommer   --- ITC im Südsommer

Aus dem südlichen subtropischen Hochdruckgürtel fliesst der Südostpassat im Nordsommer über den Äquator in die ITC. Mit der Äquatorüberquerung wird der Südostpassat etwas abgebremst und dann nach rechts abgelenkt (vgl. Abb. 4-20). Die Gründe dafür sind die Erddrehung und die Corioliskraft. Ein geringer Teil der Luft steigt wegen des Luftstaus auf, der andere fliesst als äquatorialer Westwind weiter zur ITC. Diese äquatorialen Westwinde werden auch als Südwestpassate oder als Südwestmonsun bezeichnet.

[Abb. 4-20] Entstehung der ITC im Nordsommer, 21.6.

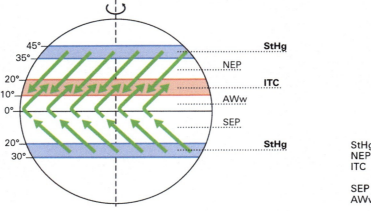

StHg = subtrop. Hochdruckgürtel
NEP = Nordostpassat
ITC = innertrop. Konvergenzzone
    = äquatoriale Tiefdruckrinne
SEP = Südostpassat
AWw = äquatorialer Westwind

Die Passate fliessen also aus den subtropischen Hochdruckzellen in die ITC. Diese liegt am 21.3. und am 23.9. auf dem Äquator: Es gibt nur Nordost- und Südostpassate. Am 21.6. liegt dann die ITC weiter nördlich (vgl. Abb. 4-20): Es treffen sich in der ITC der Nordostpassat und der Südwestpassat, der ein abgelenkter Südostpassat ist. Am 21.12. liegt die äquatoriale Tiefdruckrinne mehrheitlich auf der Südhalbkugel: In der ITC trifft der Südostpassat auf den Nordwestpassat (abgelenkter Nordostpassat), vgl. Kapitel 4.5, S. 48.

Verschiebung des planetarischen Druck- und Windsystems

Die Verschiebung des Sonnenhöchststands wirkt sich natürlich nicht nur auf das Passatsystem aus: Alle Druckgürtel verschieben sich. Die Abbildung 4-21 zeigt Ihnen die jahreszeitliche Verschiebung der permanenten planetarischen Druck- und Windsysteme schematisiert. Im Nordsommer werden die Druckgürtel der Nordhalbkugel nordpolwärts zusammengedrückt (vgl. Abb. 4-21 c), im Nordwinter äquatorwärts ausgedehnt (vgl. Abb. 4-21 a).

[Abb. 4-21] Jahreszeitliche Verlagerung des planetarischen Druck- und Windsystems auf der Nordhalbkugel (Prinzipskizze, genaue Breitenangaben vgl. Abb. 4-22)

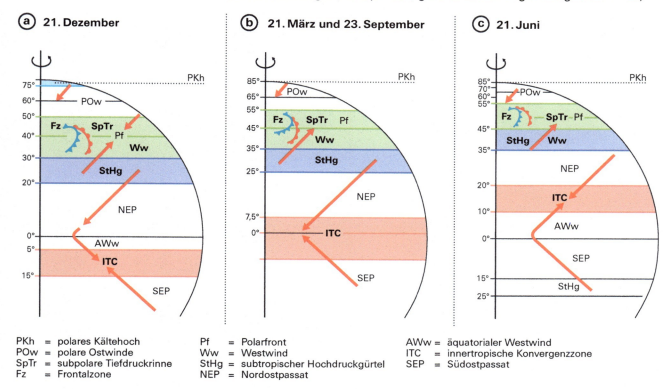

PKh = polares Kältehoch
POw = polare Ostwinde
SpTr = subpolare Tiefdruckrinne
Fz = Frontalzone
Pf = Polarfront
Ww = Westwind
StHg = subtropischer Hochdruckgürtel
NEP = Nordostpassat
AWw = äquatorialer Westwind
ITC = innertropische Konvergenzzone
SEP = Südostpassat

Wir wollen zusätzlich noch die Verschiebung der Frontalzone am Beispiel Mitteleuropas (vgl. Abb. 4-22), insbesondere der Schweiz, genauer betrachten.

[Abb. 4-22] Verschiebung der Frontalzone in Mitteleuropa

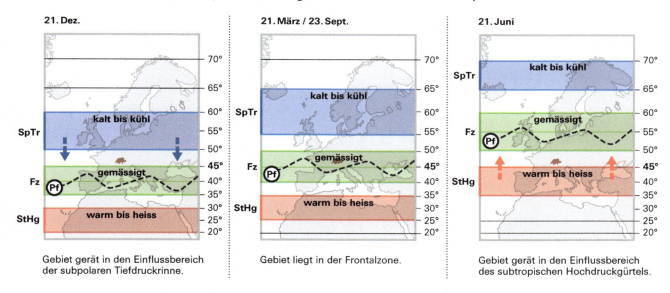

Frontalzone über Mitteleuropa

Die Schweiz liegt ungefähr zwischen dem 46. und dem 48. nördlichen Breitenkreis. Zweimal jährlich liegt über ihr die Frontalzone mit den wandernden Tiefdruckgebieten. An typischen Wintertagen kann die Schweiz in den polaren Kaltluftmassen stecken, im Frühling und Herbst wird sie vom Frontensystem behelligt und im Hochsommer kann sie in den Genuss subtropischer Verhältnisse kommen. Das einzig Regelmässige, das Mitteleuropa an Wettererscheinungen zu erwarten hat, ist die Unregelmässigkeit.

Zusammenfassung

Auf der Erde wird durch die Corioliskraft jede grossräumige Luftströmung aus der Richtung des Druckgefälles ihres Hoch-Tiefdruck-Systems abgelenkt:

- Die Ablenkung auf der Nordhalbkugel erfolgt in Bewegungsrichtung nach rechts.
- Die Ablenkung auf der Südhalbkugel erfolgt in Bewegungsrichtung nach links.

In Bodennähe strömt die Luft schiefwinklig zu den Isobaren vom Hoch ins Tief.

- Auf der Nordhalbkugel dreht sich das Bodentief im Gegenuhrzeigersinn, das Bodenhoch im Uhrzeigersinn.
- Auf der Südhalbkugel dreht sich das Bodentief im Uhrzeigersinn, das Bodenhoch im Gegenuhrzeigersinn.

Zwischen den Subtropen und dem Äquator wehen die Passatwinde. Bedingt durch die unterschiedliche Ablenkung (Corioliskraft) sind es auf der Nordhalbkugel Nordost-, auf der Südhalbkugel Südostpassate. Sie strömen in der innertropischen Konvergenzzone (ITC) zusammen.

In den polnahen Gebieten wehen auf der Nordhalbkugel die kalten polaren (Nord-)Ost-, auf der Südhalbkugel die (Süd-)Ostwinde. Im Bereich des Westwindgürtels ist der Jetstream wirksam. Er baut sich aus überschüssigen Luftmassen der tropischen Höhenwinde auf und bedingt die in der Frontalzone schwingende Polarfront. Die Polarfront grenzt die subtropische Warm- von der subpolaren Kaltluft ab. Durch die Reibung dieser beiden Luftmassen aneinander entstehen Wellen in der Polarfront. An diesen Wellen entstehen durch die Luftbewegung dynamische Tiefdruckzentren oder dynamische Zyklonen. Die dabei vorstossende Kaltluft bildet die Kaltfront, die Warmluft die Warmfront. Schliesst die Kaltfront auf die Warmfront auf, sprechen wir von einer Okklusion.

Die jahreszeitliche Wanderung des Sonnenzenitalstands verschiebt das planetarische Druck- und Windsystem im Nordsommer nordwärts, im Südsommer südwärts. Im Nordsommer werden die Zonen auf der Nordhalbkugel zusammengedrückt, im Nordwinter gedehnt. Auf der Südhalbkugel sind die Verhältnisse umgekehrt.

Aufgabe 19 Zeichnen Sie die Ablenkung eines Luftpakets, das auf der Südhalbkugel pol- und äquatorwärts wandert. Betrachten Sie dazu die Erde vom Südpol aus und bedenken Sie die Richtung der Erdrotation (von West nach Ost).

Aufgabe 20 Zeichnen Sie, analog der Abbildung 4-14, S. 40, den Westwindgürtel der Südhalbkugel in die Abbildung 4-23.

[Abb. 4-23] Jetstream, Polarfront und Frontalzone auf der Südhalbkugel; 21.3. / 23.9.

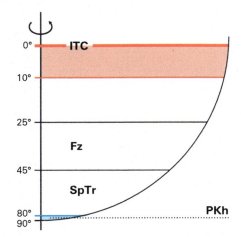

Aufgabe 21 Auf der Nordhalbkugel wandert während des Nordsommers (21.6.) der subtropische Hochdruckgürtel bis auf 35°–45° Nord, auf der Südhalbkugel während des Südsommers (21.12.) nur bis auf 25°–35° Süd. Erklären Sie diese Differenz.

Aufgabe 22 Zeichnen Sie in die Abbildung 4-24 den Nordostpassat (NEP) ein.

[Abb. 4-24] Abbildung zur Aufgabe

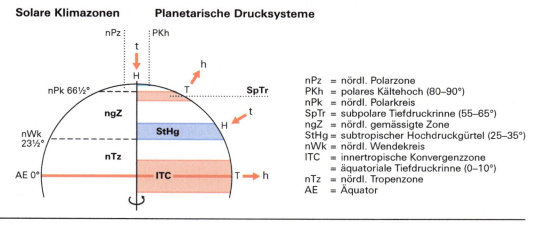

Aufgabe 23 Betrachten Sie die Abbildungen 4-19, S. 44 und 4-22, S. 45 und erklären Sie die jahreszeitlichen Windverhältnisse in Darwin (Nordaustralien).

Aufgabe 24 Im Frühjahr suchen viele mitteleuropäische Touristinnen und Touristen den Mittelmeerraum auf und berichten begeistert vom schönen Wetter. Andere gedulden sich bis zum Sommer und reisen nach Nordeuropa. Oft klagen die Nordlandfreunde über schlechtes Ferienwetter. Erklären Sie den Reisenden mithilfe der Abbildung 4-22, S. 45, wie ihr Ferienwetter zustande kam.

Aufgabe 25 Zeichnen Sie die für die Südhalbkugel gültigen Windverhältnisse zwischen einem Bodenhoch und einem Bodentief in die Abbildung 4-25 ein.

[Abb. 4-25] Idealisierte Darstellung der Luftbewegung auf der Südhalbkugel

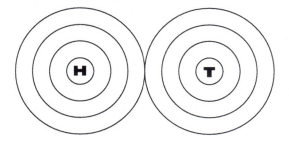

4.5 Monsune

Früher ging man davon aus, dass es sich bei den Monsunen um grossräumige See- und Landwinde handelt. Dadurch hatten sie eine Sonderstellung ausserhalb des planetarischen Druck- und Windsystems. Diese Vorstellung wurde aber später revidiert und heute werden die Monsune[1] als Teil des planetarischen Druck- und Windsystems verstanden.

Wie entsteht der Monsun?

Wie Sie aus Kapitel 4.4.4, S. 43 wissen, liegen im Nordsommer ausgedehnte Gebiete der Tropen im Bereich der äquatorialen Westwinde (AWw), im Winter aber im Einflussbereich der Nordostpassate (NEP). Dadurch weisen die Wettererscheinungen in den einzelnen Jahreszeiten deutliche Unterschiede auf. Am auffallendsten ist der ausgeprägte Wechsel der Windrichtung zwischen dem feucht-warmen ozeanischen äquatorialen Südwestwind im Sommer und dem kontinentalen Nordostpassat im Winter. Betrachten Sie dazu Abbildung 4-26.

[Abb. 4-26] Sommermonsun und Wintermonsun

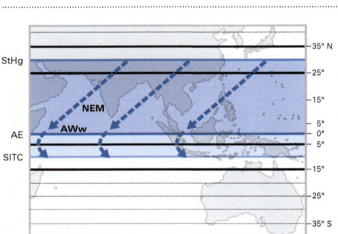

Was ist ein Monsun?

Beträgt die Winkeldifferenz mindestens 120° und wehen beide Winde in «ihrem» Halbjahr während rund 60% der Zeit, so sprechen wir bei diesem Windpaar vom Monsun. Man nennt die jahreszeitlich wehenden Winde dann Südwestmonsun (SWM) und Nordostmonsun (NEM) und nicht mehr äquatorialen Westwind (AWw) oder Nordostpassat (NEP). Der Südwestmonsun ist ein Sommerwind und heisst daher auch Sommermonsun; der Nordostmonsun heisst entsprechend Wintermonsun.

---

[1] Arab. *mausim* «(für die Seefahrt) geeignete Jahreszeit».

Nun können wir also die Monsune zusammenfassend für beide Halbkugeln beschreiben:

- Auf der Nordhalbkugel strömt der Sommermonsun als ursprünglicher SE-Passat lange Strecken über offene Meeresflächen, nimmt Feuchtigkeit auf und fliesst nach der Äquatorüberquerung als SW-Monsun in die weit nördlich, meist landeinwärts liegende ITC. Der Sommermonsun bringt oft starke Niederschläge bis weit ins Landesinnere. Der Wintermonsun, ein NE-Passat aus dem Landesinnern, strömt als trockener, oft kalter Wind aufs Meer hinaus in Richtung der jetzt auf der Südhalbkugel liegenden ITC.
- Auf der Südhalbkugel strömt der Sommermonsun als ursprünglicher NE-Passat über offene Meeresflächen und fliesst nach der Äquatorüberquerung als NW-Monsun in die ITC. Der Wintermonsun, ein SE-Passat aus dem Landesinnern, strömt als trockener Wind aufs Meer hinaus in Richtung der jetzt auf der Nordhalbkugel liegenden ITC.

Wo gibt es Monsune? Die typischen Monsune sind diejenigen in Asien (vgl. Abb. 4-27).

[Abb. 4-27] Verbreitung der Monsune

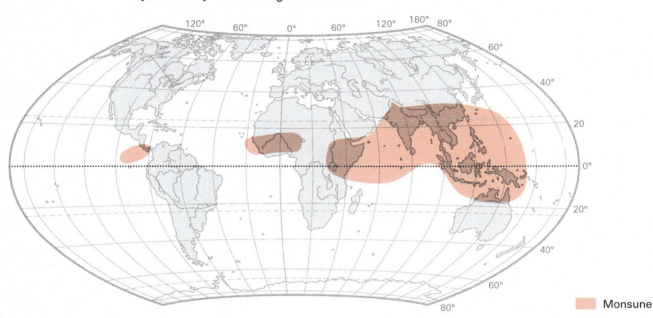

Zusammenfassung Die Monsune sind jahreszeitlich wechselnde, grossräumige Winde. Die Differenz im Azimut der beiden Windrichtungen muss mindestens 120° betragen. Zudem müssen die Winde während rund 60% der Zeit ihres jeweiligen Halbjahrs wehen.

Aufgabe 26 In der Schweiz wehen zwei Winde ganz ausgeprägt: der Westwind vor allem im Sommer, die Bise (= Nordostwind) vor allem im Winter. Diese beiden Winde kommen jahreszeitlich vor und unterscheiden sich auch durch eine Differenz im Azimut von mehr als 120°. Unter Klimatologinnen und Klimatologen wird deshalb oft scherzhaft behauptet, dass die Schweiz ein Monsunklima habe. Dies stimmt natürlich nicht! Aber wieso nicht? Versuchen Sie, eine Antwort zu finden.

Aufgabe 27 In Asien ist der Wechsel von Südwestmonsun und Nordostpassat besonders ausgeprägt. Welche geografische Grösse ist dafür verantwortlich?

4.6 Spezielle Winde

4.6.1 Regionale Winde

Regionale[1] Winde entstehen in der Regel nach dem Grundmuster der thermischen Windentstehung (vgl. Abb. 4-1, S. 28), so wie die lokalen Winde, der See-Land- oder der Tal-Berg-Wind. Um die Entstehung der folgenden Winde verstehen zu können, suchen wir stets das Bodenhoch und das dazugehörende Bodentief. Im Atlas (SWA S. 14 und 84–86; DWA S. 23 und 44) sind die Winde mit Pfeilen eingezeichnet; die Pfeilspitze weist stets zum Tief hin.

Föhn

Der für uns sicherlich wichtigste Regionalwind ist der Föhn. Er prägt nicht nur das Leben in den Alpentälern, sondern wirkt sich auch weit in die Tiefländer hinunter aus (vgl. Kap. 5.2, S. 59).

Bise

Neben dem Föhn ist die Bise der bekannteste Regionalwind. Sie ist ein kalter, trockener Wind aus Norden bis Osten, aus kontinentalen Hochdruckgebieten stammend. Vor allem im Herbst und im Winter ist sie Bestandteil des Wettergeschehens im schweizerischen und französischen Alpenvorland. Sie bläst aus dem kontinentalen Kältehoch in Richtung des ozeanischen Wärmetiefs.

Im Frühling stürmen nördliche Luftmassen und kalte Gebirgswinde zwischen dem französischen Zentralplateau und den Alpen in Richtung des sich erwärmenden Mittelmeers. Das Rhonetal engt den Luftstrom ein und verstärkt ihn mit dem entstehenden Düseneffekt. Die Südfranzosen, an Wärme gewöhnt, bezeichnen den kalten Sturm als Mistral[2].

An der dalmatischen Küste (und im Osten des Schwarzen Meers) fallen vom Winter bis in den Frühsommer kalte Festlandwinde in die warmen Adria-Ostküstenbereiche. Die Bora[3] beeinflusst wie der Mistral die mediterrane Küstenvegetation.

Die Etesien[4] (auch Meltemi genannt) sind Jahreszeitenwinde, die von April bis Oktober als trockene Nordwest-, Nord- und Nordostwinde vom griechischen Festland in Richtung Kreta im östlichen Mittelmeerraum wehen. Sie sind Teile des Nordostpassats, der zur ITC weht, denn im Nordsommer verlagert sich der subtropische Hochdruckgürtel zwischen 35° und 45° Nord.

Der Schirokko oder Scirocco (in Spanien Leveche genannt) ist ein heisser Wüstenwind, der im Mittelmeerraum von August bis Mai auftreten kann. Hat er über dem Mittelmeer Feuchtigkeit aufgenommen, führt er an der Nordküste des Mittelmeers zu drückender, fast tropischer Schwüle. Der Schirokko ist ein Teil des Westwinds, der aus der subtropischen Hochdruckzone in Richtung subpolare Tiefdruckrinne fliesst.

4.6.2 Wirbelwinde

Wirbelsturm

Die Wirbelwinde oder Wirbelstürme gehören wegen ihrer oft enormen Zerstörungskraft zu den eindrucksvollsten Wettererscheinungen. Grenzflächen besonders warmer und kalter Luftmassen sind für die Wirbelbildung geeignet. Wird eine im Gegenuhrzeigersinn drehende Zyklone oder auch ein anderes, lokal entstandenes, ausgeprägtes Hitzetief vom benachbarten kälteren Hoch eingeengt, erhöht sich die Rotationsgeschwindigkeit und somit die Sogkraft.

---

[1] Lat. *regio* «Bereich, Gegend, Gebiet».
[2] Provenzal.-franz., wörtlich etwa «meisterlicher Wind» oder «Hauptwind», lat. *magistralis* «meisterlich».
[3] Urspr. griech. *boreas* «Nordwind».
[4] Griech. *etos* «Jahr».

Stellen Sie sich als vergleichendes Beispiel eine Eistänzerin vor. Mit weit ausgestreckten Armen setzt sie zur Pirouette an. Dann zieht sie die peripheren Hände und das Spielbein nahe an den Körperschwerpunkt. Durch das Konzentrieren der Massen nahe am Schwerpunkt des Körpers erhält die Eistänzerin eine grössere Rotationsgeschwindigkeit.

Experiment Setzen Sie sich auf einen Bürodrehstuhl und halten Sie in Ihren ausgestreckten Händen einige Bücher. Versetzen Sie sich in eine Drehbewegung und ziehen Sie dann die Hände an sich; Ihre Drehgeschwindigkeit wird merklich zunehmen.

Tornados

Was ist ein Tornado? Der Tornado[1] (vgl. Abb. 4-28) ist ein aussertropischer Wirbelsturm. Charakteristisch ist der an einen Elefantenrüssel erinnernde Teil des Tornados, der steil, an Kaltfronten mit Gewittern gebunden, aus der rotierenden Wolkenmasse herunter hängt. Sein Durchmesser beträgt meist weniger als 100 m. Nur für kurze Zeit berührt er den Boden, reisst aber alles mit, was ihm in die Quere kommt. Der Luftdruck im Tornadoschlauch ist erheblich kleiner (bis zu 100 hPa) als in der Umgebung. Daraus erklären sich die hohen Windgeschwindigkeiten bis zu 150 m/s (= 540 km/h) und die enorme Zerstörungskraft.

Fegt der Tornado über Gebäude hinweg, sackt der Aussendruck plötzlich ab. Der Innendruck bleibt bei geschlossenen Türen und Fenstern relativ hoch. Dadurch entsteht ein Überdruck, der das Gebäude explodieren lässt. Sinkt der Luftdruck nur um 10%, so presst an jeden Quadratmeter eines Fensters, einer Türe oder Wand eine Kraft, als würde eine Masse von 1 000 kg drücken.

Das klassische Gebiet der Tornados sind die Prärien oder Plains der USA und Kanadas. Im Tagesdurchschnitt werden dort zwei Tornados registriert. Mit dem Ansteigen der Durchschnittstemperatur durch die Klimaerwärmung entfalten sich Tornados neu auch in Argentinien und Westeuropa.

Wind- und Wasserhosen

Wind- und Wasserhosen sind kleinere Tornados über dem Festland oder einer Wasserfläche, die Erdreich oder Wasser in die Höhe schleudern. Die angerichteten Schäden können ebenfalls beträchtlich sein. Eine noch kleinere Erscheinungsform sind die Sand- und Staubteufel, die bei Hochdrucklage auftreten. Herrschen auf benachbarten Stellen der Erdoberfläche, z. B. zwischen einem frisch asphaltierten Parkplatz und einer hellen Kiesfläche, hohe Temperaturunterschiede, so entstehen harmlose Wirbel von meist nur 1–2 m Durchmesser.

[Abb. 4-28] Tornado (links) und Hurrikan (rechts)

Bilder: © Minerva Studio – Fotolia.com (links) / © pio3 – Fotolia.com (rechts)

[1] Span. *tornar* «sich drehen» und span. *tornada* «Gewitter».

Hurrikan, Taifun, tropische Zyklone, Willy-Willy

Hurrikan

Die vier Begriffe sind Synonyme für tropische Wirbelstürme (= Orkane). In den USA heissen sie Hurrikane[1] (vgl. Abb. 4-28), in Fernost Taifune[2], im Indischen Ozean tropische Zyklonen und in Australien Willy-Willy. Im Gegensatz zu den Tornados sind sie von grosser Langlebigkeit. Über mehrere (4–5) Tage hinweg existieren diese an eine konische Spiralfeder erinnernden Gebilde. Bis zu 1 000 km kann ihr Durchmesser sein. Sie erreichen Windgeschwindigkeiten von 150–300 km/h. Der Druckunterschied liegt um die 50 hPa.

Tropische Wirbelstürme entwickeln sich nur über den warmen Ozeanen (Wassertemperatur über 27 °C) zwischen 5 und 20° Breite. Über den Ozeanen ist der Reibungswiderstand zwischen Luft und Wasser besonders klein. Ungehindert kann sich die Corioliskraft als Resultat der Erdrotation zu entfalten beginnen. Bei ihrem Wandern polwärts schwächen sie sich allmählich zu Tiefdruckgebieten ab. Üblicherweise sind die tropischen Wirbelstürme von sintflutartigen Regenfällen begleitet.

Die folgenden Angaben helfen, die verschiedenen Wirbelwinde auseinanderzuhalten:

- Das Tiefdruckgebiet einer Zyklone der gemässigten Breiten weist einen Durchmesser von 300 bis 3 000 km auf.
- Das Tiefdruckgebiet eines Tornados, einer Wind- oder Wasserhose weist einen Durchmesser von 20 bis 1 000 m auf.
- Das Tiefdruckgebiet einer tropischen Zyklone weist einen Durchmesser von 80 bis 120 km (bis 1 000 km möglich) auf.

Abschliessend sei noch bemerkt, dass man Wirbelstürmen Namen gibt, um sie besser unterscheiden zu können. Der erste Wirbelsturm des Jahres erhält einen mit A beginnenden Namen, der zweite einen mit B etc. Bis zu Beginn der 1990er-Jahre verwendete man nur Frauennamen; im Zuge der Gleichstellung der Geschlechter wechseln männliche und weibliche Vornamen gleichmässig ab.

Zusammenfassung

Regionale Winde entstehen meist nach dem Muster der thermischen Windentstehung. Die bekanntesten Regionalwinde im europäischen Raum sind Föhn, Bise, Mistral, Bora, Etesien und Schirokko.

Wirbelstürme entstehen in einem thermischen Tief, das von einem kälteren Hoch eingeengt wird.

Die aussertropischen Tornados sind kleinräumige, kurzlebige und extrem energiereiche Luftwirbel. Die tropischen Wirbelstürme sind grossräumige, langlebige und energiereiche Wirbelwinde.

Aufgabe 28 — Wo befinden sich bei der Bora das Bodentief und das dazugehörende Bodenhoch?

Aufgabe 29 — Warum entstehen in der unmittelbaren Umgebung des Äquators keine tropischen Wirbelstürme?

---

[1] Span. *huracán* «Sturm».
[2] Urspr. chin. *tai fung* «grosser Wind».

5 Luftfeuchtigkeit

Lernziele   Nach der Bearbeitung dieses Kapitels können Sie …

- die Einflussfaktoren auf die Luftfeuchtigkeit nennen und erläutern.
- die Entstehung und Wirkungsweise des Föhns beschreiben.
- den Zusammenhang zwischen der temperaturabhängigen maximalen Luftfeuchtigkeit und der Niederschlagsintensität erstellen.

Schlüsselbegriffe   Fallwind, Föhn, Kondensation, Luftfeuchtigkeit, Taupunkt, Temperaturgradient, Wasserdampf

Was ist die Luftfeuchtigkeit?

Sie sitzen im Winter in der gut geheizten Stube und empfinden die Luft als trocken. Mit einem Luftbefeuchter führen Sie Feuchtigkeit zu. Über dem Befeuchter ist die Dampffahne kurzfristig sichtbar, im Raum selbst sehen Sie das hinzugegebene und zu Gas gewordene Wasser nicht mehr.

Etwas später entdecken Sie, dass die Fenster beschlagen und nass sind. Was Sie beobachtet haben, ist die Wasseraufnahme und -abgabe durch die Luft.

5.1 Physik der feuchten Luft

5.1.1 Verdunstung

Wasserdampf und Verdunstung

Luft hat die Fähigkeit, Wasser im gasförmigen Zustand aufzunehmen. Das gasförmige Wasser ist unsichtbar und geruchlos. Wird gasförmiges Wasser hingegen in die Aggregatzustände[1] flüssig und fest überführt, erscheint es in Form von ausfallenden Tropfen (Regen) und Kristallen (Schnee).

Das Überführen von flüssigem Wasser in den gasförmigen Zustand nennen wir verdunsten. Zu Gas gewordenes Wasser heisst Wasserdampf, der nicht mit sichtbarem Nebel oder Dampf zu verwechseln ist.

Merke

Wasser verdunstet umso rascher, je höher die Temperatur der Luft, je grösser die Oberfläche des Wassers, je stärker die Luftbewegung über dem Wasser und je höher die Temperatur des Wassers ist.

Im Winter machen Sie eine besondere Erfahrung. Tagelang ist die Sonne nicht zu sehen und die Temperaturen liegen unter 0 °C. Dennoch apert die Schneedecke aus und verschwindet. Eis kann direkt in Wasserdampf übergehen.

Dieser Vorgang heisst Sublimation[2]. Nasse Wäsche trocknet daher auch bei Winterkälte, selbst wenn sie zuerst gefriert.

---

[1] Lat. *aggregare* «anhäufen».
[2] Lat. *sublimare* «erhöhen, schweben».

5.1.2 Sättigungsmenge

Wasseraufnahmefähigkeit der Luft

Die Luft vermag nicht beliebig viel Wasser aufzunehmen. Die maximale Wassermenge, die die Luft aufnehmen kann, ist abhängig von der Lufttemperatur. Warme Luft vermag bedeutend mehr Wasserdampf aufzunehmen als kalte. Denken Sie an Spaziergänge im Sommer und Winter: Im Sommer ist Ihr feuchter Atem nicht zu sehen.

Die Tabelle 5-1 zeigt den Zusammenhang zwischen der Lufttemperatur und der maximalen Wasseraufnahmefähigkeit.

[Tab. 5-1] Lufttemperatur und Wasseraufnahmefähigkeit

Lufttemperatur in °C	−20	−10	0	10	20	30	40
Wasseraufnahmefähigkeit in g/m³	1.1	2.4	4.9	9.4	17.3	30.4	51.1
Merkzahlen	1	2	4	8	16	32	(64)

Sättigungsmenge

Die maximal aufnehmbare Menge heisst Sättigungsmenge (F_s; F = Feuchtigkeit, s = Sättigung). Sie wird in Gramm Wasserdampf pro Kubikmeter (g/m³) angegeben.

Die Sättigungsmenge ist ein empirischer Wert; d. h., sie ist durch unzählige Versuche gemessen worden, aber es gibt keine genaue Formel, mit der die Beziehung zwischen Temperatur und Sättigungsmenge berechnet werden könnte. Deshalb können wir zur Vereinfachung auch die Merkzahlen verwenden.

Das Wesentliche an der Beziehung zwischen der Lufttemperatur und der Wasseraufnahmefähigkeit ist, dass die Sättigungsmenge nicht linear, sondern exponentiell mit der Temperatur steigt (vgl. die Reihe der Merkzahlen in Tab. 5-1).

5.1.3 Absolute und relative Luftfeuchtigkeit

Absolute oder relative Luftfeuchtigkeit?

Wenn wir festhalten, wie viele Gramm Wasserdampf in 1 m³ Luft enthalten sind, so sprechen wir von der absoluten Luftfeuchtigkeit F_a. Diese ist meist kleiner als die Sättigungsmenge. Möchten wir die absolute Feuchtigkeit F_a in Prozent der Sättigungsmenge F_s angeben, so sprechen wir von der relativen Luftfeuchtigkeit F_r.

Die relative Feuchtigkeit wird auch als Sättigungsgrad bezeichnet. Wir können sie, wie jede Prozentrechnung, nach der einfachen Formel berechnen:

$$F_r = \frac{100\% \cdot F_a}{F_s}$$

Beispiel

In einer Waschküche sind bei 10 °C 9.4 g Wasserdampf pro m³ Luft enthalten. Bei 30 °C könnten 30.4 g aufgenommen werden. Die relative Luftfeuchtigkeit F_r beträgt somit:

$$F_r = \frac{9.4\text{ g} \cdot 100\%}{30.4\text{ g}} = 30.9\%$$

Die relative Luftfeuchtigkeit ist durch die Erwärmung auf 30 °C auf 30.9% gesunken. Die Luft ist jetzt wieder in der Lage, zusätzliches Wasser aufzunehmen, sie weist ein Feuchtigkeitssättigungsdefizit F_d auf. In unserem Waschküchenbeispiel (vgl. Abb. 5-1) herrscht ein Feuchtigkeitssättigungsdefizit $F_d = 69.1\%$ oder $F_d = 21$ g/m³.

[Abb. 5-1]   Sättigungsdefizit F_d

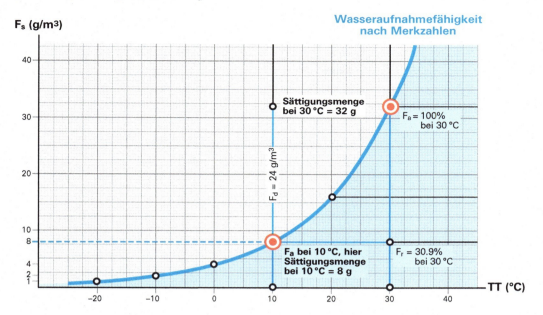

F_a = absolute Luftfeuchtigkeit
F_r = relative Luftfeuchtigkeit
F_d = Feuchtigkeitssättigungsdefizit
F_s = Sättigungsmenge
TT = Lufttemperatur

$$\text{Sättigungsmenge } F_S = 2^{\frac{\text{Temp°C}}{10}+2} \quad [g/m^3]$$

z. B. F_S bei 20 °C: $2^{\frac{20}{10}+2} = 2^4 = 16 \text{ g/m}^3$

Es gilt folgende Faustregel: Die relative Luftfeuchtigkeit F_r halbiert sich bei 10 °C Lufttemperaturzunahme oder verdoppelt sich bei 10 °C Lufttemperaturabnahme.

5.1.4   Kondensation

Was ist Kondensation?

Kondensation[1] ist das Gegenteil von Verdunstung. Wird feuchte Luft abgekühlt, so steigt die relative Luftfeuchtigkeit F_r. Ist die Sättigungsmenge F_s erreicht, beträgt also die relative Luftfeuchtigkeit 100%, so ist die gesättigte Luft bei weiterer Abkühlung gezwungen, einen Teil des getragenen und unsichtbaren Wasserdampfs in Form von kleinen, schwebenden Wassertröpfchen auszuscheiden. Dunst oder Nebel werden sichtbar.

Definition

Der Taupunkt ist die Temperatur, bei der abkühlende Luft gesättigt ist. Am Taupunkt entspricht die absolute Luftfeuchtigkeit der Sättigungsmenge, d. h., die relative Luftfeuchtigkeit ist 100%. Der Taupunkt ist abhängig von der absoluten Feuchtigkeit.

Kondensationskerne

Für die Kondensation von Wasserdampf sind Kondensationskerne, sogenannte Aerosole notwendig (vgl. Kap. 7.1, S. 72). Sie werden in der Luft als Staub, Russteilchen oder Blütenstaub mitgeführt. Reine, kondensationskernfreie Luft kann auch übersättigt sein und den überschüssigen Wasserdampf beim Auftreten von Kondensationskernen schlagartig abgeben. Düsenflugzeuge bilden so durch den Ausstoss ihrer Abgase die sogenannten Kondensationsstreifen.

[1] Lat. *condensare* «verdichten, verflüssigen».

Beispiel

Verdeutlichen wir die Kondensation an einem Beispiel (vgl. Abb. 5-2): Die Temperatur beträgt 30 °C, das Hygrometer (= Luftfeuchtigkeitsmessgerät) zeigt eine relative Luftfeuchtigkeit von 50% an. Die Luft könnte noch 16 g/m³ (32–16) aufnehmen. Am Abend sinkt die Temperatur auf 20 °C, die relative Luftfeuchtigkeit steigt auf 100% an. Die Luft ist nun gesättigt. Nachts sinkt die Temperatur auf 10 °C. Der Taupunkt wird um 10 °C unterschritten. 8 g Wasser (16–8) pro m³ Luft werden ausgeschieden. Die relative Luftfeuchtigkeit beträgt weiterhin 100%, die absolute ist von anfänglich 16 auf 8 g/m³ gesunken.

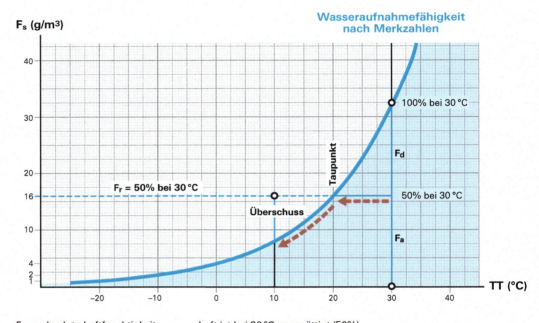

[Abb. 5-2]   Kondensation

F_a = absolute Luftfeuchtigkeit   Luft ist bei 30 °C ungesättigt (50%)
F_r = relative Luftfeuchtigkeit   Luft ist bei 20 °C gesättigt (100%)
F_d = Feuchtigkeitssättigungsdefizit   Luft ist bei 10 °C übersättigt («200%»)
F_s = Sättigungsmenge

5.1.5   Luftfeuchtigkeitsmessung

Messen der Luftfeuchtigkeit

Der Feuchtigkeitsgehalt der Luft lässt sich mit verschiedenen Verfahren messen. Die bekannteste Feuchtigkeitsmessung erfolgt mithilfe des Haarhygrometers[1]. Es macht sich die Eigenschaft zunutze, dass menschliche Haare ihre Länge entsprechend der relativen Luftfeuchtigkeit ändern. Ist die Luft trocken, schrumpfen die Haare[2], ist sie feucht, quellen sie.

Oft baut man die Thermo- und Hygrographengeräte in ein Gehäuse ein: den Thermohygrographen. Dies erlaubt, die Temperatur- und Feuchtigkeitsentwicklungen gut zu vergleichen.

Beispiel

In unserem Beispiel in Abbildung 5-3 herrschte um 15 Uhr eine Temperatur von 22 °C und eine relative Luftfeuchtigkeit von 48%. Anderntags, um 6 Uhr, lag die Temperatur 9 °C tiefer und die Feuchtigkeit bei 92% um 44% höher. Die relative Luftfeuchtigkeit hat sich erwartungsgemäss bei einer Temperaturabnahme von 9 °C fast verdoppelt.

Um 11 Uhr aber wies die relative Luftfeuchtigkeit noch stattliche 66% auf, obwohl die Temperatur um 8 °C angestiegen war. Bei einer Temperaturerhöhung von nahezu 10 °C hätte die relative Luftfeuchtigkeit doch auf ungefähr 50% (92:2) sinken sollen. Weshalb ist die relative Luftfeuchtigkeit 16% «zu hoch»?

---

[1]   Griech. *hygros* «feucht, nass».
[2]   Sinkt die relative Luftfeuchtigkeit um 10%, verkürzen sich Haare in ihrer Länge um 0.25%.

Die Luftmasse hat während ihrer Erwärmung zusätzlich Wasserdampf aufgenommen. Die Luft ist absolut betrachtet feuchter geworden. Sie hat die absolute Feuchtigkeit F_a durch Wasseraufnahme erhöht. In unserem Versuch ist das Mess- und Registriergerät aus dem Freien in ein Zimmer gebracht worden, das aufgeheizt und mit einem Luftbefeuchter versehen war.

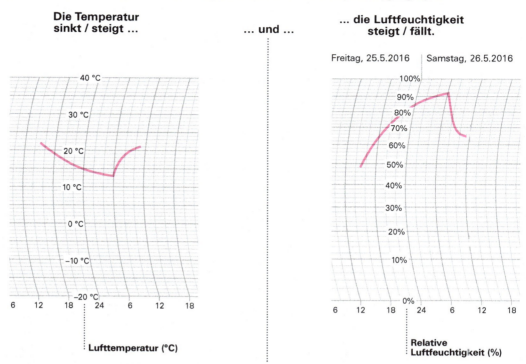

[Abb. 5-3] Auszug aus einem Registrierstreifen eines Thermohygrographen

Zusammenfassung

Die Sättigungsmenge F_s wird verdoppelt bei 10 °C Temperaturzunahme und halbiert bei 10 °C Temperaturabnahme.

Luft von 0 °C vermag ca. 4 Gramm gasförmiges Wasser pro m³ aufzunehmen.

Die absolute Luftfeuchtigkeit F_a umschreibt die momentan in der Luft vorhandene Wasserdampfmenge in Gramm pro Kubikmeter (g/m³). Die relative Luftfeuchtigkeit F_r (Sättigungsgrad) zeigt in Prozenten (%) die momentan in der Luft vorhandene Wassermenge bezüglich der Sättigungsmenge F_s.

Gesättigte Luft enthält die bezüglich der Temperatur maximal mögliche Menge Wasser in Gasform. Ungesättigte Luft enthält weniger Wasserdampf als maximal möglich wäre. Sie hat ein Feuchtigkeitssättigungsdefizit F_d und zeigt die Tendenz, Wasser in Gasform aufzunehmen.

Die relative Luftfeuchtigkeit F_r halbiert sich bei 10 °C Lufttemperaturzunahme oder verdoppelt sich bei 10 °C Lufttemperaturabnahme.

Wird bei kühler werdender Luft die absolute Luftfeuchtigkeit F_a grösser als die temperaturabhängige Sättigungsmenge F_s, so beginnen Wassertropfen auszufallen.

Aufgabe 30 Zeichnen Sie in Abbildung 5-4 die Kurven der Sättigungsmengen gemäss den effektiven Werten der Wasseraufnahmefähigkeit und gemäss den Merkzahlen.

[Abb. 5-4] Abhängigkeit der Sättigungsmenge von der Lufttemperatur

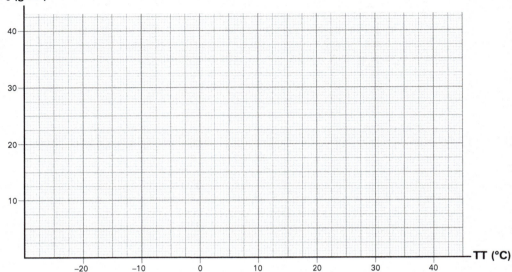

Aufgabe 31 Lösen Sie die Aufgabe mithilfe der Abbildung 5-1, S. 55. Arbeiten Sie hier und künftig nur mit den Merkzahlen der Wasseraufnahmefähigkeit gemäss Tabelle 5-1, S. 54. Gesättigte Luft mit einer Temperatur von 0 °C wird auf 20 °C erwärmt.

A] Wie gross ist dann die absolute Luftfeuchtigkeit F_a?

B] Wie gross ist dann die relative Luftfeuchtigkeit F_r?

Aufgabe 32 Ein Luftpaket von 20 °C weist eine absolute Luftfeuchtigkeit F_a von 8 g/m³ auf.

A] Wie gross ist die herrschende relative Luftfeuchtigkeit?

B] Wie gross ist die relative Luftfeuchtigkeit F_r, wenn die Luft um 10 °C erwärmt wird?

C] Wie gross ist die relative Luftfeuchtigkeit F_r, wenn die Luft um 10 °C abgekühlt wird?

Aufgabe 33 Beantworten Sie mithilfe der Tabelle 5-1, S. 54, die folgenden Fragen. Wie hoch ist der Taupunkt für eine Luftmasse mit

A] einer Lufttemperatur von 30 °C und einer relativen Luftfeuchtigkeit von 50% und

B] einer Lufttemperatur von 20 °C und einer relativen Luftfeuchtigkeit von 25%?

Aufgabe 34 Wie hoch ist die auszuscheidende Wassermenge für eine Luftmasse mit

A] einer anfänglichen Lufttemperatur von 20 °C und einer relativen Luftfeuchtigkeit von 50%, wenn sie auf 0 °C abgekühlt wird, und

B] einer anfänglichen Lufttemperatur von 10 °C und einer relativen Luftfeuchtigkeit von 25%, wenn sie auf −20 °C abgekühlt wird?

5.2 Föhn

Der Föhn[1] ist eine eindrückliche Wettererscheinung.

Fallwind

Aber was ist eigentlich Föhn? Wie können wir diesen Wind definieren? Alle Föhnwinde zeigen charakteristische Eigenschaften: Sie sind recht kräftig, sie fliessen über ein Gebirge, sinken im Lee des Gebirges als Fallwinde ab und bringen dadurch im Lee[2] warme und trockene Luft. Oft regnen sich die Winde zuvor im Luv[3] aus – aber nicht immer, und manchmal fallen auch auf der Leeseite Niederschläge, sodass wir die Niederschläge besser aus der Definition weglassen:

Definition

Föhn ist eine gebirgsüberströmende und im Lee absinkende Luftströmung, die dort zu kräftigem, böigem Wind führt und mit einem Anstieg der Temperatur und einem Rückgang der relativen Luftfeuchtigkeit verbunden ist.

Der Alpenföhn ist gegenüber anderen ähnlichen Fallwinden am besten erforscht. Das Wort Föhn ist weltweit zum Begriff für einen gebirgsüberströmenden, im Lee absinkenden Wind geworden. Man benutzt auch im Englischen *(the foehn)* und Französischen *(le foehn)* den Begriff «Föhn» für warme Fallwinde.

Südföhn

Auf der Alpennordseite ist der Südföhn der bekannteste warme Fallwind. Die Wetterlage, die zur Entstehung des Südföhns führt, heisst Föhnlage. Damit ein Wind aus Süden über die Alpen fliesst, braucht es einen Druckgradienten quer zum Gebirge; d.h. ein Hoch im Südosten und ein Tief im Nordwesten der Alpen (vgl. Abb. 9-14, S. 110).

Aber weshalb ist der Föhn warm? Wenn man dies einen Laien fragt, bekommt man oft zu hören: «Weil er aus dem (warmen) Tessin bzw. Italien kommt.» Diese Antwort ist allerdings ungenügend, um nicht zu sagen falsch! Dies sehen Sie nur schon daran, dass es auch einen Nordföhn gibt, der von der Alpennordseite ins Tessin und nach Norditalien strömt und dort ebenfalls warm und trocken weht. Im Folgenden konzentrieren wir uns aber auf den Südföhn, den wir einfachheitshalber nur Föhn nennen wollen.

Temperaturgradient

Nach dem Studium dieses Kapitels werden Sie eine bessere Begründung für die Wärme des Föhns geben können. Zwei Ausdrücke, die in Ihrer Antwort nicht fehlen dürfen, sind die des trocken adiabatischen und des feucht adiabatischen Temperaturgradienten. Wir müssen deshalb zuerst diese beiden Begriffe klären.

5.2.1 Temperaturgradienten

Adiabatisch

Wird Luft komprimiert, steigt die Temperatur, wird sie dekomprimiert, sinkt die Temperatur. Sinkt eine Luftmasse um 100 m, so erhöht sich die Temperatur durch die Kompression um 1 °C. Wird der Luft während ihres Absinkens oder Aufsteigens keine zusätzliche Wärme zugeführt resp. entzogen, so nennen wir dies adiabatische Erwärmung oder Abkühlung.

Trocken adiabatisch

Bei unseren bisherigen Betrachtungen zur Temperaturänderung hat die Luftfeuchtigkeit keine Rolle gespielt. Wir haben mit trockener Luft gearbeitet – also Luft, deren Temperatur über dem Taupunkt liegt. Wenn sich die Temperatur einer Luftmasse alleine durch Änderung des Luftdrucks ändert, ohne dass der Taupunkt erreicht wird, sprechen wir vom trocken adiabatischen Temperaturgradienten. Dieser beträgt, wie oben beschrieben, 1 °C pro 100 m.

---

[1] Der Name Föhn leitet sich über rätoromanische Lokalformen vom lat. *favonius* (ursprünglich = warmer Westwind) ab.
[2] Dem Wind abgewandte Seite eines Gebirges (vgl. Kap. 6.1, S. 64).
[3] Dem Wind zugewandte Seite eines Gebirges (vgl. Kap. 6.1, S. 64).

Denken Sie daran, dass die Luft die Eigenschaft hat, Wasser in Gasform aufzunehmen. Wasser zu verdunsten benötigt Wärmeenergie. Sie können dies zu Hause beobachten, wenn Sie Wasser auf dem Kochherd zum Sieden bringen. Dazu müssen Sie der Wasserpfanne Wärme (= Verdunstungswärme) zuführen. Stellen Sie die Herdplatte ab, so hört das Wasser auf zu sieden.

Energie geht in einem geschlossenen System nicht verloren. Dies bedeutet, dass die zugeführte Wärme, die zum Verdunsten des Wassers geführt hat, im Dampf enthalten ist und bei der Kondensation des Dampfs zu Wasser als Kondensationswärme wieder frei wird. Natürlich gilt für die Verdunstung von Wasser in der Atmosphäre das Gleiche:

Luft, die über eine Wasserfläche weht, verdunstet Wasser und verbraucht dazu einen Teil ihrer Wärme. Wird die feuchter und kühler gewordene Luft durch ein topografisches Hindernis (z. B. Gebirgszug) zum Aufsteigen gezwungen, so sinkt ihre Temperatur weiter. Sobald der Taupunkt erreicht ist, beginnt die Feuchtigkeit zu kondensieren. Teile der Luftfeuchtigkeit werden in Form von Nebeltröpfchen ausgeschieden.

Bei der Kondensation wird Kondensationswärme frei. Das heisst, dass so viel Wärme an die Luft abgegeben wird, wie diese beim Verdunsten des Wassers verlor. Oder anders formuliert: Kondensiert Luftfeuchtigkeit zu Wasser, wird dadurch die Luft erwärmt.

Feucht adiabatisch

Die Temperatur von gesättigten Luftmassen wird also nicht mehr alleine durch Luftdruckänderungen, sondern zudem durch die Kondensationswärme bestimmt. Zur Beschreibung dieser Temperaturänderung gebrauchen wir den feucht adiabatischen Temperaturgradienten. Damit Kondensationswärme frei wird, muss die Luftmasse den Taupunkt erreichen, d. h., sie muss sich abgekühlt haben.

Der feucht adiabatische Temperaturgradient betrifft also nur aufsteigende Luftmassen, denn nur diese kühlen sich ab. Der Wert des feucht adiabatischen Temperaturgradienten setzt sich dabei wie folgt zusammen:

Abkühlung durch Aufstieg = trocken adiabatischer Temperaturgradient	= −1.0 °C/100 m
Erwärmung durch Kondensation	= +0.5 °C/100 m
Effektive Abkühlung = feucht adiabatischer Temperaturgradient	= −0.5 °C/100 m

Luft, die trocken adiabatisch um 1 000 m aufsteigt, kühlt sich um 10 °C ab. Dabei wird die relative Luftfeuchtigkeit dieser Luft verdoppelt. Kühlt sich also eine Luftmasse lange genug trocken adiabatisch ab, so erhöht sich ihre relative Luftfeuchtigkeit bis 100%. Dann ist sie gesättigt, sie hat den Taupunkt erreicht. Eine weitere Abkühlung erfolgt feucht adiabatisch.

5.2.2 Modell der Föhnströmung

Ein wissenschaftliches Modell ist immer eine vereinfachte Darstellung der Wirklichkeit. Häufig ist es so, dass es für ein Phänomen nicht nur eine, sondern mehrere Erklärungen (Modelle) gibt. Der Einfachheit halber wollen wir im Folgenden nur das meist verbreitete Modell für die Föhnströmung behandeln. Es handelt sich dabei um das sogenannte klassische Föhnmodell (vgl. Abb. 5-5), das vom Wiener Meteorologen Julius von Hann, aufgestellt wurde. Es wird auch als thermodynamisches Modell bezeichnet.

Da Sie nun den Unterschied zwischen trocken und feucht adiabatischem Temperaturgradienten kennen, lässt sich das Modell leicht erklären:

[Abb. 5-5]   Das klassische (thermodynamische) Föhnmodell

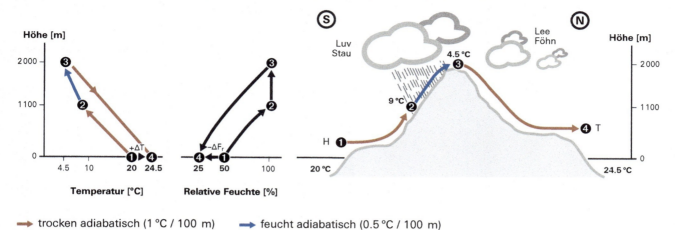

➡ trocken adiabatisch (1 °C / 100 m)   ➡ feucht adiabatisch (0.5 °C / 100 m)

Klassisches Föhnmodell

Ein Luftpaket wird zum Überqueren eines Gebirges gezwungen, weil grossräumig gesehen auf der einen Seite des Gebirges ein Hoch, auf der anderen ein Tief liegt. Das Luftpaket steigt entlang den Gebirgsflanken auf (1 → 2) und kühlt sich dabei vorerst trocken adiabatisch ab (1 °C pro 100 m Höhendifferenz).

In einer bestimmten Höhe hat sich die Luft aber so weit abgekühlt, dass der Taupunkt erreicht ist (2). Ein Teil der Luftfeuchtigkeit kondensiert, Kondensationswärme wird frei und die Wassertröpfchen fallen als Steigungsregen zu Boden. Ein weiteres Aufsteigen geschieht nun feucht adiabatisch, die Luft kühlt pro 100 m nur noch um 0.5 °C ab (2 → 3).

Hat die Luft den Gebirgskamm erreicht, beginnt sie auf der anderen Seite als Fallwind abzusinken. Die Erwärmung absinkender Luftmassen geschieht aber trocken adiabatisch, die Luft erwärmt sich während des ganzen Abstiegs um 1 °C pro 100 m Höhendifferenz (3 → 4). Wenn wir also die Luft im Lee des Gebirges vergleichen, dann ist sie wärmer (+ΔT) und trockener (–ΔF$_r$) als im Luv.

Im Lee sinkt die Luft stark ab. Die dabei auftretende Erwärmung löst eventuell gebildete Wolken rasch auf. Als Beobachter am Boden sehen wir eine Wolkenwand, die Föhnmauer, und nördlich davon ein oft wolkenfreies Gebiet, das Föhnfenster. Zudem bildet sich durch die absinkende Luft lokal ein Hochdruckgebiet, das bei vielen Menschen Kopfschmerzen verursacht.

5.2.3   Klimatologische Betrachtung des Föhns im Alpenraum

Häufig starke Regenfälle auf der Südseite, trockenwarme stürmische Windböen auf der Nordseite: Das sind die Wetterzeichen eines starken Föhnwinds, der die Alpen überquert. In der absinkenden Luft lösen sich die Wolken rasch auf.

Das schöne Wetter ist aber nicht von Dauer, denn das Barometer steht fortwährend tief. Selten hält der Föhn länger als zwei bis drei Tage an. Nach seinem Zusammenbrechen nimmt die Bewölkung rasch zu und schon setzen Niederschläge und Abkühlung ein.

Abbildung 5-6 dokumentiert die typisch schnellen Veränderungen der Lufttemperatur und der relativen Luftfeuchtigkeit bei einem ins Tal eingebrochenen Südföhn:

[Abb. 5-6] Typische Temperatur- und Feuchtigkeitsregistrierung bei durchgebrochenem Südföhn

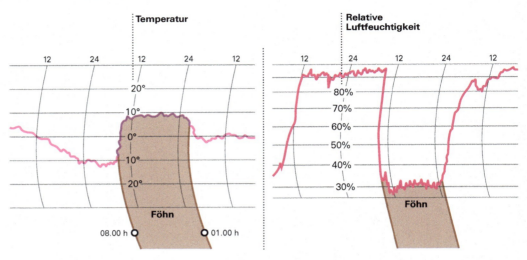

Innert einer Stunde hat der Föhn die Oberhand gewonnen, knapp einen Tag später ist er innert Stunden zusammengebrochen. Deutlich erkennen Sie, dass die relative Luftfeuchtigkeit beim 20-gradigen Temperaturanstieg zweimal halbiert wurde und von anfänglich nahezu 100% auf 25% sank.

Von den Föhnsituationen profitieren die Nord-Süd-verlaufenden alpinen Täler. In diesen Föhntälern räumt der Föhn die alte, kältere und feuchtere Luft praktisch immer aus. Da der Föhn relativ häufig weht – Altdorf hat durchschnittlich rund 50 Föhntage pro Jahr –, beeinflusst er die klimatischen Mittelwerte seiner Täler. Chur (600 m ü. M.) hat mit 8.2 °C ein um 0.8 °C höheres Temperaturjahresmittel als das auf gleicher Höhe liegende Wald im Zürcher Oberland.

Der wärmende Einfluss des Föhns begünstigt den Mais-, Reben- und Tabakanbau zwischen Chur und dem Bodensee. Vielerorts reifen die Trauben nur dank des herbstlichen Föhns zu hoher Qualität heran und im gebirgigen Reusstal, zwischen Altdorf und Flüelen, gedeihen gar Edelkastanien und Feigen.

5.2.4 Andere Föhnwinde

Nordföhn

Auf der Alpensüdseite, z. B. im Tessin und im Etschtal, tritt der bereits erwähnte Nordföhn auf. Er weht bei hohem Luftdruck nordwestlich und bei tiefem Luftdruck südöstlich der Alpen. Wegen seiner Trockenheit entsteht oft grosse Waldbrandgefahr. Der Nordföhn ist meist nicht so warm wie der Südföhn, denn Nordwinde weisen eine geringere Ausgangstemperatur und absolute Luftfeuchtigkeit auf als Südwinde.

Zu den markantesten Föhnwinden zählen auch der Chinook an der Ostflanke der Rocky Mountains (USA / Kanada), die Zonda am Ostabhang der südamerikanischen Anden, vor allem Argentiniens, und die Santa-Anna-Winde Südkaliforniens.

Ein klassisches Beispiel für kalte Fallwinde ist die Bora an der dalmatischen Küste. Sie entsteht dadurch, dass kalte Festlandluft aus einem Hochdruckgebiet über Osteuropa oder dem Balkan von einem Tiefdruckgebiet südlich der Alpen angesaugt wird. Das föhnartige Absinken auf der Leeseite des nicht sehr hohen Karstgebiets reicht nicht aus, um den kalten Charakter der Bora spürbar abzuschwächen.

Zusammenfassung

Von trocken adiabatischer Temperaturänderung sprechen wir, wenn die Temperaturänderung nur durch die Luftdruckänderung bestimmt ist. Der trocken adiabatische Temperaturgradient beträgt 1 °C pro 100 m Höhenveränderung.

Bei feucht adiabatischer Temperaturänderung wird die Temperaturänderung durch die Luftdruckänderung und durch die frei werdende Kondensationswärme bestimmt. Der feucht adiabatische Temperaturgradient beträgt –0.5 °C pro 100 m Aufstieg.

Das klassische (oder thermodynamische) Föhnmodell geht von einer Luftströmung zwischen Luv und Lee des Gebirges aus. Die Abkühlung erfolgt zunächst trocken, nach Erreichung des Taupunkts feucht adiabatisch. Deshalb erreicht relativ milde Luft die höchsten Gipfel. Die Erwärmung beim Abstieg erfolgt dann nur trocken adiabatisch, was zu den hohen Temperaturen in den Lee-Tälern führt. Auch ist die Luft nun sehr trocken.

Der Nordföhn weht als kälterer Wind als sein südlicher Gegenspieler von Norden durch die südlichen Alpentäler. Dieses trockene Nordwindwetter erhöht die Waldbrandgefahr in dem an sich schon warmen und trockenen Süden der Schweiz und in Norditalien.

Aufgabe 35

Ein trockener Wind weht von Norden in Richtung Alpen. In Zürich (406 m ü. M.) haben die Luftmassen eine Temperatur von 15 °C. Welche (theoretische) Temperatur haben sie nach ihrer Verfrachtung nach Göschenen (1 106 m ü. M.) erreicht?

Aufgabe 36

Gemäss den frühsommerlichen Abendnachrichten wird die 0°-Grenze anderntags auf der Höhe des Säntisgipfels (2 500 m ü. M.) erwartet. Welche Temperatur erwarten Sie in St. Gallen mit einer Höhe von 670 m ü. M.?

Aufgabe 37

A] Um wie viele Grade Celsius muss die Lufttemperatur verändert werden, damit die relative Luftfeuchtigkeit (F_r) verdoppelt resp. halbiert wird?

B] Wie viele Meter Höhendifferenz muss die Luft überwinden, damit sie ihre Temperatur trocken adiabatisch um 10 °C senkt bzw. erhöht?

C] Wie viele Meter Höhendifferenz muss die Luft überwinden, damit die relative Luftfeuchtigkeit (F_r) trocken adiabatisch verdoppelt resp. halbiert wird?

D] Wie verhält sich der Temperaturgradient, wenn aufsteigende und kühler werdende Luft den Taupunkt erreicht?

Aufgabe 38

Nennen Sie mithilfe des Atlas (SWA S. 14; DWA S. 23) die Hauptföhntäler der Schweiz.

Aufgabe 39

Welche Gründe sind dafür verantwortlich, dass im sonnigen Süden der Nordföhn kälter weht als der wärmere Südföhn im eher raueren Norden?

Aufgabe 40

In Coimbra (Portugal, vgl. Atlas) fallen im Jahr über 160 cm Regen, in der nur 100 km ostnordöstlich gelegenen Stadt Guarda dagegen weniger als 50 cm. Erklären Sie das Zustandekommen dieses eindrücklichen Unterschieds.

6 Klimafaktoren und Ozeanografie

Lernziele Nach der Bearbeitung dieses Kapitels können Sie …

- die Wirkungsweise der Klimafaktoren beschreiben.
- erklären, weshalb am gleichen Tag auf gleicher geografischer Breite unterschiedliche Wetter herrschen.
- darlegen, dass letztlich die Klimafaktoren für die Lebensbedingungen für Pflanzen, Tiere und Menschen bedeutsamer sind als die Klimaelemente.
- die Klimabeeinflussung durch Meeresströmungen erklären.
- das El-Niño-Phänomen und seine Folgen beschreiben.

Schlüsselbegriffe Bodenbeschaffenheit, Breitenlage, El Niño, Exposition, Höhenlage, Klimafaktoren, Kontinentalität, Lee, Luv, Meeresströmungen, Ozeanografie

6.1 Klimafaktoren

Klimafaktoren sind topografische Grössen, die die Wirkung oder Intensität verschiedener Klimaelemente beeinflussen: Die Wirkung des Strahlungsstroms ist abhängig von der Beschaffenheit des bestrahlten Bodens, von der Höhe und von der Lage in Bezug auf das Meer und das Land. Die Stärke des Luftdrucks ist höhenabhängig.

Da Winde luftdruckabhängig, die Luftfeuchtigkeit temperaturabhängig und die Niederschläge feuchtigkeits- und temperaturabhängig sind, wird ersichtlich, dass auch diese Klimaelemente von den ortsabhängigen Klimafaktoren beeinflusst werden.

Wir besprechen hier die folgenden sechs Klimafaktoren:

- Breitenlage
- Exposition
- Bodenbeschaffenheit
- Höhenlage
- Kontinentalität
- Meeresströmungen

Breitenlage

Breitenlage bestimmt Sonneneinfallswinkel

Die geografische Breite bestimmt den jahreszeitlich geprägten Einfallswinkel des Strahlungsstroms und damit den Energieeinfall, der weitgehend die Durchschnittstemperatur bestimmt. Wenn wir nur diesen mathematisch-physikalischen Gesichtspunkt berücksichtigen, erhalten wir die Einteilung der Erde in die solaren Klimazonen (vgl. Kap. 2.4, S. 18). Allerdings müssen wir weit mehr Faktoren berücksichtigen, um zu vernünftig abgegrenzten Klimazonen zu gelangen (vgl. Kap. 7, S. 78).

Exposition

Die Sonne wandert, wenn auch nur scheinbar, konsequent auf ihren wechselnden Bahnen im Laufe der Jahreszeiten. Die täglichen Sonnenstrahl-Einfallswinkel und die davon abhängigen Strahlungsströme sind bekannt und für jeden Erdoberflächenpunkt berechenbar.

Sollten wir an einem möglichst grossen Strahlungsstrom interessiert sein, z. B. während des Sonnenbads, so ist es uns nicht möglich, diesen direkt zu verändern. Also passen wir uns ihm mit der entsprechenden Körperhaltung mittels der steil ins Sonnenlicht gestellten Rückenlehne an: Wir exponieren uns dem Sonnenlicht.

Exposition beeinflusst Sonneneinstrahlung

Übertragen wir unsere Erkenntnisse auf die Erdoberfläche: Berghänge, die dem Sonnenlicht zugekehrt sind und dank ihrer Steilheit gar rechtwinklig zu den einfallenden Strahlen stehen, erfahren einen grösseren Strahlungsstrom und somit eine grössere Erwärmung als Ebenen oder Abhänge, die vom Sonnenlicht abgekehrt sind.

Definition

Die Exposition ist die Lage eines Orts in Bezug auf die Einfallsrichtung und die Steilheit der Sonnenstrahlen.

Luv und Lee

Auf der Nordhalbkugel erfährt ein Südhang einen grösseren, steileren Sonneneinfallswinkel als ein der Sonne abgewandter Nordhang. Dadurch entstehen am Südhang höhere Boden- und Lufttemperaturen.

Die Vegetation macht sich steile, nach Süden gerichtete Berghänge zunutze: Hier können Licht und Wärme liebende Pflanzen besonders gut wachsen. Auch die Reben gedeihen bei uns vornehmlich an den Südhängen der Talflanken. Durch die Hanglage kann ein Ort auch den Winden ausgesetzt *(Luv)* oder vor diesen geschützt sein *(Lee)*, in der Zone der Steigungsregen (Luv) oder im Regenschatten (Lee) liegen.

Bodenbeschaffenheit

Bodenbeschaffenheit beeinflusst Temperatur

Die Erdoberfläche reflektiert und absorbiert das einfallende Licht. Dementsprechend unterschiedlich entwickeln sich die Boden- und Lufttemperaturen (vgl. Kap. 2.3, S. 16).

Höhenlage

Höhenlage beeinflusst Temperatur und Luftdruck

Die Höhenlage ist in Bezug auf Wetter und Klima ein bedeutungsvoller Klimafaktor. Mit zunehmender Höhe sinken Luftdruck und Lufttemperatur. So ist es möglich, dass wir in der solaren Tropenzone ewigen Schnee und Eis antreffen, sofern wir genügend hoch steigen. Die Spitzen des Kilimandscharo in Afrika (5 895 m ü. M.) und des Cotopaxi bei Quito in Südamerika (5 896 m ü. M.) liegen am Äquator. Trotzdem herrscht auf diesen das Klima des ewigen Frosts.

Kontinentalität

Maritimes und kontinentales Klima

Die Lage eines Orts gibt uns wichtige Aufschlüsse über sein Klima. Liegt ein Ort im Innern eines Kontinents, so wird dieser im Sommer durch grosse Absorption stark erwärmt und im Winter durch grosse Ausstrahlung stark abgekühlt. Wir finden ein *kontinentales Klima* mit *starken Schwankungen* zwischen sommerlichen Temperaturmaxima und winterlichen Temperaturminima vor. Liegt der Ort dagegen am Rand des Kontinents, also meernah, so spüren wir den ausgleichenden Einfluss der Wassermassen; wir erleben in diesem Fall ein *maritimes Klima* mit *geringen Schwankungen* zwischen Temperaturmaxima und -minima.

Kontinentalität

Betrachten Sie dazu im SWA S. 85 die Karte «Kontinentalität»[1]: Der Einfluss des Atlantiks ist deutlich an den fast küstenparallel verlaufenden einzelnen Zonen zu erkennen. Gleichzeitig entnehmen Sie dieser Karte eine einfache Klimaordnung nach Temperaturamplituden. Prägen Sie sich das Ordnen nach zunehmender *Kontinentalität* ein:

- Ozeanische Klimate (maritimes Klima)
- Übergangsklimate
- Extreme Landklimate (kontinentales Klima)

[1] Vgl. auch DWA, S. 45: «Europa-Klima, Frühlingseinzug».

Meeresströmungen

Meeresströmungen beeinflussen das Klima

Als Festlandbewohnerinnen und -bewohner neigen wir gerne dazu, die klimatologische Bedeutung der Ozeane und Meere zu unterschätzen. Rund 71% der Erdoberfläche sind jedoch vom Weltmeer bedeckt. Wassermassen werden gleichmässig, aber im Vergleich zu den Festlandflächen langsam und nur wenig aufgeheizt. Während der Monate schwacher Sonneneinstrahlung wird die gespeicherte Wärme allmählich an die Umgebung abgegeben.

Meeresströmungen sind tiefergreifende Oberflächenströmungen. Sie werden infolge der Erddrehung durch die Corioliskraft abgelenkt (vgl. Kap. 4.4.2, S. 34).

Meeresströmungen können also einen enormen Einfluss auf den Wärmehaushalt eines Orts ausüben. Daher setzen wir uns im Kapitel 6.2, S. 68 mit der Ozeanografie auseinander.

Zusammenfassung

Klimafaktoren sind unveränderliche topografische Grössen, die die Klimaelemente eines Orts weitgehend beeinflussen und bestimmen.

Breitenlage: Mit zunehmender Breite nimmt der Strahlungsstrom ab und sinkt somit die Jahresdurchschnittstemperatur.

Exposition ist die geneigte Lage einer Oberfläche bezüglich der Horizontalen. Der Einfallswinkel des Strahlungsstroms wird so vergrössert und mit ihm die sich entwickelnde Boden- und Lufttemperatur.

Bodenbeschaffenheit: Materialdichte, Farbe und Glanz des Bodens beeinflussen die Reflexion und Absorption des Strahlungsstroms und somit auch die Boden- und Lufttemperatur.

Höhenlage: Mit zunehmender Höhe sinkt der Luftdruck und in seiner Abhängigkeit die Lufttemperatur.

Kontinentalität ist die Lage eines Orts in Bezug auf die Verteilung von Meer und Land. In Abhängigkeit von der Lage zum Meer unterscheidet man ozeanische und kontinental beeinflusste Klimate.

Meeresströmungen sind oberflächennahe, grossmassige und weiträumige Meereswasserbewegungen, die entlang bestimmter Bahnen zirkulieren.

Aufgabe 41

Studieren Sie im Atlas (SWA) die Karten S. 14. Ermitteln Sie mithilfe der Januar- und Juli-Temperaturen von Schaffhausen und des Säntisgipfels den Januar- und Juli-Temperaturgradienten in °C pro 100 Meter (°C/100 m) Höhenzunahme.

Aufgabe 42

Betrachten Sie im Atlas (SWA) die Karte S. 85 unten. Während in Westirland die Kontinentalität an der Küste fast 0% ist, beginnt diese bei der Donaumündung am Schwarzen Meer mit fast 40%. Was ist die Erklärung für diesen grossen Unterschied der Kontinentalität an Küsten?

Aufgabe 43

Weshalb suchen an Wochenenden im Sommer Grossstadtbewohner Parkanlagen auf?

Aufgabe 44

Auf der Alpennordseite liegen die Grenzen der Höhenstufen, z. B. die Waldgrenze oder die Schneegrenze, im Allgemeinen 300 Höhenmeter tiefer als auf der Alpensüdseite. Erklären Sie diesen Umstand.

Aufgabe 45

In der traditionellen Bauweise im Engadin sind die nach Süden gerichteten Fassaden durch die tief liegenden und von schräg einlaufendem Mauerwerk eingefassten Fenster geprägt. Sie sind eine architektonische Anpassung an die jahreszeitlich unterschiedlichen Sonnenstrahlungsverhältnisse.

Zur sommerlichen Mittagszeit fallen die Sonnenstrahlen unter einem Winkel von 67° bezüglich der Horizontalen ein. Die Einfallswinkel für den Winter und den Frühling resp. Herbst betragen 20° und 43.5°. Betrachten Sie den Längsschnitt durch die Bündnerstube und ihre Aussenmauer (vgl. Abb. 6-2). Welche Vorzüge bezüglich des einfallenden Sonnenlichts ergeben sich während der Jahreszeiten dank dem ca. 25° angeschrägten Fenstersturz?

Erarbeiten Sie Ihre grafische Antwort in der Abbildung 6-2.

[Abb. 6-1]   Typischer Engadiner Dorfkern (Guarda)

Bild: © bill_17 – Fotolia.com

[Abb. 6-2]   Längsschnitt durch eine Bündnerstube

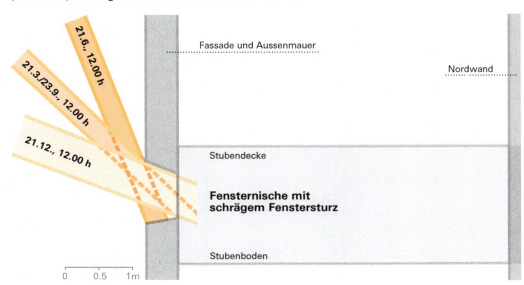

6.2 Ozeanografie

Die Ozeanografie hat die Aufgabe, die in den Ozeanen ablaufenden Vorgänge zu untersuchen, deren Ursachen zu finden und die grundlegenden Gesetzmässigkeiten aufzudecken. Gegenwärtig kommt der Ozeanografie eine immer grössere Bedeutung zu, sind doch ihre Forschungsergebnisse eine wichtige Voraussetzung für den Schutz und die nachhaltige Nutzung der Weltmeere.

6.2.1 Verteilung der Meeres- und Festlandoberflächen

Die Erde trägt einen irreführenden Namen, denn ihre Oberfläche besteht zum grössten Teil aus Wasser. Alle weiträumigen Vertiefungen der Erdoberfläche, die mit einer bedeutenden Salzwassermenge gefüllt sind, werden als Meer bezeichnet. Der weitaus grösste Teil der Meeresfläche besteht aus den zusammenhängenden Ozeanen, die weit ins Landesinnere vordringen können. Die einzelnen Kontinente sind eher wie Inseln statt wie trennende Barrieren in den Ozeanen eingebettet.

Einteilung der Erdoberfläche

Denkt man sich das gesamte Bodenrelief der Erde eingeebnet, dann würde die vorhandene Wassermenge des Weltmeers[1] die ganze Erde mit einem Ozean von ca. 2 600 m Tiefe bedecken. Die heutige Wassermenge füllt die ozeanischen Becken bis zu einem bestimmten Niveau, dem heutigen Meeresniveau mit 0 m ü.M., aus und lässt 29.2% der Erdoberfläche aus dem Weltmeer herausragen. Ihre Anordnung ist ungleichmässig. Insgesamt entfallen von der Nordhalbkugel 61%, von der Südhalbkugel 81% auf das Weltmeer.

Süsswasserreserven

Auf den Festlandoberflächen sind die Süsswasserreserven gespeichert, die auf rund 36 Mio. km^3 geschätzt werden. Den grössten Teil des Süsswassers bilden Eis und Schnee der Polkappen und die Gebirgsgletscher. Etwa ein Fünftel des Süsswassers ist als Grundwasser und Bodenfeuchte gespeichert und nicht einmal ein halbes Prozent befindet sich in den Flüssen und Seen.

In der Atmosphäre, insbesondere der Troposphäre, schwebt ungefähr der 2 500ste Teil allen Süsswassers. Der kleine Anteil, der fortwährend als Regen ausgefällt wird und wieder verdunstet, ist für das Klima von allergrösster Bedeutung. Was wäre die Erde ohne Luftfeuchtigkeit und Regen?

Gliederung des Weltmeers

Ozeane

Das Weltmeer wird in drei grosse, einfach abgegrenzte Teile, die Ozeane Pazifik, Atlantik, Indik, und in verschiedene Meere unterteilt. Geografisch werden als Meere nur diejenigen Salzwassermassen bezeichnet, die mit den Ozeanen in direkter Verbindung stehen.

So wird beispielsweise das Kaspische Meer, obwohl es grösser ist als die Ostsee, im Gegensatz zu dieser geografisch nicht zu den Meeren gerechnet, sondern zu den Seen, eben weil es mit keinem Ozean in Verbindung steht.

Die Verbundenheit zu den Ozeanen bewirkt, dass es in den Meeren keine isolierten Vorgänge gibt: Jede Erscheinung in einem Ozean oder Meer wirkt auch auf die anderen Ozeane und Meere ein.

---

[1] Die Wassermenge der Weltmeere wird auf 1 384 Mio. km^3 geschätzt.

Meere werden unterteilt in:

- Mittelmeere: abgeschlossene, zwischen verschiedenen Kontinenten liegende Meeresteile (z. B. Europäisches Mittelmeer, Arktisches Mittelmeer)
- Binnenmeere: abgeschlossene, innerhalb einer Kontinentalmasse liegende Meeresteile von geringerer Ausdehnung (z. B. Ostsee, Schwarzes Meer)
- Randmeere: durch Inselketten oder Schwellen begrenzte Meeresteile

[Abb. 6-3]   Das Weltmeer – seine Ozeane und Meere

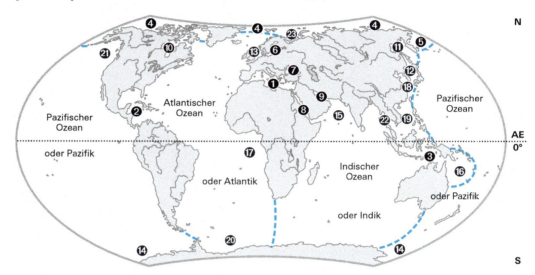

Mittelmeere:
1. Europäisches Mittelmeer
2. Amerikanisches Mittelmeer (Golf v. Mexiko / Karibisches Meer)
3. Malaiisches oder Australisches Mittelmeer
4. Nördliches Eismeer
5. Bering-Meer (wird oft auch als Randmeer bezeichnet)

Binnenmeere:
6. Ostsee
7. Schwarzes Meer
8. Rotes Meer
9. Persischer Golf (oft auch Mittelmeer)
10. Hudson Bay

Randmeere:
11. Ochotskisches Meer
12. Japanisches Meer
13. Nordsee
14. Rossmeer
15. Arabisches Meer
16. Korallen-Meer
17. Golf von Guinea
18. Ostchinesisches Meer
19. Südchinesisches Meer
20. Weddell-Meer
21. Alaska-Golf
22. Golf von Bengalen
23. Barentssee

6.2.2   Globaler Wasserkreislauf

Wasser verdunstet unter dem Einfluss der Sonneneinstrahlung und der warmen Luft. Vom Wind getrieben kann die Luft mit Wasserdampf und den Wolken Tausende von Kilometern transportiert werden. Als Tau, Reif, Raureif, Regen, Schnee, Graupel und Hagel kehrt das Wasser zur Erde zurück. Ein Teil davon verdunstet sofort wieder, der Rest fliesst ober- und unterirdisch ab und wird, bevor es ins Weltmeer zurückgelangt, von allen Lebewesen als unentbehrliches Element beansprucht.

85% des verdunstenden Wassers stammen aus den Meeren, 15% von den Festlandoberflächen. Vom Niederschlag, der auf die Festlandoberfläche fällt, kommen ca. zwei Drittel vom Weltmeer und ein Drittel vom Festland. Der grösste Teil des über den Ozeanen und Meeren verdunsteten Wassers fällt als Niederschlag in dieselbe zurück.

Das quantitative Schema in Abbildung 6-4 zeigt uns die an sich komplexen Zusammenhänge im Wasserkreislauf. Beachten Sie, dass es sich dabei um ein Modell handelt, das nicht auf jeden beliebigen Ort der Erde übertragen werden darf, da die Verdunstung und die Niederschläge regional sehr unterschiedlich sind.

[Abb. 6-4]   Globaler Wasserkreislauf

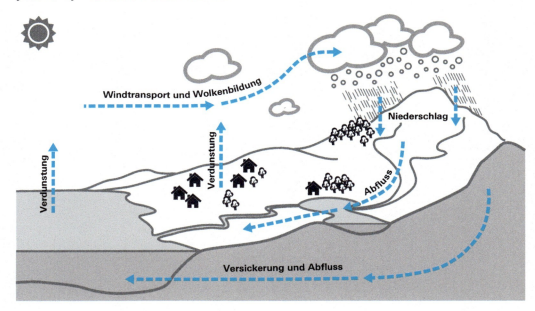

6.2.3   Was sind Meeresströmungen?

Meeresströmungen (auch Triften oder Driften genannt) sind oberflächennahe, grossmassige und weiträumige Meereswasserbewegungen, die entlang bestimmter Bahnen zirkulieren. Die hauptsächlichen Ursachen dieser Strömungen sind die regelmässigen Winde (wie die Passate) und Dichteunterschiede. Eine warme Strömung (z. B. Golfstrom) polwärts bringt relativ warmes in relativ kaltes Wasser. Eine kalte Strömung (z. B. Labradorstrom) äquatorwärts bringt relativ kaltes in relativ warmes Wasser.

Die Meeresströme zirkulieren analog den Winden auf der Nordhalbkugel im Uhrzeigersinn, auf der Südhalbkugel im Gegenuhrzeigersinn. Meeresströmungen beeinflussen die meernahen Landgebiete.

Strömt das erwärmte Wasser grossräumig, so wird die Wärme aus dem Entstehungsgebiet an andere Orte verfrachtet. Die aus warmen Gebieten kommenden Meeresströmungen führen fortwährend zu einer Erwärmung; die aus kalten Gebieten kommenden zur Abkühlung der Luft. Allgemein treten warme Meeresströmungen im Winter, kalte Meeresströmungen im Sommer ausgeprägt in Erscheinung.

6.2.4   Windbedingte Oberflächenströmungen

Die treibende Kraft des Winds bewirkt nebst der leicht erkennbaren Wellenbewegung vor allem die Verfrachtung der oberflächennahen Wassermassen. Vor allem andauernd wehende Winde, wie die Passate, summieren die Verlagerung der Wasserteilchen zu konstanten Strömungen der oberen Wasserschichten, die das Meer in ständiger Zirkulation halten. Neben den Winden spielen Dichteunterschiede (ausgelöst durch den unterschiedlichen Salzgehalt der Meere) eine wichtige Rolle. Dies gilt im Besonderen für den Golfstrom.

Die wichtigsten dieser Strömungen, die bedeutsam für die Schifffahrt, jedoch noch viel bedeutender für das Klima angrenzender Länder sind, wollen wir nun kennenlernen.

Die Breite der Ströme beträgt etwa 50 bis 130 km, sie reichen bis 400 m tief und fliessen mit Geschwindigkeiten von 0.2 bis 4 Metern pro Sekunde (4 m/s = 14.4 km/h!). Die höchsten Geschwindigkeiten werden erreicht, wenn sich eine Strömung zwischen engen Stellen wie z. B. Meerengen oder Inselgruppen durchzwängen muss.

Die Strömungsbahn wird durch die Richtung der antreibenden Winde, die Küstenformen, auf die die Strömungen treffen, und durch die sich aus der Erdrotation ergebenden ablenkenden Kräfte (Corioliskraft) bestimmt. Betrachten Sie dazu die Karte im Atlas (SWA S. 172–173; DWA S. 169).

Beachten Sie den letzten Punkt bezüglich der Erdrotation: Genau so, wie die durch die Erdrotation entstehenden Kräfte die Winde ablenken, lenken sie auch die Strömungen ab. Es besteht ein Kreislaufsystem der Strömungen. Wir haben somit in Analogie zu den Winden auf der Nordhalbkugel einen Strömungskreislauf im Uhrzeigersinn und auf der Südhalbkugel einen Strömungskreislauf im Gegenuhrzeigersinn.

Da Wasser ein guter Wärmespeicher ist, transportieren die Ströme grosse Mengen an Wärme oder Kälte.

[Abb. 6-5]   Meeresströmungen

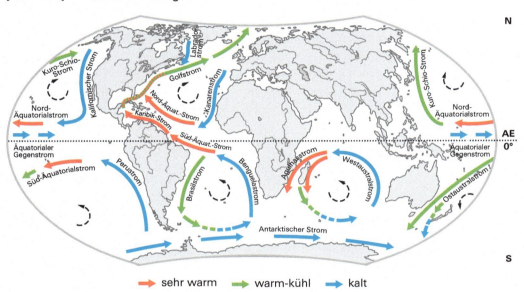

Für die folgende Besprechung der ozeanischen Oberflächenströmungen im Atlantik, Pazifik und Indik sollten Sie stets den Atlas (SWA S. 172–173; DWA S. 169) mitbenützen.

A   Strömungen im Atlantik

Golfstrom

Im Atlantik treten die folgenden Strömungen auf: Der Nordostpassat treibt das Wasser als Kanarenstrom westwärts gegen die Küste Brasiliens. Die gleiche Wirkung erzielt der Südostpassat (Benguelastrom), sodass westwärts gerichtete Strömungen entstehen: der Nord- (N) und der Süd-Äquatorialstrom (S). Der Nordäquatorialstrom und ein Teil des Süd-Äquatorialstroms folgen der Nordküste Südamerikas und werden nach Nordwesten abgelenkt.

Die Strömung gelangt also in das Karibische Meer und dann in den Golf von Mexiko. Die Wassermassen werden durch die Florida-Strasse hinausgedrückt, die sie mit erheblicher Geschwindigkeit als Floridastrom passieren, und ziehen dann an der Ostküste der USA entlang. Bald machen sich die Rechtsablenkungen (im Uhrzeigersinn) und die vorherrschenden Westwinde bemerkbar.

Die mehr oder weniger einheitliche Strömung (Vermischung mit Labradorstrom; vgl. unten) durchquert als Golfstrom den Atlantik und spaltet sich in mehrere schmale Arme, die die Westküsten Islands, Norwegens, Grossbritanniens, Frankreichs und Portugals bespülen und auch in die Nordsee eindringen. Da der Golfstrom aus südlichen Breiten in nördlichere kommt, handelt es sich um einen warmen Strom, der die nördlichen Meeresteile und im Winter auch die anliegenden Küsten erwärmt. So mildert der Golfstrom bis weit zum Nordkap hinauf die Wintertemperaturen und hält die Häfen eisfrei.

Labradorstrom

Der südliche Ast des Golfstroms biegt an der portugiesischen Küste nach Süden ab und zieht als Kanarenstrom entlang der afrikanischen Küste; so schliesst er den nördlichen Kreislauf des Atlantiks. Da der Kanarenstrom aus Gegenden kommt, die im Vergleich zur afrikanischen Küste polnäher, also kühler sind, ist er ein kalter Strom. Schliesslich strömt aus dem Nördlichen Eismeer der Labradorstrom der amerikanischen Ostküste entlang bis vor Labrador (daher der Name) und Neufundland, wo er sich teils mit dem Golfstrom vermischt, teils unter diesen absinkt und nahe dem Meeresgrund weiterfliesst.

Der südliche Kreislauf: Teile des Süd-Äquatorialstroms fliessen als warmer Brasilstrom der Küste Südamerikas entlang und münden ein in die Westwinddrift, auch Antarktischer Strom genannt, die vom Festland fast ungehindert in etwa 40°–60° südlicher Breite die ganze Erde umkreist. Teile der Westwinddrift zweigen an der afrikanischen Küste nach Norden ab und bespülen diese als kalter Benguelastrom. Dieser geht am Ende im Golf von Guinea in den Süd-Äquatorialstrom über, und so schliesst sich auch dieser Kreislauf.

B Strömungen im Pazifik

Humboldt-/ Perustrom

Im Grundsatz ähnlich, nur verändert durch die Verteilung von Wasser und Land und durch die Grösse des Meers, gibt es zwei Kreisläufe im Stillen Ozean. Sie sehen vorerst einmal die nördlichen und südlichen Äquatorialströme oder Passatdriften, bemerken aber dazwischen einen Strom, der in östlicher Richtung fliesst, den Äquatorial-Gegenstrom. Dieser entsteht vor allem als Ausgleich zu den vielen westwärts getriebenen und zurückfliessenden Wassermassen. Wir finden ihn auch im Atlantik, nur ist er dort nicht so deutlich ausgebildet.

Dem Golfstrom entspricht im Pazifik der warme Kuro-Schio-Strom (auch Pazifischer Strom genannt), der indessen an der nordamerikanischen Westküste keinen so weit nach Norden reichenden mildernden Einfluss hat wie der Golfstrom in Nordeuropa, denn die Beringstrasse schliesst den Pazifik gegen Norden beinahe vollständig ab, sodass das Wasser des Kuro Schio nicht ins Nördliche Eismeer weiterfliessen kann. Dem Kanarenstrom entspricht der kühle Kalifornische Strom, dem Benguelastrom der sehr wichtige Humboldt- oder Perustrom (vgl. Kap. 6.2.7, S. 74).

C Strömungen im Indik

Im Indischen Ozean liegen die Verhältnisse etwas komplizierter. Der durch den Monsun erzeugte Monsun-Strom kehrt nämlich seine Richtung mit den Monsunwinden jeweils innerhalb eines Jahres gerade einmal um. Doch gilt die Analogie für den Westaustralstrom und den Agulhasstrom.

6.2.5 Auftriebswasser durch ablandige Winde

Bei manchen Strömungen finden Sie im Atlas (SWA S. 172–173) Auftriebswasser gezeichnet. Das bedeutet, dass ablandige Winde (z. B. die Passate) während eines grossen Teils des Jahres das Oberflächenwasser in die offene See hinaustreiben (vgl. Abb. 6-6). Der dadurch an der Küste entstehende Mengenverlust wird durch aufsteigendes Wasser aus der Tiefe ergänzt, das naturgemäss eine niedrigere Temperatur hat.

[Abb. 6-6]   Auftriebswasser durch ablandige Winde

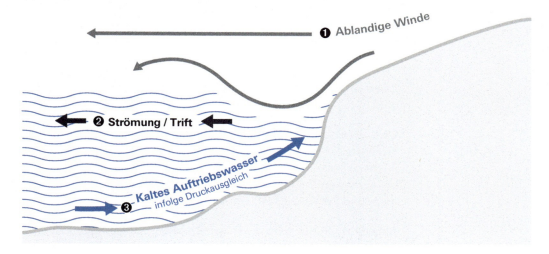

6.2.6 Klimabeeinflussung durch Strömungen

Als Wiederholung zuerst ein Wort zum klimatischen Einfluss der Strömungen:

Meeresströmungen beeinflussen das Klima

Vergleichen wir die Nordwestküste Europas mit der Ostküste gleicher Breite in Nordamerika (nehmen Sie dazu Ihren Atlas) und die Westküste Kanadas mit der nordostasiatischen Küste, so fällt auf, dass z. B. der St.-Lorenz-Strom mehrere Monate wegen Vereisung geschlossen ist, dass auch Wladiwostok kein eisfreier Hafen ist, während in Norwegen alle westlichen Häfen auch im Winter zugänglich sind und Prince Rupert (53° N 130° W) eine Januar-Temperatur von fast +2 °C hat. Zum weiteren Vergleich einige Januar-Temperaturen:

Seattle (Westküste der USA)	47° N 122° W	+3.9 °C
St. Johns (Ostküste Kanadas)	47° 30' N 52° 30' W	–4.7 °C
Wladiwostok (Ostküste Russlands)	42° N 131° E	–15 °C

In diesen (nördlichen) Breitenlagen sind die West- gegenüber den Ostküsten sichtlich bevorzugt, denn sie werden von warmen, die Ostküsten von kalten Strömungen bespült.

Bedeutung des Golfstroms

Eindrücklich zeigt sich der Golfstrom: Im Golf von Mexiko weist das Meerwasser eine Temperatur von +25 °C auf, am Nordkap beträgt sie immer noch +5 °C. Man errechnete, dass das Meer im Golfstrombereich im Jahr pro Quadratmeter eine Wärmemenge abgibt, die dem Heizwert von rund 30 Kilogramm Erdöl entspricht. Auf die Fläche von etwa einer Million Quadratkilometern vor der Küste Norwegens umgerechnet, müssten für diese Wärmeerzeugung eine Milliarde Tonnen Heizöl aufgewendet werden. Zum Vergleich: Derzeit liegt der jährliche Verbrauch an Erdöl in der Schweiz bei ungefähr 11 bis 12 Millionen Tonnen.

Die Gunst des Golfstromklimas kommt jedoch nicht allen Teilen Nordeuropas in gleichem Masse zugute. Da sich das Skandinavische Gebirge von Südwesten nach Nordosten erstreckt, verändern sich die Klimaverhältnisse von Westen nach Osten viel stärker als von Süden nach Norden. Oder anders ausgedrückt: Von Westen nach Osten wird das Klima sehr schnell kontinental, von Süden nach Norden bleibt es maritim oder ozeanisch.

Besondere Aufmerksamkeit verdienen die kalten Strömungen. Der Perustrom, der Benguelastrom und der Kanarenstrom begleiten und verursachen wüstenartige Küsten (Atacama, Namib, westliche Sahara).

Die recht trockenen ablandigen Winde – es sind Passate, also advektive Winde – kondensieren immer erst über der kalten Strömung (also über dem Meer), da die Landmassen meist noch wärmer als die kalte Strömung sind, und so kommt es fast nie zu einer Niederschlagsbildung über dem Festland.

Zu einer Ausnahmesituation führt das El-Niño-Phänomen, das in Kapitel 6.2.7 beschrieben wird.

Eine weitere praktische Bedeutung haben die Ströme auch für den Fischfang. Die grossen Fischschwärme bewohnen nämlich vorwiegend kaltes Wasser, weil dieses sauerstoffreicher ist als das warme. Im sauerstoffreichen Wasser der kühlen Meere befinden sich die bekanntesten Fischgründe der Welt (Neufundlandbank; um Grönland und Island; im Nordmeer und Weissen Meer; vor Alaska und nördlich von Japan).

Ähnliches gilt nun aber auch für die kalten Strömungen: Kalifornienstrom, Kanarenstrom, Benguelastrom und Perustrom, die intensiv von der Fischerei aufgesucht werden.

6.2.7 El Niño – Klimaanomalie mit globalen Folgen

Was ist El Niño?

Der El Niño[1] ist ein natürliches atmosphärisches und ozeanisches Phänomen im Pazifik, das sich in zwei- bis siebenjährigen Abständen (im Mittel etwa alle vier Jahre) wiederholt. Die Bezeichnung El Niño bezieht sich auf das Christkind, weil das Phänomen jeweils um die Weihnachtszeit auftritt.

Normale Situation

In normalen Jahren bläst der Südostpassat (vgl. Abb. 6-7), der von den subtropischen Hochdruckgebieten zur äquatorialen Tiefdruckrinne weht und durch die Corioliskraft abgelenkt wird, im Äquatorbereich von Osten nach Westen. So treibt er warmes Oberflächenwasser von der südamerikanischen Küste weg. Dort sorgen ablandige Winde (vgl. Kap. 6.2.5, S. 73) dafür, dass kaltes, nährstoffreiches Tiefenwasser aufsteigt (Humboldt- oder Perustrom), was zu grossem Fischreichtum führt.

Ebenfalls werden durch das kalte Wasser Niederschläge verhindert, was die Entstehung der Atacamawüste erklärt (vgl. Kap. 6.2.6, S. 73).

[1] Span. «das Kind, der Knabe».

Durch die Verschiebung der Wassermassen nach Westen entsteht ein Kreislauf: Die über dem Wasser liegenden Luftmassen erwärmen sich im Westpazifik weiter und steigen auf. Es kommt zu den tropischen Zenitalregen. In der Höhe werden die Luftmassen durch Höhenwinde nach Osten transportiert und sinken dort ab. Die Passate schliessen den Kreislauf.

[Abb. 6-7]   Luftdruck und Meeresströmungen im Pazifik in normalen Jahren

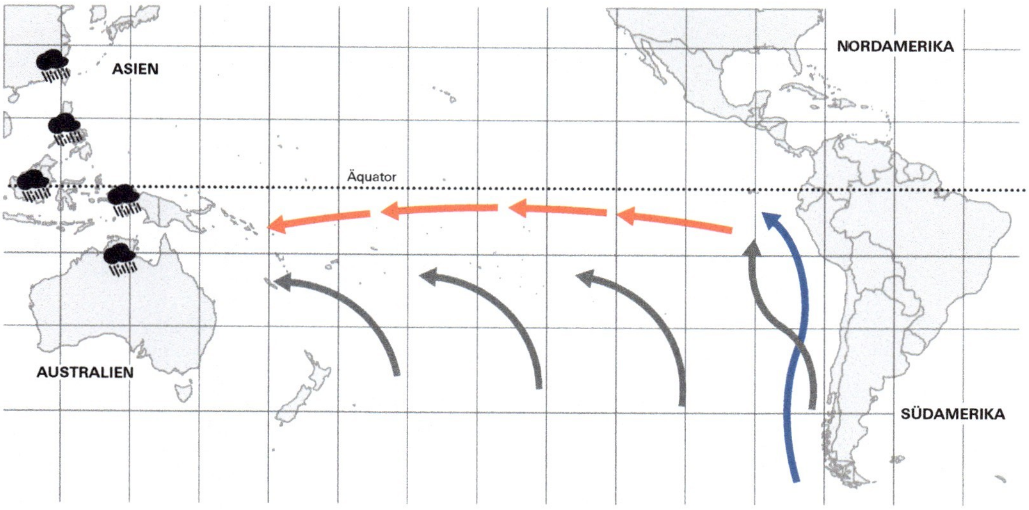

→ Warmes Wasser   → Kaltes Wasser (Humboldt- oder Perustrom)   → Südostpassat

El-Niño-Situation und ihre Folgen

Was geschieht in einem El-Niño-Jahr?

In einem El-Niño-Jahr kommt dieses aufeinander abgestimmte System durcheinander. Durch eine natürliche Luftdruckschwankung in der südlichen Hemisphäre (als Luftdruckschaukel oder Südliche Oszillation bezeichnet[1]) bricht das Druckgebiet über Südamerika zusammen und der Südostpassat bleibt aus.

Das im Westpazifik aufgestaute warme Oberflächenwasser strömt nach Osten zurück (vgl. Abb. 6-8) und führt an der Küste Perus zu abnormal hohen Wassertemperaturen.

Zudem lässt das Aufquellen des kalten Tiefenwassers nach. Deshalb steigt die Temperatur des Oberflächenwassers vor der Westküste Südamerikas weiter an.

In Küstennähe ändert nun die Zirkulation, indem die warmen, feuchten Luftmassen aufsteigen, sich in der Höhe abkühlen, die enthaltene Feuchtigkeit kondensiert und es zu heftigen Niederschlägen kommt.

In den sonst wüstenhaften Gebieten kommt es nun zu Überschwemmungen und Erdrutschen. In Südostasien und Nordostaustralien bleiben hingegen die Niederschläge aus. Dürren, Waldbrände und Missernten sind die Folge. Vor der Küste Perus sterben in dem nun warmen und nährstoffarmen Wasser die Fische oder wandern ab, was bei den von ihnen lebenden Seevögeln und Robben ein Massensterben zur Folge hat. Ebenso sind die Fischer von diesem Ereignis betroffen.

---

[1] Wegen der engen Verbindung zwischen dem El Niño und der Südlichen Oszillation spricht man heute oft vom ENSO- (El Niño / Südliche Oszillation)-Phänomen.

[Abb. 6-8] Luftdruck und Meeresströmungen im Pazifik in einem El-Niño-Jahr

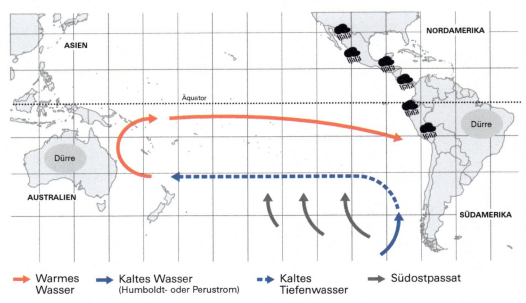

→ Warmes Wasser   → Kaltes Wasser (Humboldt- oder Perustrom)   ⇢ Kaltes Tiefenwasser   → Südostpassat

Folgen des El Niño

Auch weiter entfernte Gebiete sind von den Folgen des El Niño betroffen. In Nordostbrasilien kommt es in solchen Jahren zu schwerer Dürre. Auch das südliche Afrika wird von grosser Dürre heimgesucht.

Im Nahen Osten sind hingegen ungewöhnlicherweise Niederschläge anzutreffen und in Somalia können sintflutartige Regenfälle ganze Dörfer wegspülen. In Mexiko können wegen der warmen Wassertemperaturen gewaltige Hurrikane entstehen (so z. B. der Hurrikan Pauline im Oktober 1997).

Auch die Oberflächentemperaturen weit entfernter Meeresgebiete verändern sich. So kommt es zu einer Abkühlung des Nordpazifiks, während sich der tropische Indische Ozean erwärmt. Dadurch kamen beim grossen El-Niño-Ereignis 1997/98 grosse Teile der Korallenriffe der Malediven und Seychellen zu Schaden. Diese Beispiele zeigen deutlich, dass es sich beim El Niño um ein globales Klimaphänomen handelt.

Es soll noch erwähnt werden, dass neben den als El Niño bezeichneten Warmphasen ebenso häufig Kaltphasen auftreten, die als La Niña[1] bezeichnet werden. Es wurde auch festgestellt, dass einem starken El-Niño-Ereignis (wie 1997) ein starkes La-Niña-Ereignis (wie 1998) folgt und umgekehrt. Dies legt die Vermutung nahe, dass es sich um einen Zyklus handelt.

Vorhersage und Einfluss des Menschen

Einer der wichtigsten Parameter für das Auftreten von El Niño ist die Anomalie der Oberflächentemperatur im Ostpazifik. Diese ist heute durch regelmässige Messungen schon einige Monate vor dem Auftreten des Ereignisses bekannt. Die Voraussagen werden von Regierungen verwendet, um z. B. Entscheidungen für den Anbau landwirtschaftlicher Produkte zu treffen.

Beeinflusst der Mensch den El Niño?

Der El Niño ist eine natürliche Klimaanomalie und nicht vom Menschen gemacht. Seit der Entdeckung Südamerikas durch die Spanier, also seit mehr als 500 Jahren, sind solche Ereignisse durch schriftliche Aufzeichnungen dokumentiert. Wir Menschen mit unserer modernen Zivilisation können dieses Phänomen zwar nicht auslösen, aber es unterstützen. Es wird vermutet, dass El Niño durch den anthropogen verstärkten Treibhauseffekt in kürzeren Abständen und intensiver auftritt.

[1] Span. «das Mädchen».

Zusammenfassung

Das Wasser der Erde befindet sich in einem ständigen Kreislauf von Verdunstung, Windtransport, Niederschlag und Abfluss.

Die Ozeanografie hat die Aufgabe, die in den Ozeanen ablaufenden Vorgänge zu untersuchen, deren Ursachen zu finden und die grundlegenden Gesetzmässigkeiten aufzudecken.

Meeresströmungen, auch Triften (oder Driften) genannt, transportieren Meerwasser entlang bestimmter Bahnen über weite Strecken. Die hauptsächlichen Ursachen dieser Strömungen sind die regelmässigen Winde wie die Passate und Dichteunterschiede des Meerwassers. Eine warme Strömung polwärts bringt relativ warmes in relativ kaltes Wasser. Eine kalte Strömung äquatorwärts bringt relativ kaltes in relativ warmes Wasser.

Die Meeresströme zirkulieren analog den Winden auf der Nordhalbkugel im Uhrzeigersinn, auf der Südhalbkugel im Gegenuhrzeigersinn. Für Europa ist der Wärme transportierende Golfstrom von Bedeutung.

Strömungen beeinflussen die meernahen Landgebiete. So umspült der warme Golfstrom das Nordkap mit einer jährlichen Durchschnittstemperatur von 5°C und beschert Westeuropa ein mildes, feuchtes Klima; kalte Strömungen hingegen verursachen oft Wüstenbildungen.

Das El-Niño-Phänomen ist eine natürliche Klimaschwankung im südlichen Pazifik. Es hat verheerende Folgen nicht nur für die angrenzenden Küstengebiete, sondern für weite Teile der Welt. In einigen Gebieten kommt es zu heftigen Niederschlägen mit Überschwemmungen und Erdrutschen. Andere Regionen leiden unter extremer Dürre, was Missernten zur Folge hat. Es gibt Anzeichen dafür, dass durch den anthropogen verstärkten Treibhauseffekt auch dieses, an sich natürliche Phänomen, verstärkt und häufiger auftritt.

Aufgabe 46 Sie reisen auf dem Seeweg von Europa westwärts an die ostaustralische Küste. Mit welchen Strömungen kommen Sie in Kontakt?

Aufgabe 47 Welcher Strom ist für die Bildung der Namibwüste verantwortlich?

Aufgabe 48 Vor der Küste von Rio de Janeiro ist die Wassertemperatur im November 23°C, auf etwa gleicher Breite bei Swakopmund in Südwestafrika nur 13°C. Wie ist dieser Umstand zu erklären?

Aufgabe 49 In den Gewässern Neufundlands treten oft berüchtigte, die Schifffahrt schwer behindernde Nebel auf. Können Sie erklären, warum diese gerade hier auftreten?

Aufgabe 50 Die Südküste Islands weist eine Januar-Durchschnittstemperatur von 0°C auf, während die auf gleicher Breite gelegene St.-Lorenz-Insel in der Beringstrasse eine solche von ungefähr −17°C aufweist. Erklären Sie das Zustandekommen dieses eindrücklichen Unterschieds.

Aufgabe 51 Ein Netz von Bojen ermöglicht im äquatorialen Pazifik die Vorhersage von El-Niño-Ereignissen. Die Bojen messen Wassertemperatur, Strömungen und Winde. Warum sind gerade diese Daten für die Vorhersage von Bedeutung?

7 Klimaklassifizierung

Lernziele Nach der Bearbeitung dieses Kapitels können Sie ...

- Klimadiagramme (Temperatur und Niederschlag) konstruieren und Klimakarten interpretieren.
- Köppens Klimaklassifikation anwenden.
- die fünf Klimazonen und zwölf Klimatypen nach Köppen nennen.
- den jährlichen Witterungsverlauf der fünf Klimazonen beschreiben.
- die räumliche Verteilung der Klima- und Vegetationszonen begründen und erläutern.

Schlüsselbegriffe Klimadiagramm, Klimatypisierung, Klimazone, Köppens Klimaklassifikation, Köppens Klimatypen, Temperaturamplitude, Vegetationszone

7.1 Klimadiagramme

Was ist ein Klimadiagramm?

Das Klima ist die Gesamtheit der Witterungen eines längeren Zeitabschnitts. Und die Witterung umfasst die Entwicklung mehrerer Klimaelemente über kürzere Zeit. Deshalb ist es erforderlich, mindestens die zwei wichtigsten Klimaelemente, die Temperatur und den Niederschlag, in einer Grafik, im Klimadiagramm, darzustellen.

Zeichnen eines Klimadiagramms

Wie zeichnet man ein Klimadiagramm? Diese Frage wollen wir als Nächstes beantworten. Wir beginnen mit der einfacheren Art, wie sie auch für die Schwarzweissdarstellung üblich ist. Vergleichen Sie die folgenden Erläuterungen 1–12 fortwährend mit der Abbildung 7-1.

[Abb. 7-1] So zeichnet man ein Klimadiagramm; z. B. dasjenige der Klimastation Rom

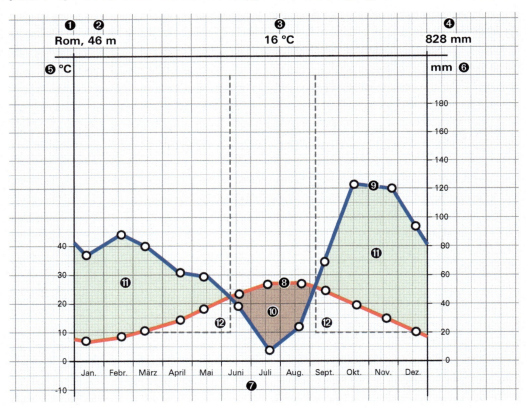

Die grafischen Elemente 1–12 eines Klimadiagramms heissen:

❶ Name der Station
❷ Stationshöhe in m ü. M. Oft werden hier noch die geografischen Koordinaten angegeben.
❸ Mittlere Jahrestemperatur in °C
❹ Durchschnittliche jährliche Niederschlagshöhe in mm
❺ Achse der monatlichen Durchschnittstemperaturen in °C; zeichnen Sie 1 °C = 1 mm.
❻ Achse der mittleren monatlichen Niederschlagshöhen in mm; zeichnen Sie 2 mm Niederschlagshöhe = 1 mm.
❼ Monate Januar bis Dezember
❽ Kurve der monatlichen Durchschnittstemperaturen
❾ Kurve der mittleren monatlichen Niederschlagshöhen
❿ Aride (trockene) Zeit. Beachten Sie: Während der ariden Zeit liegt die Niederschlagshöhenkurve unter der Temperaturkurve.
⓫ Humide (feuchte) Zeit. Beachten Sie: Während der humiden Zeit liegt die Niederschlagskurve über der Temperaturkurve.
⓬ Wachstumszeit. Als Wachstumszeit gelten Monate, deren Durchschnittstemperatur höher als 10 °C ist und die humid sind.

Der Vorteil dieser Darstellung liegt darin, dass wir sofort sowohl die humiden und die ariden Jahreszeiten als auch die Vegetationsperiode (= Wachstumszeit) erkennen.

Zusammenfassung   Das Klimadiagramm zeigt den Jahresgang der durchschnittlichen Temperatur und die durchschnittlichen monatlichen Niederschlagshöhen. Die x-Achse trägt die Monate Januar bis Dezember, die linke y-Achse die Temperatur in °C und die rechte y-Achse die Niederschlagshöhen in mm (Beachten Sie: 10 °C ≈ 20 mm). So zeigt das Klimadiagramm die ariden und die humiden Monate.

7.2 Köppens Klimaklassifikation

Die Klimaklassifikation von Wladimir Köppen (1846–1940) beruht auf der Systematisierung der klimatologischen Beobachtungsergebnisse. Die grosse Zahl der Klimaelemente und -faktoren verlangt für die Klimaklassifikation eine auf wenigen Elementen beruhende Verallgemeinerung. Der mittlere Zustand der bodennahen Troposphäre, hauptsächlich geprägt von Temperatur und Niederschlag, ist die Grundlage der Klimaklassifikation.

7.2.1 Klimaeinteilung

W. Köppen wählte eine beschreibende Klassifikation, die die Schwellenwerte (Minima, Maxima) und die jahreszeitliche Verteilung der Klimaelemente Temperatur und Niederschlag berücksichtigt. Die Schwellenwerte, die zur Abgrenzung der Klimazonen und ihrer Klimatypen dienen, sind natürlich nicht willkürlich gewählt. Vielmehr berücksichtigen sie die Auswirkungen des Klimas auf die Vegetation[1]. Man könnte somit auch von einer botanisch-klimatologischen Zonierung der Erde sprechen.

Köppens Klimaklassifikation   Vereinfachend gesagt, fasst Köppen alle Klimadiagramme zusammen, die im Lebensraum einer weit verbreiteten Pflanzengemeinschaft aufgezeichnet werden können. Orte mit ähnlichem Klimaverlauf bilden so die Klimazonen. Köppen arbeitet mit fünf Klimazonen. Die weitere Unterteilung der fünf Klimazonen führt uns dann zu den zwölf sogenannten Klimatypen.

[1] Lat. *vegetare* «beleben»; in neuerer Zeit «pflanzlich»; gesamte Pflanzenwelt eines Gebiets.

A Klimaformel

Was ist die Klimaformel?

Die Klimaformel ist das äussere Merkmal der Klimaklassifikation Köppens. Die Formel besteht aus der Aneinanderreihung von mehreren Buchstaben. Der erste Buchstabe ist ein Grossbuchstabe und bezeichnet die Klimazone. Der zweite Buchstabe (entweder ein Gross- oder Kleinbuchstabe) ist die Abkürzung einer Aussage und bezeichnet den Klimatyp.

Bevor wir weiterfahren, berücksichtigen Sie bitte den folgenden Lernhinweis: Sie müssen nur die Klimaformel (= Buchstabenreihe) und die Bezeichnung der Klimatypen kennen (vgl. Tab. 7-1). Die Grenzwerte von Temperatur und Niederschlag brauchen Sie nicht zu lernen. Die Grenzwerte halten wir hier nur fest, um später mit ihnen arbeiten zu können.

Zuerst betrachten wir die Zusammenstellung der fünf Klimazonen und zwölf Klimatypen, dann studieren wir die Bedeutung des zweiten Buchstabens der Klimaformel.

[Tab. 7-1] Klimatypen nach Köppen

Klima-formel	Klimatypenbezeichnung	Klimazonenbezeichnung	Erläuterungen
Af	Tropisches Regenwaldklima	A Tropisches Regenklima ohne Winter	f = immerfeucht (humid)
Am	Tropisches Monsunklima mit Regenwald		m = monsunale Verteilung der Niederschläge
Aw	Savannenklima		w = wintertrocken (arid)
BS	Steppenklima	B Trockenklima	S = Steppe
BW	Wüstenklima		W = Wüste
Cw	Warmes wintertrockenes Klima	C Warmgemässigtes Klima	w = wintertrocken
Cs	Warmes sommertrockenes Klima (= Mittelmeerklima)		s = sommertrocken
Cf	Feuchtgemässigtes Klima		f = immerfeucht
Dw	Wintertrockenkaltes Klima	D Boreales oder Schnee-Wald-Klima	w = wintertrocken
Df	Winterfeuchtkaltes Klima		f = immerfeucht
ET	Tundrenklima	E Schneeklima	T = Tundra
EF	Klima ewigen Frosts (= Frostklima)		F = Frost

Betrachten wir zum besseren Verständnis die Umschreibung der Grenzwerte: Lernen Sie im Folgenden nur die Kurzerläuterungen, alles Übrige ist Grundlage für den nächsten Abschnitt.

- A Tropisches Regenklima ohne Winter: Die Mitteltemperatur bleibt in allen Monaten über 18 °C.
- B Trockenklima: Die Niederschläge bleiben unterhalb einer von der Temperatur und der Niederschlagsverteilung abhängigen Trockengrenze. Die Trockengrenze lernen wir im nächsten Abschnitt kennen.
- C Warmgemässigtes Klima: Die Temperatur des kältesten Monats liegt zwischen 18 und −3 °C. Die Niederschlagshöhe liegt über der Trockengrenze.
- D Boreales oder Schnee-Wald-Klima: Die Temperatur des kältesten Monats liegt unter −3 °C, die Temperatur des wärmsten Monats bleibt über 10 °C.
- E Schneeklima: Die Mitteltemperatur des wärmsten Monats liegt unter 10 °C.

Die Klimaformel setzt sich aus zwei Buchstaben zusammen. Lernen Sie wiederum nur die Kurzerläuterungen.

- f = immerfeucht (humid): Alle Monate sind feucht.
- m = monsunale Verteilung der Niederschläge: Der Niederschlag in einem oder mehreren Monaten bleibt unter 60 mm. Das Niederschlagsdefizit wird durch die Niederschläge der anderen Monate (monsunale Regenzeit) gedeckt, sodass tropischer Regenwald wachsen kann.

- w = wintertrocken (arid): Es herrscht Trockenzeit im Winter der betreffenden Halbkugel. Der mittlere Niederschlag des trockensten Wintermonats beträgt weniger als ein Zehntel des Niederschlags des feuchtesten Sommermonats.
- s = sommertrocken: Es herrscht Trockenzeit im Sommer der betreffenden Halbkugel. Der trockenste Sommermonat hat weniger als ein Drittel der Niederschläge des feuchtesten Wintermonats.
- S = Steppe: Trockengebiet, in dem die Niederschläge noch eine geschlossene Vegetation zulassen.
- W = Wüste: Trockenklima mit sehr geringen oder fehlenden Niederschlägen.
- T = Tundra: In mindestens einem Monat des Jahres liegt die Mitteltemperatur über 0 °C.
- F = Frost: Alle Monatsmittel der Temperatur liegen unter 0 °C.

Betrachten Sie die globale Übersicht in Ihrem Atlas (SWA S. 172–173; DWA S. 169). Sie zeigt eine Klimatypisierung, die sehr eng an diejenige Köppens angelehnt ist. Ihnen fallen Klimaformeln mit drei Buchstaben auf. Das heisst, hier werden die Typen noch in Untertypen aufgeteilt. Uns genügen die Typen mit ihrer zweibuchstabigen Klimaformel.

Im SWA werden zudem drei Klimatypen ausgeschieden, die wir ebenfalls nicht weiter besprechen: Mit AC werden subtropische Klimate und Hochlandklimate der Tropen bezeichnet; für uns entspricht dieser Klimatyp dem Cw-Klima (warmes wintertrockenes Klima). Das Ds-Klima im SWA ist für uns eine Unterart des Df-Klimas. Das im Atlas mit BE bezeichnete Klima schliesslich entspricht unserem ET.

Eine weitere Karte mit Klimazonen nach Köppen finden Sie im SWA S. 90.

B Köppens Klimaschlüssel

Der Klimaschlüssel ermöglicht es, eine Klimastation mithilfe ihrer monatlichen Durchschnittstemperaturen und Niederschlagshöhen einem Klimatyp zuzuordnen. Wir betonen, dass Sie den Schlüssel zwar anwenden können, aber nicht auswendig lernen müssen.

Wie gehen Sie bei der Bestimmung des Klimatyps vor? Üben wir am Beispiel der Daten der Klimastation Roms; betrachten Sie dazu auch die Abbildung 7-1, S. 78:

	J	F	M	A	M	J	J	A	S	O	N	D	Jahr
TT (°C)	7	8	12	14	18	23	26	26	22	18	13	9	16
NN (mm)	74	87	79	62	57	38	6	23	66	123	121	92	828

Bestimmen der Periodizität des Niederschlags

Als ersten Schritt bestimmen wir die Periodizität des Niederschlags, d. h., wir interessieren uns dafür, ob der Sommer, der Winter oder das ganze Jahr als feucht zu bezeichnen ist.

Der Sommer gilt als trocken (s), wenn der trockenste Sommermonat weniger Niederschlag als 1/3 des feuchtesten Wintermonats aufweist. In Rom weist der trockenste Sommermonat (Juli, 6 mm) weniger als 1/3 des feuchtesten Wintermonats (Oktober, 123 mm) auf. Der Sommer Roms ist somit trocken und die Niederschlagsverteilung ist periodisch, auf den trockenen Sommer folgt der Winterregen.

Der Winter gilt als trocken (w), wenn der trockenste Wintermonat weniger Niederschlag als 1/10 des feuchtesten Sommermonats aufweist. In Rom weist der trockenste Wintermonat (Januar, 74 mm) mehr als 1/10 des feuchtesten Sommermonats (September, 66 mm) auf. Der Winter Roms ist somit nicht trocken, sondern feucht.

Ist weder der Sommer noch der Winter trocken, dann gilt die Niederschlagsverteilung als nicht periodisch (f). Da der Sommer Roms trocken und der Winter feucht ist, ist die Niederschlagsverteilung periodisch.

Bestimmen des Trockenheitsindexes

Als zweiten Schritt bestimmen wir den Trockenheitsindex (Ti), d. h. das Verhältnis von Niederschlag (NN) und Temperatur (TT). Zu beachten ist, dass die Jahresniederschlagshöhe in cm und die Jahresdurchschnittstemperatur in °C in die Formel einzusetzen sind.

Ist der Sommer trocken (s), herrscht also Winterregen, so gilt die Formel Ti = NN / TT.

Ist die Niederschlagsverteilung nicht periodisch (f), d. h. also, dass weder der Sommer noch der Winter trocken sind, gilt die Formel Ti = NN / (TT + 7).

Ist der Winter trocken (w), so gilt die Formel Ti = NN / (TT + 14).

Rom ist, wie Sie festgestellt haben, sommertrocken (s) und weist mit 82.8 cm Jahresniederschlagshöhe und einer Jahresdurchschnittstemperatur von 16 °C einen Trockenheitsindex (NN / TT = 82.8 / 16) von 5.175 auf.

Jetzt, da wir den Trockenheitsindex bestimmt haben, können Sie den Klimaschlüssel anwenden.

Anwendung des Klimaschlüssels

Was ist der Klimaschlüssel?

Der Klimaschlüssel in Abbildung 7-3 entspricht einem Entscheidungsdiagramm, das heisst, die Antwort auf eine Frage führt zur nächsten Frage. Vergleichen Sie im Folgenden den Text mit dem Klimaschlüssel. Die den Sätzen vorangestellten Zahlen 1–4 korrespondieren mit den gleichen Zahlen im Klimaschlüssel.

[Abb. 7-2] Ein heisser Sommertag in Rom

Bild: © vvoe – Fotolia.com

[Abb. 7-3] Klimaschlüssel nach Köppen

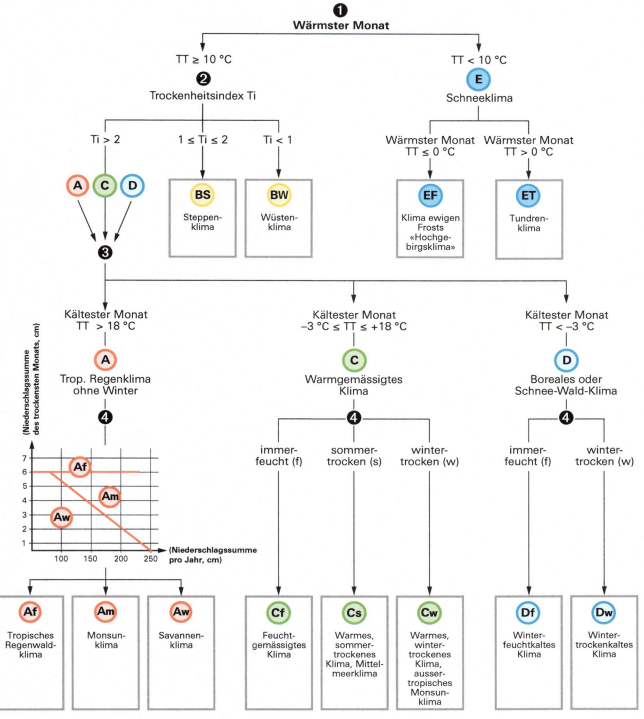

❶ Die erste Frage lautet: Beträgt die Temperatur des wärmsten Monats mehr oder weniger als 10 °C? In unserem Fall (Rom, Juli und August je 26 °C) ist sie grösser als 10 °C, also gelangen wir zu den Klimazonen A, B, C und D. Liegen die Temperaturen des wärmsten Monats unter 10 °C, so gelangen wir zur Klimazone E.

❷ Wie gross ist der Trockenheitsindex (Ti)? Der Trockenheitsindex von 5 für Rom weist, da er grösser als 2 ist, zu den Klimazonen A, C und D.

❸ Wie kalt ist der kälteste Monat? Die Antwort führt zur Klimazone A, C oder D. 7 °C für Rom (Januar, 7 °C) liegt zwischen +18 °C und −3 °C; somit fällt Rom in die Klimazone C, d. h. in das warmgemässigte Klima.

❹ Weist das Klima eine Periodizität auf? Der Sommer Roms gilt als trocken. Somit herrscht in Rom der Klimatyp Cs oder warmes sommertrockenes Klima, auch Mittelmeerklima genannt.

Bestimmen Sie jeweils zuerst die Periodizität des Niederschlags und den Trockenheitsindex. Dann bearbeiten Sie den Klimaschlüssel mit den Fragen 1–4.

7 Klimaklassifizierung

7.2.2 Klimazonen- und Klimatypenbeschreibung

Köppens Klimazonen und Klimatypen

Wie Sie gesehen haben, unterscheidet man nach Köppen fünf Klimazonen, die oft als physische Klimazonen bezeichnet werden, um sie von den rein mathematischen, solaren Klimazonen zu unterscheiden. Es sind dies die Zonen:

A   Tropisches Regenklima ohne Winter
B   Trockenklima
C   Warmgemässigtes Klima
D   Boreales oder Schnee-Wald-Klima
E   Schneeklima

Vergleichen Sie im Folgenden die Beschreibungen der Klimazonen und -typen mit der Abbildung 7-4 und den Karten der Klimazonen in Ihrem Atlas.

[Abb. 7-4]   Räumliche Verteilung der Klimatypen nach Köppen

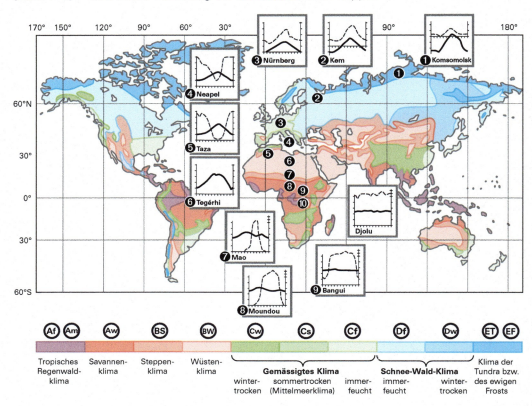

A   Tropisches Regenklima ohne Winter (A)

A-Klimate

Diese Klimazone wird dadurch charakterisiert, dass die Durchschnittstemperatur des kältesten Monats nicht unter 18 °C sinkt. Aufgrund der verschiedenen Niederschlagsverhältnisse unterscheiden wir:

Af: Das tropische Regenwaldklima mit täglichem Regen meist um die Mittagszeit, also ohne Trockenzeit. Die jahreszeitlichen Schwankungen der Monatsmitteltemperaturen sind sehr gering, die Jahresamplitude beträgt weniger als 6 °C – eigentliche Jahreszeiten gibt es nicht. Üppige Vegetation (tropischer Regenwald) und eine grosse Vielfalt der Fauna, so z. B. an der Westküste Äquatorialafrikas, im Kongobecken, im Amazonasbecken, in Indonesien, in Nordaustralien.

Am: Im Monsunklima wächst trotz ariden Monaten ein tropischer Regenwald dank intensiver Niederschläge in der Regenzeit. Das Niederschlagsdefizit der Trockenzeit wird in der Regenzeit mehr als ausgeglichen. Im Am-Klima fallen weltweit die höchsten Niederschlagssummen (Conakry in Guinea: 4 590 mm; Cherrapunji in Indien: 10 798 mm). Das tropische Monsunklima findet sich in grossen Gebieten der Amazonasniederungen, in Teilen Indonesiens sowie an den Westseiten Vorder- und Hinterindiens.

Aw: Das Savannenklima mit einer Trockenzeit im Winter und einer oder zwei Regenzeiten im Sommer zu den Zeiten, da die Sonne im Zenit steht (Durchzug der ITC). Hier treffen wir Baumgruppen, Grasfluren und Savannentiere (z. B. Antilopen, Giraffen, Löwen) an. In der Trockenzeit verdorrt die Vegetation, so z. B. im Sudan, in Ostafrika, Vorderindien, Venezuela, Brasilien.

B Trockenklima (B)

B-Klimate

Diese Klimazone finden wir vor allem in subtropischen Gebieten. Bei ebenfalls hohen Temperaturen mit grösseren Schwankungen und sehr wenig Niederschlägen unterscheiden wir:

BS: Das Steppenklima: kurze Regenzeit, meist im Sommer; spärliche Vegetation (endloses Grasbüschelland mit laubarmen Sträuchern, keine Bäume) mit meist Trockenruhe. So z. B. im nördlichen Sudan, im Inneren Südafrikas (Botswana), in Vorderasien (Pakistan), in der Mongolei, in Südwestaustralien, in Mexiko, in der nordamerikanischen Prärie und in den Pampas (Argentinien).

BW: Das Wüstenklima: fast regenlose heisse Sommer und vielfach kalte Winter mit sehr spärlichen Niederschlägen, praktisch ohne ständige Vegetation, so z. B. in der Sahara (Marokko, Algerien, Libyen, Ägypten), in der Namib, in Nevada (USA), in der Atacama (Chile) und in Zentralaustralien.

C Warmgemässigtes Klima (C)

C-Klimate

Diese Klimazone bietet reichliche Niederschläge bei ausgeprägten Jahreszeiten. Sowohl Temperatur- als auch Niederschlagsunterschiede ergeben die folgende Unterteilung:

Cw: Das warme, wintertrockene Klima, auch aussertropisches Monsunklima, sinisches (chinesisches) und subtropisches Hochlandklima genannt: warmes Klima mit trockenem Winter und sehr niederschlagsreichem Sommer, meist durch Monsunwinde bewirkt, so z. B. in China, Nordindien (Allahabad), in den Hochländern Afrikas und in Teilen Südamerikas (Nordargentinien).

Cs: Das warme, sommertrockene Klima, auch Mittelmeerklima genannt: warme, niederschlagsarme Sommer und milde bis kühle, niederschlagsreiche Winter, so z. B. im europäisch-afrikanischen Mittelmeerraum, in Kalifornien, im Südwesten und Süden Australiens, in Südafrika und Südamerika (Chile).

Cf: Das feuchtgemässigte Klima («unser Klima») ist geprägt durch ziemlich milde Winter und ganzjährig viel Niederschlag und Wind. Die Vegetation bietet üppige und hochstämmige Wälder, so z. B. in West- und Mitteleuropa, im Südosten der USA, in Teilen Japans, Australiens (Ostküste) und Südamerikas (Uruguay).

D Boreales oder Schnee-Wald-Klima (D)

D-Klimate

Diese Klimazone zeigt bei niedrigen Durchschnittstemperaturen und grossen Temperaturamplituden vor allem eine ausgeprägte Winterkälte. Die entsprechenden Klimatypen können sich nur auf der Nordhalbkugel ausbilden. Wir unterscheiden:

Dw: Das wintertrockenkalte Klima entsteht durch den Einfluss der kontinentalen Lage in Ostsibirien (Jakutsk). Die Jahresniederschlagsmengen liegen zwischen 120–500 mm. Hier, wo eine grosse jährliche Temperaturamplitude herrscht, befindet sich auch der Kältepol der Erde (mittleres Jahresminimum = –62 °C).

Df: Das winterfeuchtkalte Klima weist während des ganzen Jahres ausreichende Niederschläge auf. Im langen Winter bilden sich ausgedehnte Schneedecken, so z. B. in den Nadel- und Laubwaldgebieten Skandinaviens, Nordrusslands, Osteuropas und Kanadas.

E Schneeklima (E)

E-Klimate

Diese Klimazone finden wir meist über den Polarkreisen oder in auf grosser Höhe gelegenen Gebieten oberhalb der Baumgrenze, wo im weitaus grössten Teil des Jahres oder gar immer winterliche Verhältnisse herrschen.

ET: Das Tundrenklima erlaubt im äusserst kurzen Sommer noch das Wachstum von sehr genügsamen Sträuchern und Gräsern, Moosen und Flechten. So z. B. in Nordskandinavien, Nordrussland, Nordkanada und in hoch gelegenen Gebirgsgegenden.

EF: Das Klima ewigen Frosts (Frostklima, «Hochgebirgsklima» erlaubt selbst im wärmsten Monat kaum einen Tag mit Tauwetter. So z. B. in Grönland, in der Antarktis (Little America) und im Hochgebirge.

7.2.3 Vegetationszonen

Vegetation und Vegetationszonen

Unter Vegetation[1] versteht man die gesamte Pflanzenwelt eines Gebiets. Da der Mensch Pflanzen auch anbaut, muss zur klaren Unterscheidung von der natürlichen Pflanzenwelt eines Gebiets gesprochen werden; Nutzpflanzen gehören also nicht zur Vegetation. Neben dem Klima prägen auch Boden, Relief, Gestein und Wasserhaushalt die Vegetation. Eine Vegetationszone ist also ein Gebiet, das sich durch eine eigenständige Vegetation auszeichnet.

[1] Lat. *vegetare* «beleben»; in neuerer Zeit «pflanzlich».

Studieren Sie im SWA S. 176/177 oder DWA S. 172/173, die Vegetationszonen der Erde. Beachten Sie, dass es eine Vielzahl von Einteilungen gibt, die sich in der Anzahl an Zonen und deren Abgrenzung unterscheiden.

Eine weniger differenzierte Einteilung als im SWA oder DWA, die aber sehr nahe an die Klimazonen von Köppen herankommt, zeigt die folgende Tabelle:

[Tab. 7-2] Vegetationszonen der Erde

Vegetationszone	Vegetation	Vorkommen
Eiswüste	Keine	Rund um den Nord- und den Südpol: z. B. Grönland
Tundra	Flechten, Moose, Gräser, Zwergsträucher	Am Nordrand Amerikas, Europas und Asiens, ca. nördlich des 66. Breitengrads
Borealer Nadelwald	Fichte, Föhre, Arve, Lärche, Birke, Heidel- und Preiselbeere, Heidekraut, Moose	Südlich an die Tundra angrenzend, nur auf der Nordhalbkugel: z. B. Alaska, Kanada, Skandinavien, Russland
Sommergrüner Laub- und Mischwald	Buche, Eiche, Ahorn, Birke, Erle, Esche, Ulme, Pappel, Fichte, Föhre	Auf der Nordhalbkugel südlich an den borealen Nadelwald angrenzend, auf der Südhalbkugel in Tasmanien und auf der Südinsel Neuseelands
Winterfeuchter Laubwald	Pinien, Zypressen, Eichen, Lorbeer, Oleander, Zedern, Ölbaum; im Mittelmeergebiet: Macchia (Buschwerk)	An der Südwestseite der Kontinente, also in Chile, Kalifornien, Westteil Südafrikas, Südwestaustralien und in grossen Teilen rund ums Mittelmeer
Steppe	Hohe Gräser, keine Bäume	Im Regenschatten der Gebirge; im Innern der Kontinente: Pampa in Argentinien, Great Plains der USA, Steppen Kasachstans
Halbwüste und Wüste	In Randgebieten der Wüste: Dornbüsche, Hartgräser, Kakteen, Euphorbien	Im Bereich der Wendekreise (23.5% Nord und Süd): Sahara, Arabien, Atacama, Namib, inneres Australien und im inneren Asien: Gobi
Savannen	Schirmakazien, Baobab, Elefantengras, Dorn- und Akaziensträucher	Nördlich und südlich an den tropischen Regenwald angrenzend: z. B. Sahel
Tropischer Regenwald	Mahagoni, Ebenholz, Teak, Palisander, Kautschuk, Lianen, Orchideen	In den äquatornahen Gebieten: Amazonas- und Kongobecken, Sumatra, Borneo, Neuguinea

Da, wie schon gesagt, das Klima ein wichtiger Faktor bei der Entwicklung der Vegetation ist, haben die oben genannten Vegetationszonen Ähnlichkeiten mit der räumlichen Verteilung der Klimatypen nach Köppen.

Zusammenfassung

Köppens Klimaklassifikation ist beschreibend. Sie beruht auf Schwellenwerten der Temperatur und des Niederschlags (und deren Auswirkungen auf die Vegetation) und weist fünf Klimazonen auf, die in zwölf Klimatypen unterteilt sind. Die Zonen und Typen werden mit der Klimaformel, einer Buchstabenfolge, bezeichnet

A	Tropisches Regenklima ohne Winter
B	Trockenklima
C	Warmgemässigtes Klima
D	Boreales oder Schnee-Wald-Klima
E	Schneeklima

Die fünf Klimazonen nach W. Köppen gliedern sich in zwölf Klimatypen mit den folgenden Charakteristiken:

A	Tropisches Regenklima ohne Winter
Af	Tropisches Regenwaldklima: immer heiss und niederschlagsreich (f)
Am	Tropisches Monsunklima: immer heiss mit hoher Luftfeuchtigkeit; monsunalbedingte Regenzeit (m)
Aw	Savannenklima: immer heiss; trockener Winter (w), feuchter Sommer
B	Trockenklima
BS	Steppenklima (S): heisser Sommer mit kurzer Regenzeit und kälterer Winter
BW	Wüstenklima (W): heisser Sommer ohne Regen und kälterer Winter
C	Warmgemässigtes Klima
Cw	Warmes, wintertrockenes Klima (aussertropisches Monsunklima): ständig warm, trockene Winter (w) und feuchte Sommer
Cs	Warmes, sommertrockenes Klima (Mittelmeerklima): warme und trockene Sommer (s), milde und feuchte Winter
Cf	Feuchtgemässigtes Klima («unser Klima»): ständig feuchte (f) warme Sommer und mild-kühle Winter
D	Boreales oder Schnee-Wald-Klima
Dw	Wintertrockenkaltes Klima: kalte, trockene Winter (w), feuchte, kühle Sommer
Df	Winterfeuchtkaltes Klima: ganzjährig feucht (f), milde Sommer, kalte Winter
E	Schneeklima
ET	Tundrenklima (T): sehr kurzer, mild-kühler Sommer und kalter Winter
EF	Klima ewigen Frosts (F): ganzjährig kalt

Als Vegetation wird die gesamte Pflanzenwelt eines Gebiets bezeichnet und eine Vegetationszone ist also ein Gebiet, das sich durch eine eigenständige Vegetation auszeichnet. Solche Zonen sind: Eiswüste, Tundra, borealer Nadelwald, sommergrüner Laub- und Mischwald, winterfeuchter Hartlaubwald, Halbwüste und Wüste, Savanne und tropischer Regenwald.

Aufgabe 52

A] Welche Monate gelten auf der Südhalbkugel als Wintermonate?

B] Hanoi wird dem Klimatyp Cw zugeordnet. Welche Monate sind trocken?

Aufgabe 53

Welche der 10 Klimatypen sind in Australien vertreten (SWA S. 173; DWA S. 169)?

Aufgabe 54

A] Welcher Klimatyp herrscht in Assuan (94 m ü. M.)?

	J	F	M	A	M	J	J	A	S	O	N	D	Jahr
TT (°C)	16	17	21	26	31	33	33	33	31	28	23	17	26
NN (mm)	0	0	0	0	2	0	0	0	1	0	0	0	3

B] Welcher Klimatyp herrscht in New York (5 m ü. M.)?

	J	F	M	A	M	J	J	A	S	O	N	D	Jahr
TT (°C)	−1	−1	3	9	16	20	23	23	19	13	7	2	11
NN (mm)	91	105	90	83	81	86	106	108	87	88	76	90	1 092

Aufgabe 55

Die Schweiz liegt in der Zone des feuchtgemässigten Klimas. Welchem Klimatyp ist die Klimastation Säntis (Klimadiagramm SWA S. 15; DWA S. 22) zuzuordnen? Erklären Sie die Gründe für diesen Umstand.

Aufgabe 56

Die Abbildung 7-5 zeigt die Grenzwerte der mittels Temperatur definierten Klimazonen.

[Abb. 7-5] Temperaturgrenzwerte der Klimazonen A, C, D und E

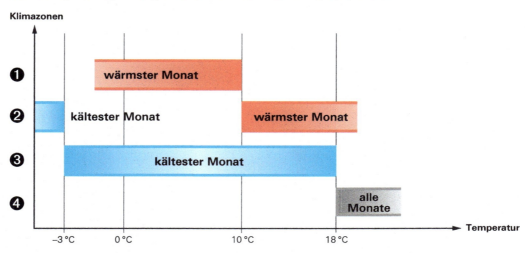

Wie heissen Klimazonen, die die Temperaturbedingungen gemäss 1–4 (vgl. Abb. 7-5) erfüllen?

❶ _____   ❷ _____
❸ _____   ❹ _____

Aufgabe 57

Worin liegen die Unterschiede zwischen den solaren Klimazonen und den physischen Klimazonen Köppens?

Aufgabe 58

Studieren Sie die Landschaftsbilder auf den folgenden Seiten, Abbildungen 7-6 bis 7-11. Welcher Klimazone und welchem Klimatyp sind sie zuzuordnen? Schreiben Sie sowohl Klimazone als auch Klimatyp unter die Abbildung!

[Abb. 7-6]

Bild: © Perth – Fotolia.com

Klimazone ....
Klimatyp ....

[Abb. 7-7]

Bild: © YuliaB – Fotolia.com

Klimazone ....
Klimatyp ....

[Abb. 7-8]

Bild: © doris oberfrank-list – Fotolia.com

Klimazone ....
Klimatyp ....

[Abb. 7-9]

Bild: © felinda – Fotolia.com

Klimazone ....
Klimatyp ....

[Abb. 7-10]

Bild: © Goinyk Volodymyr – Fotolia.com

Klimazone ....

Klimatyp ....

[Abb. 7-11]

Bild: © mtilghma – Fotolia.com

Klimazone ....

Klimatyp ....

Aufgabe 59 Wie heissen die Klimaformeln der in der Klimatypenkarte eingezeichneten Klimadiagramme? Schreiben Sie die Formeln in die Abbildung 7-12.

[Abb. 7-12] Klimatypenkarte

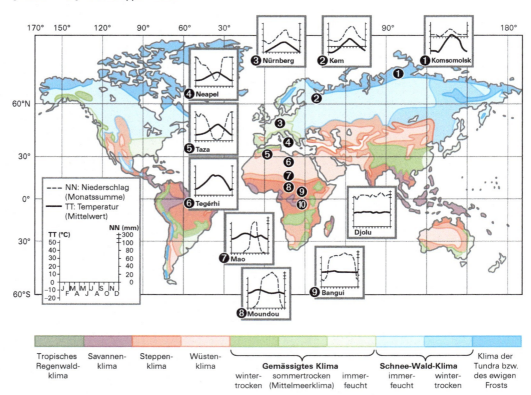

7 Klimaklassifizierung 91

8 Wettererfassung

Lernziele	Nach der Bearbeitung dieses Kapitels können Sie …
	• die Arbeitsweisen der meteorologischen Stationen erklären.
Schlüsselbegriffe	Radiosonde, Satellitenbild, Synoptik, Wettererfassung

Wer kennt es nicht, das Bangen und Hoffen auf schönes Wochenendwetter? Gespannt verfolgen wir die Wettervorhersagen und ersetzen häufig die für uns schlechten Prognosenpunkte durch unsere Wünsche. Und anschliessend, zu Wochenbeginn, sind wir allzu oft enttäuscht, weil auch die guten Prognosen nicht ganz so oder nicht zu dem vorhergesagten Zeitpunkt eingetroffen sind. Dies macht zweierlei deutlich:

- Das Wetter geht uns alle an.
- Sogar die Fachleute irren sich gelegentlich, auch wenn die Trefferquote – im Gegensatz zur weit verbreiteten Meinung – in den letzten Jahren stark angestiegen ist.

Wenn schon die Fachleute mit dem Wetter ihre liebe Mühe haben, weshalb sollen wir uns damit beschäftigen? Auch hierbei stehen zwei Gesichtspunkte im Vordergrund:

- Nur durch die Beschäftigung mit dem Wetter können wir die Vorhersagen der Meteorologinnen und Meteorologen nachvollziehen und auch ihre Probleme verstehen.
- Die Wetterprognosen beziehen sich meist auf grössere Räume, in der Schweiz meist auf die Alpennord- bzw. Alpensüdseite. Besonders in den Alpen können aber topografische Besonderheiten das Wetter stark beeinflussen und kurzfristige Wetterumstürze sind nicht selten. Diese können uns beim Wassersport, Bergwandern oder Schneesport grossen Gefahren aussetzen, die aber oft durch eigene Beobachtungen abgeschätzt werden können. Kenntnisse über das Wetter können also unser Leben retten!

Wettererfassung

Die Wetterprognose baut auf genauen Kenntnissen der Wetterabläufe auf. Die Wettererfassung beruht auf dauerndem Beobachten, Messen und Festhalten aller Klimaelemente, also Sonnenstrahlung, Lufttemperatur, Luftdruck, Wind, Luftfeuchtigkeit und Niederschlag. Diese Erfassung geschieht auch heute noch zum Teil mit blossem Auge, hauptsächlich aber mit Wetterstationen, Wettersatelliten und Wetterradar.

8.1 Bodenstationen

Bodenstationen messen die Klimaelemente meist zwei Meter über der Erdoberfläche.

8.1.1 Landstationen

Für die Gewinnung meteorologischer Daten kann man im Wesentlichen zwei Arten von Wetterbeobachtungsnetzen unterscheiden, das synoptische[1] und das klimatologische Netz.

Synoptik und synoptisches Netz

Das synoptische Netz dient dazu, durch gleichzeitig angestellte Wetterbeobachtungen die Grundlagen für die Synoptik zu liefern. Die Synoptik ist ein Arbeitsverfahren der Meteorologie, bei dem gleichzeitige Beobachtungen des Wetters grösserer Räume zusammengetragen werden, um daraus Rückschlüsse für die weitere Entwicklung des Wetters zu ziehen und danach eine Wettervorhersage zu ermöglichen. Die synoptischen Daten werden international verbreitet.

---

[1] Griech. *syn* «mit, zusammen» und griech. *opsis* «knappe Zusammenfassung, Übersicht».

Das synoptische Netz der Schweiz zählt über 50 automatische meteorologische Stationen, die Messwerte von 15 bis 25 Wetterelementen erfassen und an die Landeswetterzentralen senden. Die meisten Messgrössen werden im 10-Minuten-Rhythmus übermittelt; einige sich langsam verändernde Grössen dagegen nur im Stundenintervall. Die Übermittlung erfolgt nach einem international vereinbarten Zahlenschlüssel, dem synoptischen Wetterschlüssel.

Nicht alle wichtigen meteorologischen Grössen können automatisch gemessen werden, so z. B. der Bodenzustand, die Schneehöhe, Bewölkungsdichte und die Wolkenart. Daher sind die Stationen des synoptischen Netzes mit Beobachtern besetzt, die, je nach Station, alle drei Stunden oder dreimal täglich ergänzende Wetterbeobachtungen melden. Spezielles Gewicht kommt dabei der Wolkenbeobachtung zu.

Klimatologisches Netz

Das klimatologische Netz dient vorwiegend klimatologischen Zwecken. Seine Wettermeldungen sind vor allem im nationalen Rahmen von Bedeutung. Das klimatologische Netz der Schweiz umfasst rund 90 Stationen, davon sind etwa 40 automatisch, also ohne Beobachter.

Da heute viele Stationen für die Datenübermittlung eine direkte Standleitung zur Zentrale haben, verfliessen die Unterschiede zwischen den beiden Netzen.

Recht zahlreich sind die Regenmess-Stationen, die mit über 400 an der Zahl vertreten sind und wichtige Grundlagen zum Wasserhaushalt der Schweiz liefern.

8.1.2 Meeresstationen

Ein besonderes Problem bildet die Datenbeschaffung aus entlegenen, menschenleeren Gebieten. Ein weitmaschiges Netz von fest positionierten Wetterschiffen und Bojen ermöglicht die Wetterbeobachtung auf den Weltmeeren. Zudem sind Handelsschiffe und Verkehrsflugzeuge verpflichtet, Wetterbeobachtungen durchzuführen und die Beobachtungsergebnisse weiterzuleiten. Weitere Wetterbeobachtungsstationen sind auf Leuchttürmen, Fischereischutzbooten, Forschungsschiffen und Ölbohrplattformen installiert.

Zusammenfassung

Eine meteorologische Station ist eine Wetterbeobachtungsstelle, an der zu gegebenen Zeiten genau definierte Daten mit meteorologischen Instrumenten (Thermo-, Hygrometer etc.) gemessen und / oder mit Augenbeobachtungen (Bewölkung, Sichtweite etc.) erhoben werden.

Das synoptische Netz dient der Erstellung der Wetterprognose. Es muss den Prognostikern das Wetter «auf einen Blick» zeigen. Die synoptischen Stationen müssen ihre Daten möglichst gleichzeitig und sofort an die Wetterzentrale übermitteln. Als internationaler Standard ist definiert, die Daten alle drei Stunden zu übermitteln.

Das klimatologische Netz wird vor allem von Klimatologen benutzt. Für sie ist es von untergeordneter Bedeutung, ganz aktuelle Daten zu haben, weil sie meist lange Zeitreihen analysieren.

Aufgabe 60 Was ist in der Meteorologie unter dem Begriff «synoptisch» zu verstehen?

8.2 Radiosondierung

Die am Boden gemachten Wetterbeobachtungen erlauben erste Schlüsse auf meteorologische Vorgänge in der Atmosphäre. Dieses erdgebundene Verfahren heisst indirekte Aerologie. Für die vollständige Erfassung der atmosphärischen Vorgänge sind aber direkte Messungen in der Atmosphäre unabdingbar. Hierfür werden Ballone mit Messgeräten und Funkmitteln, aber auch Wetterflugzeuge, Raketen und Wettersatelliten eingesetzt.

Radiosonde

Zur Erfassung der wichtigsten meteorologischen Werte wie Temperatur, Feuchtigkeit, Druck und Wind in der freien Atmosphäre werden Radiosonden (vgl. Abb. 8-1) eingesetzt. Ein frei fliegender Ballon trägt die Radio- oder Höhenwettersonde bis in ca. 30 km Höhe. Während der Messphase arbeiten Luftdruck-, Temperatur- und Feuchtefühler. Zeitgleich zum Aufstieg führen vollautomatische Rechen- und Zeichengeräte die Auswertung der Messwerte durch und übermitteln sie alle 30 Sekunden mit einem Kurzwellensender zur aerologischen Station. Durch Anpeilen der Radiosonde von der Radarbodenstation aus werden die Position des Ballons und daraus die Windrichtung und die Windgeschwindigkeit ermittelt.

Die schweizerische aerologische Station befindet sich in Payerne. Von hier aus starten um 00:00 und 12:00 Uhr UTC zwei vollständig ausgerüstete Radiosonden.

[Abb. 8-1] Aerologische Station Payerne mit Start einer Radiosonde

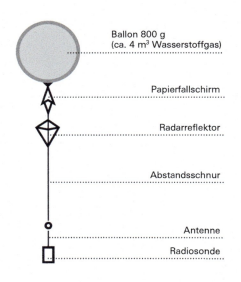
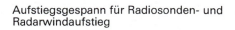

Täglich werden mit zwei Sondenaufstiegen die Wetterverhältnisse in unserer Lufthülle bis auf 30 km Höhe gemessen. Bild: © Bundesamt für Meteorologie und Klimatologie MeteoSchweiz

Die Messwerte der Radiosondierungen werden in der Höhenwetterkarte und in der Grafik der Radiosondierung (vgl. Kap. 9, S. 96) dargestellt. Beide Darstellungen erlauben es, Wetterprognosen zu formulieren und klimatologische Untersuchungen über die allgemeine Zirkulation der Atmosphäre anzustellen.

Zusammenfassung

Die Radiosondierung misst mittels ballontransportierten Höhenwettersonden Lufttemperatur, Luftfeuchtigkeit, Luftdruck und Wind in der freien Atmosphäre.

8.3 Satellitenbilder

Die jüngste Art der Wettererfassung erfolgt mittels Satelliten. Zwei Typen von Satelliten sind zu unterscheiden: Polarbahnsatelliten und geostationäre Satelliten.

Ein Polarbahnsatellit kreist auf einer ungefähr Nord-Süd-orientierten Umlaufbahn in 800 bis 1 400 km Höhe. Für die Meteorologie ist diese Art von Satelliten kaum von Belang.

Die geostationären Satelliten hingegen kreisen in ca. 36 000 km Höhe über dem Äquator mit der Erddrehung von Westen nach Osten. In dieser Höhe sind Erdrotations- und Satellitenumlaufzeit gleich gross, das heisst, der Satellit schwebt immer über dem gleichen Ort über dem Äquator. Jede halbe Stunde übermittelt er Wolkenbilder zur Erde.

Die heutigen Satelliten arbeiten mit Radiometern (Strahlenmessgeräten), die die Erde abtasten. Die Radiometer der Satelliten messen vornehmlich in den Spektralbereichen des sichtbaren Lichts und im infraroten Bereich.

Satellitenbild

Die Radiometer, die Satellitenbilder im sichtbaren Bereich ermöglichen, messen das an der Erdoberfläche und an den Wolken reflektierte Sonnenlicht. In der Nacht sind keine Bilder möglich. Im Winter sind die nördlichen Breiten auch am Tag infolge der Polarnacht im Erdschatten und daher dunkel, während die besonnten Wolkenfelder wegen des tiefen Sonnenstands plastisch hervortreten. Von der Topografie in wolkenfreien Gebieten sind vor allem die schneebedeckten Gebirge wie auch die afrikanischen Wüstengebiete gut erkennbar. Die Identifikation der meist schwierig zu erkennenden Küstengebiete wird durch das computergesteuerte Einzeichnen der Küstenlinien erleichtert.

Die Radiometer, die im infraroten Bereich arbeiten, messen die vom Erdboden, von den Meeren und von den Wolken ausgehende Wärmestrahlung. Die gemessenen Strahlenwerte sind als Oberflächentemperaturen interpretier- und darstellbar.

Meteosat

Für uns sind die Satellitenbilder im sichtbaren Bereich von Bedeutung. Erinnern Sie sich der Aufnahmen in den Tageszeitungen oder in den TV-Nachrichten? Es sind Bilder des in 36 000 km Höhe über dem Golf von Guinea geostationären europäischen Satelliten Meteosat (vgl. Abb. S. 98).

Die Satellitenbilder sind ein hilfreiches Mittel in der Meteorologie; sie erlauben uns zum einen einen kurzfristigen Blick in die unmittelbare Zukunft des Wetters, zum anderen machen sie allgemein deutlich, dass die Meteorologie eine globale Sache ist.

Die aktuellsten Bilder von Meteosat finden Sie übrigens im Internet unter der Adresse www.eumetsat.int.

Zusammenfassung

Für die gemässigten Breiten Europas sind die Bilder des in einer Höhe von 36 000 km über dem Golf von Guinea geostationären Satelliten von Bedeutung.

9 Wetterbericht und Wetterkarteninterpretation

Lernziele Nach der Bearbeitung dieses Kapitels können Sie ...

- meteorologische Tabellen und Grafiken lesen und interpretieren.
- die für Mitteleuropa, insbesondere für die Schweiz wirksamen Grosswetterlagen bestimmen und deuten.
- aufgrund Ihrer Analyse der gegenwärtigen Wetterlage die wahrscheinliche Wetterentwicklung vorhersagen und eine kurzfristige Wetterprognose erstellen.
- den Wetterablauf beim Durchzug des Frontensystems (Warm- und Kaltfront) verstehen und voraussagen.

Schlüsselbegriffe Azorenhoch, Bauernregel, Bisenlage, Föhnlage, Gewitterlage, Grosswetterlage, Kaltfront, Landregen, Okklusion, Rückseitenwetter, Schönwetterlage, Staulage, Warmfront, Westwindlage, Wetterregel, Wettervorhersage, Zwischenhoch, Zyklonenfamilie

Täglich erscheinen in den Zeitungen Wetterberichte, die die um die Mittagszeit zu erwartende europäische Wettersituation beschreiben.

Wetterinformationen Aktuelle Wetterinformationen finden Sie natürlich auch im Internet. Folgende Adressen dienen Ihnen als Startpunkte:

www.meteoschweiz.ch	Bundesamt für Meteorologie und Klimatologie MeteoSchweiz
http://meteo.srf.ch	Wetterseite des Schweizer Fernsehens
www.dwd.de	Deutscher Wetterdienst
www.wetter-zentrale.de	Website mit vielen Wettermodellen und Wetterkarten
www.zamg.ac.at	Zentralanstalt für Meteorologie und Geodynamik (Österreich)

9.1 Wetterkarte oder Bodenwetterkarte

Was ist eine Bodenwetterkarte? Die (Boden-)Wetterkarte (vgl. Abb. 9-1) zeigt mit Ausnahme des Luftdrucks die Wetterverhältnisse am Boden. Der Luftdruck ist auf Meereshöhe reduziert. Wenn wir uns vor Augen halten, dass in unseren Breiten der Westwind vorherrscht, so erahnen wir aufgrund der Wetterkarte bereits das Wetter, das die Schweiz und Deutschland im Verlauf der nächsten ein bis zwei Tage erreichen wird.

[Abb. 9-1] Typische Bodenwetterkarte für den Januar

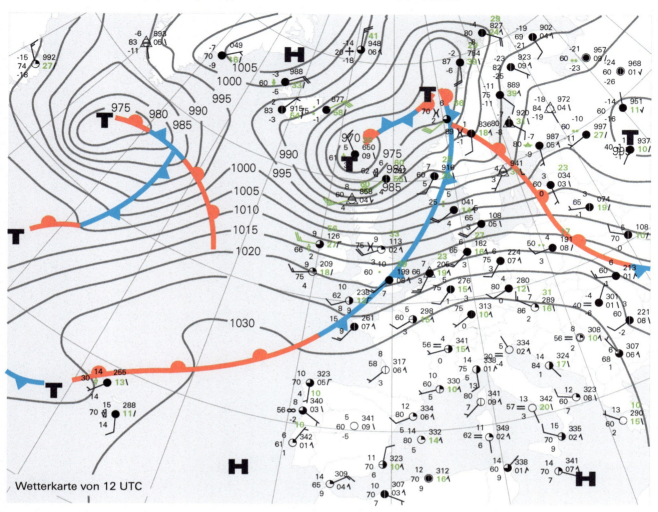

Signaturen und Symbole

[Abb. 9-2] Legende zu den Signaturen und Symbolen der Bodenwetterkarte

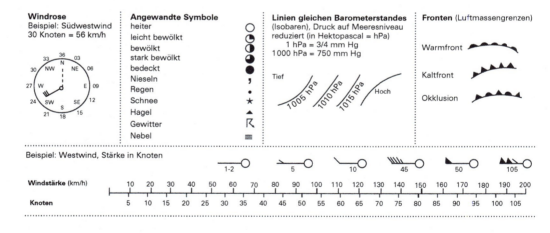

Karte der 500-hPa-Fläche oder Höhenwetterkarte

Was ist eine Höhenwetterkarte?

Die Karte der 500-hPa-Fläche oder Höhenwetterkarte (vgl. Abb. 9-3) präsentiert uns die Temperatur und die Winde, wie sie in einer Höhe von ca. 5000 bis 6000 Metern vorherrschen. Bei den Luftdruckzentren handelt es sich um dynamische Höhentiefs und Höhenhochs. Die Höhenwinde wehen, da die Bodenreibung wegfällt, parallel zu den Isolinien.

[Abb. 9-3]   Karte der 500-hPa-Fläche oder Höhenwetterkarte passend zu Abb. 9-1

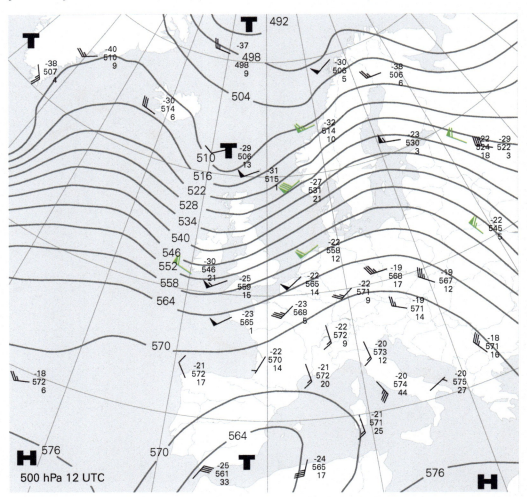

Die Linien der Höhenwetterkarte sind Höhenlinien (Isohypsen). Die Linie 570 zeigt, dass wir hier auf 5 700 m aufsteigen müssen, um einen Luftdruck von 500 hPa vorzufinden (vgl. Abb. 9-4).

Auffallend und noch fremd für Sie ist die Bezeichnung 500-hPa-Fläche. Wir fragen uns, in welche Höhe wir uns begeben müssen, um nur noch einen Luftdruck von 500 hPa, knapp die Hälfte des Normaldrucks, vorzufinden. Über Paris z. B. (vgl. Abb. 9-3) müssten wir in eine Höhe von 5 680 m aufsteigen. Die Zahl der Höhenlinien (Isohypsen) steht für Dekameter. Mit dieser Art der Darstellung zeigt sich die Luftdruckverteilung räumlich: Ein Hochdruckgebiet präsentiert sich als Berg, ein Tiefdruckgebiet als Senke.

Die Symbole für die Karte der 500-hPa-Fläche sind einfach zu verstehen (vgl. Abb. 9-4):

[Abb. 9-4]   Legende zu den Symbolen der Karte der 500-hPa-Fläche oder Höhenwetterkarte

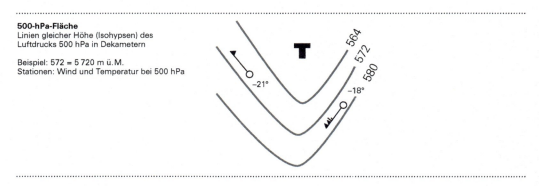

Grafik der Radiosondierungen

Wozu dient eine Radiosondierung?

Wie ist die Grafik einer Radiosondierungen zu lesen (vgl. Abb. 9-5)?

[Abb. 9-5]   Grafik der Radiosondierungen vom 15. Januar 2003, Payerne VD

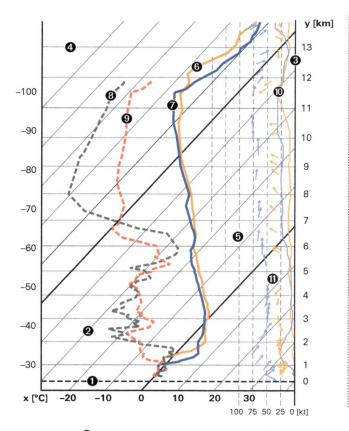

Radiosondierung

Temperatur-, Feuchtigkeits- und Windluftverlauf in Abhängigkeit von der Höhe

Höhenskala (horizontale Linien) in km ü. M.

Verlauf der Lufttemperatur (Kurven links) und des Taupunkts (gestrichelte Linien) in Grad Celsius

Der Abstand zwischen Temperatur und Taupunkt ist ein Mass für Luftfeuchtigkeit: je kleiner der Abstand, desto feuchter die Luft

Windstärke (Kurve rechts) in den vertikalen Linien eingetragen, Skala in Knoten. Windrichtung mit Pfeilen nach der Windrose

Radiosondierung
15.01 00Z
15.01 12Z

Die x-Achse ❶ trägt die Temperaturwerte in °C, die Linien gleicher Temperatur ❷ sind schräg eingezeichnet. Die y-Achse ❸ trägt die Höhenwerte in km ü.M., die Linien gleicher Höhe ❹ verlaufen horizontal. Die Linien mit den Windgeschwindigkeitsangaben ❺ in Knoten (= 1.852 km/h) stehen senkrecht. Die orange ausgezogene Kurve ❻ im linken Grafikteil zeigt die Temperatur der Messung um Mitternacht (00Z), die blaue ausgezogene Linie die Temperatur der Messung am Mittag (12Z) ❼. Die Taupunkttemperatur der älteren Messung ist mit der grauen gestrichelten Linie ❽, die der neueren mit der roten gestrichelten Linie ❾ festgehalten. Die ausgezogenen Kurven (orange bzw. blau) im rechten Grafikteil ❿ zeigen die Windgeschwindigkeit in Knoten. Die Pfeile (orange bzw. blau) ⓫ zeigen die Windrichtung gemäss der Windrose.

Nun gilt es, die Daten richtig zu lesen. Betrachten Sie die Temperaturkurve von 12Z (❼): In 3 km Höhe beträgt die Temperatur 0 °C (Schnittpunkt der horizontalen Höhenlinie mit dem Wert 3, der schrägen Temperaturlinie mit dem Wert 0 °C und der Temperaturkurve); in 7 km Höhe beträgt die Lufttemperatur dann –30 °C. Die Taupunkttemperatur (❾) beträgt in 3 km Höhe –15 °C, denn die rot gestrichelte Kurve liegt zwischen der –10 °C-Linie und der –20 °C-Linie. Das heisst, dass die Luft, die in dieser Höhe zum Zeitpunkt der Messung effektiv 0 °C kühl ist, sich noch 15 °C abkühlen muss, bis ihre Feuchte kondensiert.

In 7 km Höhe beträgt die Taupunkttemperatur –50 °C. Da die Luft hier effektiv 20 °C wärmer ist (–30 °C), beträgt ihre relative Feuchtigkeit 25%. Wir erkennen, dass der Abstand zwischen der Temperaturkurve und dem Punkt der Taupunkttemperatur ein Mass für die relative Luftfeuchtigkeit ist.

Der Wind weht um 12Z in 5720 m Höhe aus SSE (Südsüdost) mit 15 Knoten. Diese Werte stimmen überein mit der Windangabe der 500-hPa-Fläche in Abb. 9-3, S. 98.

Zusammenfassung

Ein Wetterbericht für die Schweiz beruht auf der Wetterkarte, der Grafik der Radiosondierungen, der Karte der 500-hPa-Fläche, der Wetterdatentabelle mit der Legende und auf dem Satellitenbild von Meteosat.

Die Daten stammen von drei Messungen des Tages: von 6, 12 und 18 Uhr UTC (Weltzeit).

Die hauptsächlich im Wetterbericht vertretenen Klimaelemente heissen Lufttemperatur (TT), relative Luftfeuchtigkeit (UU), Windrichtung (DD), Windgeschwindigkeit (FF), Wetter (W, Bewölkung), Niederschlag (RR) und Luftdruck (Isobaren).

Die wichtigsten Symbole und Signaturen sind in nachfolgender Abbildung enthalten.

Wichtigste Symbole und Signaturen

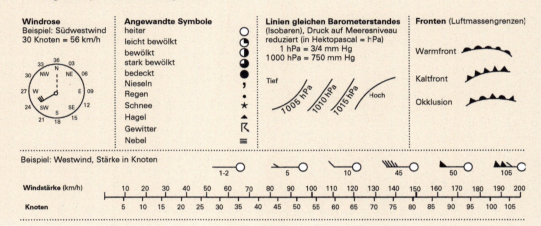

Aufgabe 61

A] Beschreiben Sie mithilfe der Abbildung 9-1, S. 97, möglichst detailliert das Wetter westlich von Paris.

B] Welches Wetter muss in den nächsten Stunden in Paris erwartet werden?

Aufgabe 62

Studieren Sie die Wetterkarte in Abbildung 9-1, S. 97; für die Beantwortung der Fragen A–F benutzen Sie die Legende aus Abbildung 9-2, S. 97.

A] Wie stark ist der Himmel über Genf bewölkt?

B] Welche Temperatur herrscht in Genf?

C] Wie stark und aus welcher Richtung weht der Wind im Genferseeraum?

D] Wie hoch ist der auf Meereshöhe reduzierte Luftdruck im Schweizer Mittelland?

E] Regnet es in London?

F] Beschreiben Sie das Wetter (Bewölkung, Temperatur, Windrichtung und -stärke, Niederschlag) in Barcelona.

Aufgabe 63

A] In welcher Höhe weht der über der Schweiz eingezeichnete (Abb. 9-3) Wind?

B] Ein Ballon soll zwischen Island und London der 500-hPa-Fläche entlang gleiten. Um wie viele Meter müsste er dabei in die Höhe steigen?

Aufgabe 64

A] Schätzen Sie mithilfe der Abbildung 9-5, S. 99 die relative Luftfeuchtigkeit in 2 km Höhe für 00Z und 12Z ab.

B] Wie stark und aus welcher Richtung weht um 12Z der Wind in 2 und 9 km Höhe?

9.2 Wetterkarteninterpretation

Die Lage Mitteleuropas im Bereich der Polarfront, im Grenzbereich also von warmen (subtropischen) und kalten (polaren) Luftmassen, macht unser Wetter so wechselhaft. Die mannigfaltigen Wettergeschehnisse fassen wir zusammen, soweit ihre Abläufe ähnlich sind.

Wir wollen Gemeinsamkeiten in den Wetterabläufen finden und die typischen Wetterereignisse zeichnerisch darstellen. Die Erfahrungen aus immer wiederkehrenden Ereignissen sind dann unsere Basis für die Wettervorhersage.

9.2.1 Wetterentwicklungen in der Frontalzone

Häufigste Wetterlage: Westwind

Die in den gemässigten Breiten häufigste Wetterlage ist die Westwindlage (vgl. Kap. 4.4.3, S. 37). Sie schickt in schnellem Wechsel Warm- und Kaltfronten über Mitteleuropa hinweg. Die Wetterentwicklung, die sich also beim Durchzug einer Warm- und der anschliessenden Kaltfront abspielt, ist für unser Wetter prägend. Bevor wir uns aber dieser Wetterentwicklung zuwenden, wollen wir das Entstehen der Warm- und Kaltfronten genauer betrachten.

Lebenslauf einer Polarfrontzyklone

Entstehung der Fronten

Die Warm- und Kaltfronten entstehen in der Frontalzone, im Grenzbereich also zwischen tropischen und polaren Luftmassen. Die Polarfront bildet Wellen, vergleichbar mit Wellen auf einer Seeoberfläche: Sie verändern ihre Form ständig, wachsen gegen das Ufer an, überstürzen sich in der Brandung, und vom offenen Wasser her folgen die nächsten Wellen. So fasst man die Entwicklung von dynamischen Zyklonen mit folgenden Sequenzen zusammen (vgl. auch Abb. 4-15, S. 41):

1. Polare Kaltluft (Polarer Ostwind) und subtropische Warmluft (Westwind) treffen an der Polarfront (Pf) aufeinander.
2. Durch die Reibung der beiden Luftmassen aneinander verformt sich die Polarfront wellenförmig: Die vorstossende Kaltluft lässt eine Kaltfront, die Warmluft eine Warmfront entstehen.
3. Besonders in der Nähe des Tiefdruckzentrums dringt die Rückseitenkaltluft mit höherer Geschwindigkeit vor, als sich die Warmluft wegbewegt. Die Warmfront wird dadurch früher oder später eingeholt, es entsteht eine Okklusion.

Durchzug der Warm- und Kaltfronten

Betrachten wir nun das Vorüberziehen eines Frontensystems anhand von Abbildung 9-6. Beachten Sie, dass die Abbildung von rechts nach links zu lesen ist: Naht ein Frontensystem, so erleben wir zuerst das Vorderseitenwetter, dann den Warmluftsektor und schliesslich das Rückseitenwetter. Studieren Sie die Darstellung und versuchen Sie diese, vorerst ohne weiterzulesen, zu verstehen.

[Abb. 9-6] Luftdruck-, Temperatur- und Windentwicklung beim Durchzug einer Idealzyklone

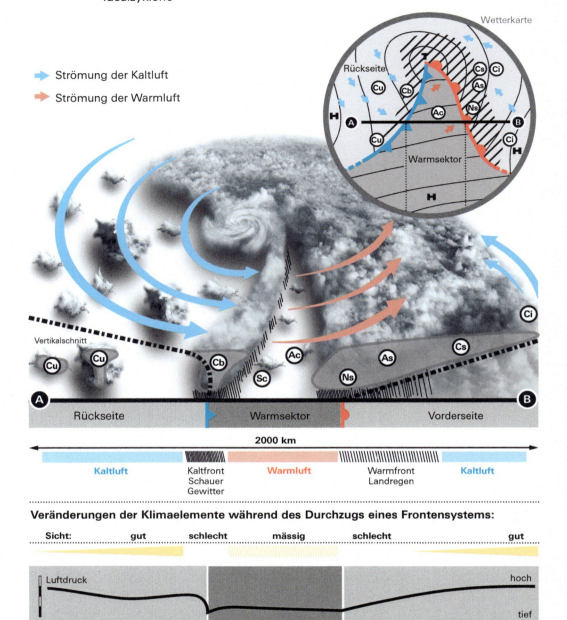

Aufgrund der Abbildung 9-6 können Sie den typischen Wetterablauf bei Westwindlage erkennen. Betrachten Sie zunächst Luftdruck und Temperatur:

- Naht die Warmfront, sinkt der Luftdruck und steigt die Temperatur kurzfristig an.
- Im Warmsektor bleibt der Luftdruck unverändert, während die Lufttemperatur zur Kaltfront hin langsam absinkt.
- Erreicht die Kaltfront unseren Standort, steigt der Luftdruck rapide an und die Lufttemperatur sinkt.

Der Wind dreht erwartungsgemäss im Uhrzeigersinn ab. Aus anfänglich südöstlicher Richtung bläst er letztlich aus Nordwesten.

102 Naturgeografische Bausteine B: Klima / Wetter

Untersuchen Sie nun Wolkenbildung und Niederschläge:

Warmfront und Landregen

Das Vorderseitenwetter – die Warmfront ist die Vorderseite der Zyklone – zeigt die Verteilung der Wolkentypen über eine weite Strecke, weil an der Warmfront die Warmluft entlang eines flach ansteigenden, langen Wegs in höhere Schichten gleitet. Ein Beobachter im Osten (rechts in Abbildung 9-6) sieht anfänglich Cirren (Ci), die rasch zunehmen und in Cirrostraten (Cs) übergehen. Später wird die Bewölkung dichter, ihre Untergrenze sinkt ab. Altostraten (As), oft begleitet von Nieselregen, treten auf. Bei Erscheinen der Nimbostraten (Ns) werden die Niederschläge intensiver und halten über Stunden als Landregen an.

Nach dem Durchzug der Warmfront endet der Niederschlag. Die Wolkendecke lockert sich auf und präsentiert Stratocumuli (Sc). Jetzt befindet sich der Beobachter für kurze Zeit im Warmsektor der Zyklone.

Kaltfront und Rückseitenwetter

Im Westen aber türmen sich vor der steilen Kaltfront bereits bedrohliche Cumulonimben (Cb) auf. Die steile Neigung der Kaltfront (vgl. Abb. 9-7) verhindert die Bildung einer kontinuierlichen Abfolge der Wolkentypen von Cirren bis Straten und Nimbostraten. Schauerartige, zum Teil gewittrige Niederschläge prägen das relativ kurzlebige Rückseitenwetter.

Zwischenhoch

Später hellt sich der Himmel dank der sinkenden Kaltluft des Zwischenhochs stark auf. Das Zwischenhoch liegt zwischen den zwei Zyklonen. Unser Beobachter geniesst die kurze Wetterberuhigung bei schönem und kühlem Wetter und mit Cumuli (Cu) verziertem Himmel, bis im Westen aufziehende Cirren das Herannahen der nächsten Zyklone ankünden.

Okklusion

Wie wir im vorangegangenen Abschnitt gesehen haben, holt die schneller vorrückende Kaltfront die Warmfront mit der Zeit ein, man spricht von einer Okklusion (vgl. Abb. 9-7). Die Grenzen zwischen Kalt- und Warmluft reichen jetzt nicht mehr bis zum Boden, der Warmluftkeil ist nur noch in der Höhe spürbar. Bei der Okklusion fallen die Wettergeschehnisse, die sich entlang der flachen Warmfront und der steilen Kaltfront abwickeln, zusammen. Allerdings sind die Niederschläge meist nicht mehr so kräftig, weil sich die Luftmassen schon zuvor ausgeregnet haben.

[Abb. 9-7]   Grund- und Aufriss einer Okklusion

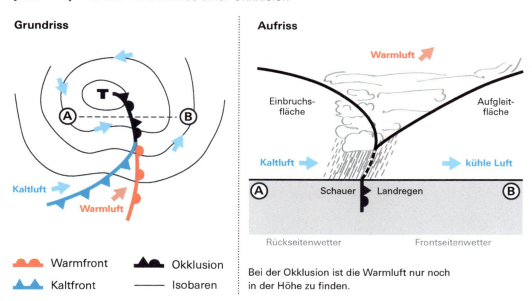

Bei der Okklusion ist die Warmluft nur noch in der Höhe zu finden.

Mit dem Durchgang einer Kaltfront ist die Westwindlage häufig aber nicht beendet. In vielen Fällen folgt schon bald die Warmfront einer nachrückenden neuen Zyklone. Wie ist das zu erklären?

Zyklonenfamilie

Wie wir schon gesehen haben, befindet sich in der Nähe von Island ein mehr oder weniger stabiles Tiefdruckgebiet, das Islandtief. Dort bilden sich immer wieder neue Zyklonen und ziehen, sich entwickelnd, nach Osten, bis sie sich in ihrer Endphase (Okklusion) auflösen. Die Abbildung 9-8 zeigt Ihnen eine solche Zyklonenfamilie, deren Mitglieder sich in verschiedenen Phasen ihrer Entwicklung befinden.

[Abb. 9-8]   Zyklonenfamilie aus vier Zyklonen

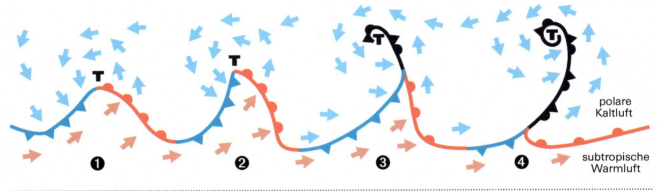

Die vorderste (4.) ist völlig, die zweitvorderste (3.) teilweise okkludiert, die zweitletzte (2.) voll ausgebildet und die letzte (1.) im Entstehen begriffen.

Sicher sind Ihnen auch im Zusammenhang mit Wetterprognosen schon die Begriffe Azorenhoch und Islandtief aufgefallen.

Azorenhoch und Islandtief

Das Azorenhoch ist nichts anderes als das Rossbreitenhoch (nördlicher subtropischer Hochdruckgürtel) über dem Atlantik. Häufig finden wir nahe bei Island ein Tiefdruckgebiet, das Islandtief (auch Atlantiktief genannt), das durch den Zusammenstoss von subtropischer Warmluft mit polarer Kaltluft an der Polarfront entstanden ist.

Schönwetterlage

Das Azorenhoch ist als Rossbreitenhoch relativ stabil, weil es ein dynamisches Hoch ist. Der Kern dieses Hochdruckgebiets liegt, wie sein Name besagt, ungefähr über den Azoren (atlantische Inselgruppe). Im Sommer dehnt sich das Azorenhoch häufig in der allgemeinen Westwindströmung gegen Mitteleuropa aus. Die Prognosen melden dann, dass ein Ausläufer des Azorenhochs das Wetter in der Schweiz beeinflusst. Meist befinden wir uns dann in einer mehr oder weniger eindeutigen Schönwetterlage, je nachdem, wie nahe das Zentrum des Hochs ist.

In seinen Randgebieten aber ist das Azorenhoch, wie auch die anderen Rossbreitenhochs, nicht stabil, sondern verformt sich langsam, beinahe wie eine Amöbe. Es kann sich abbauen oder das Zentrum verlagert sich wieder auf den Atlantik hinaus. Zudem erkennen wir, dass sich oft an der gleichen Stelle über Island weitere Zyklonen bilden, die der ersten als «Zyklonenfamilie» nachziehen.

9.2.2   Allgemeine Lage

Was ist die allgemeine Lage?

Die allgemeine Lage ist die textliche Formulierung des momentanen, grossräumigen Wetters an einem Ort. Für uns heisst dies, dass wir alle Angaben des Wetterberichts, der aus Symbolen, Signaturen und Zahlen aufgebaut ist, in Worte und Sätze umsetzen müssen. Es ist vorteilhaft, die Klimaelemente systematisch, d. h. in der stets gleichbleibenden Reihenfolge, zu beobachten und zu beschreiben.

Wir untersuchen in der Regel acht Grössen und fragen uns mithilfe der Wetterkarte:

1. In welchem Frontbereich (Warm-, Kaltfront) stehen wir?
2. In welchem Sektor (Warm-, Kaltluft) stehen wir?
3. Welches Druckgebiet (Tief, Hoch) liegt über uns?
4. Welche Temperatur herrscht?
5. Wie ist der Himmel bedeckt?
6. Fallen Niederschläge (Art des Niederschlags)?
7. Aus welcher Richtung (und mit welcher Stärke) weht der Wind?
8. Wie heisst die vorherrschende Grosswetterlage?

Abschliessend werden die charakteristischen Aussagen der Punkte 1–8 in einer kurzen Zusammenfassung mit wenigen Sätzen formuliert. (Beachten Sie, dass die Punkte 1. und 2. nur bei Westwindlage vorkommen.)

Formulierung der allgemeinen Lage

Im Folgenden wollen wir die allgemeine Lage, die in Genf an einem typischen Januartag um 12 UTC herrschte, in Stichworten beschreiben. Dazu bedienen wir uns der Abbildungen 9-1, S. 97, 9-3, S. 98 und 9-5, S. 99. Wir halten uns an die vorhin dargestellten 8 Schritte.

In Genf herrschte laut der Wetterkarte von Abb. 9-1, S. 97 folgendes Wetter:

1. Front: Über Genf liegt keine Front. Eine Kaltfront ist im Anzug.
2. Sektor: Das westliche Ende eines vorübergezogenen Warmsektors ist spürbar.
3. Druckgebiet: Ein erhöhter Druck von 1 030 hPa lastet über Genf.
4. Temperatur: Die Temperatur beträgt 4 °C.
5. Bedeckung: Der Himmel ist bewölkt.
6. Niederschläge: Zurzeit fallen keine Niederschläge. Es hat aber Nebel.
7. Wind: Aus Westsüdwest weht der Wind mit ca. 5 Knoten.
8. Wetterlage: Es herrscht eine Westwindlage (vgl. Abb. 9-3, S. 98).

Die allgemeine Lage lautet: Genf liegt bei relativ milder Temperatur in einem niederschlagsfreien Warmsektor mit mittlerer Bewölkung. Von Westen zeichnet sich das Herannahen einer Kaltfront ab.

Zusammenfassung

Eine dynamische Zyklone entsteht, indem sich eine warme Luftmasse in die Polarfront schiebt. Die warme Luftmasse in der Zyklone wird bei voller Ausbildung von zwei Fronten begrenzt: von der Warmfront, wo warme Luft flach an der kalten Luft aufsteigt, und von der Kaltfront, wo sich die kalte Luft mit steiler Neigung unter die warme Luft schiebt.

Die Entwicklung der Polarfrontzyklone endet mit der Okklusion – sie entsteht, wenn die schnellere Kaltfront von hinten auf die Warmfront auffährt.

Beim Durchgang einer voll ausgebildeten Zyklone erlebt man das Vorderseitenwetter mit Landregen unter der flachen Warmfront, schönes, warmes Wetter im Warmsektor, heftige Regen und böige Winde unter der steilen Kaltfront als Rückseitenwetter und schönes, kühles Wetter im Zwischenhoch.

Die Zyklone baut sich ab, wenn die Kalt- die Warmfront eingeholt hat (Okklusion). Zyklonen treten häufig nicht alleine, sondern in sogenannten Familien auf. Dies erklärt den wiederkehrenden Durchgang von Warm- und Kaltfronten.

Das Azorenhoch ist als Rossbreitenhoch ein stabiles Gebilde. Sehr oft bildet sich an der Polarfront in der Gegend von Island ein Tief, das Islandtief oder Atlantiktief. Azorenhoch und Islandtief steuern häufig den Wetterablauf in Europa.

Die allgemeine Lage ist die Zusammenfassung der momentanen, grossräumigen Wetterlage in Textform.

Aufgabe 65 A] Warum sinkt der Luftdruck beim Herannahen einer Warmfront?

B] Der Luftdruck steigt schnell und stark an, während die Temperatur absinkt. Welche Front ist im Anzug?

C] Welche Wetterentwicklung erwarten Sie für die in B] geschilderte Situation?

Aufgabe 66 Weshalb fallen im Bereich des Vorderseitenwetters Landregen und im Bereich des Rückseitenwetters Schauerregen?

Aufgabe 67 A] Sie beobachten Cirren, die später in Altostratus-Wolken übergehen. Stehen Sie in Kalt- oder Warmluft?

B] Bedrohlich baut sich im Westen eine Wand von Cumulonimben auf. Welche Art von Front erwarten Sie?

C] Warum steigt der Luftdruck beim Eintreffen einer Kaltfront?

D] Die Windrichtung wechselt rasch von Südwesten nach Nordwesten. Welche Front zieht vorüber?

Aufgabe 68 Beschreiben Sie die Wettervorgänge beim Durchzug der Fronten einer voll ausgebildeten Zyklone.

Aufgabe 69 Warum wandern Zyklonen ostwärts?

Aufgabe 70 Wie präsentiert sich an einem typischen Februartag (vgl. Abb. 9-9) die allgemeine Lage für Zürich? Beschreiben Sie in Stichworten die Lage gemäss der obigen achtteiligen Reihenfolge.

[Abb. 9-9] Wetterkarte für einen typischen Februartag, 13.00 h

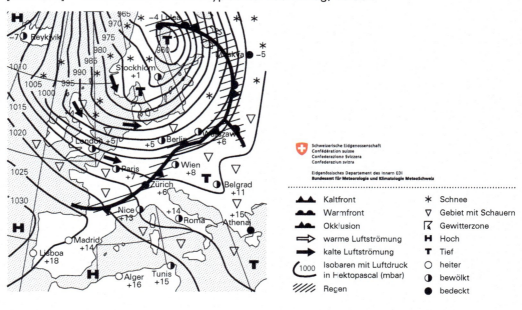

9.3 Wettervorhersage oder Wetterprognose

Was ist die Wettervorhersage?

Die Wetterprognose umschreibt das erwartete Wetter. Man unterscheidet zwischen Kurz-, Mittel- und Langfristvorhersage. Wir beschränken uns hier auf die Kurzfristvorhersage. Sie beruht auf der Beobachtung des Wetterablaufs und der Extrapolation der beobachteten Klimaelemente auf die nächsten ein bis zwei Tage. Das grosse Problem besteht darin, dass sich die Entwicklung und die Bewegung der Fronten trotz Computereinsatz nicht vollständig voraussagen lassen.

Die Wettervorhersage beruht zum einen auf einer exakten Untersuchung und genauen Formulierung der allgemeinen Lage (vgl. Kap. 9.2.2, S. 104), zum andern auf der Erkenntnis, dass in unseren Breiten die Ursachen der Wetterentwicklung mehrheitlich im Westen zu suchen sind. In Kapitel 9.4, S. 107 werden Sie sehen, dass das Paar Hoch–Tief die momentan vorherrschende Wetterlage bildet.

Wir betrachten daher die Verteilung der Hochs und Tiefs und stellen uns vor, wie sie von Westen nach Osten wandern. Aus der zwischen ihnen zu erkennenden Windrichtung leiten wir die Wetterlage ab. Für uns gilt, dass jede Wetterlage, auch wenn sie stabil ist, wie z. B. die Schönwetterlage (vgl. Kap. 9.4, S. 107), über kurz oder lang durch die im Westen zu erkennenden Wetterlagen verdrängt wird. Richten wir also unseren meteorologischen Blick vor allem nach Westen.

Vereinfacht gesagt bestimmen wir die allgemeine Lage, die über der Loiremündung herrscht, und bezeichnen diese als unsere Wetterprognose. Dieses Vorgehen hat vor allem dann seine Gültigkeit, wenn Zeitungswetterkarten als Prognosegrundlagen vorliegen.

Zu Übungszwecken empfehlen wir Ihnen, während einer Woche alle Wetterkarten Ihrer Tageszeitung oder aus dem Internet auf ein grosses Papier nebeneinander aufzukleben. Formulieren Sie schriftlich Ihre allgemeine Lage und Wetterprognose und vergleichen Sie diese mit den vorgegebenen. Die heute formulierte Prognose sollte der morgigen allgemeinen Lage entsprechen.

Mit Vorteil wiederholen Sie diese Übung in den Monaten Januar, April, Juli und Oktober. Denn je nach Jahreszeit sind andere Grosswetterlagen vorherrschend.

Zusammenfassung

Die Wettervorhersage beruht auf der genauen Beschreibung der allgemeinen Lage und der Abschätzung des Vorankommens der sich entwickelnden Wettergeschehnisse.

Für uns gilt: Unser künftiges Wetter liegt meist im Westen.

9.4 Typische Grosswetterlagen

Wechselhaftes Wetter

Im Laufe eines Jahres erleben wir eine verwirrende Vielfalt von Wettererscheinungen: Schönwettertage werden abgelöst von Gewittern, auf den warmen Föhnwind folgen kalte, regnerische Nordwestwinde. Bei allen Wettererscheinungen fällt aber auf, dass immer wieder ähnliche, typische Wettersituationen auftreten.

Grosswetterlagen Mitteleuropas

Für Mitteleuropa unterscheiden wir sechs verschiedene Grosswetterlagen: die Westwindlage, die Bisenlage, die Staulage, die Föhnlage, die Schönwetterlage und die Gewitterlage. Diese Wetterlagen lassen sich in folgende zwei Kategorien gliedern:

- Advektive Lagen[1] sind Wetterlagen, die von grossräumig und horizontal zuströmenden Winden (Westwinde, Föhn etc.) bestimmt werden. Zu den advektiven Lagen zählen wir die Westwindlage, die Bisenlage (Ostwind), die Staulage am Alpennordfuss (Nordföhn) und die (Süd-)Föhnlage (Staulage am Alpensüdfuss).
- Konvektive Lagen[2] sind Wetterlagen mit oft flacher Druckverteilung und dadurch vorwiegend thermisch bedingten vertikalen Winden (Auf- und Abwinde). Vorwiegend vertikalen Luftaustausch haben wir bei Schönwetterlage und Gewitterlage.

Bei der Entstehung von Winden fliesst die Luft vom Hoch ins Tief (vgl. Kap. 4.1, S. 27). Bodennah weht der Wind schräg zu den Isobaren, bodenfern wegen der wegfallenden Bodenreibung annähernd parallel zu ihnen. Um die Wetterlage zu bestimmen, suchen wir zuerst immer das zusammengehörende Paar Hoch–Tief und ermitteln die Hauptwindrichtung des zwischen ihnen wehenden Winds. Als erstes Beispiel wollen wir uns der in Abbildung 9-10 dargestellten Situation zuwenden.

[Abb. 9-10] Staulage (oder Nordföhnlage)

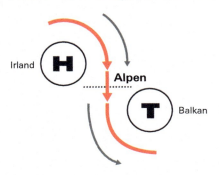

Die Luft fliesst vom Hoch zum Tief, hier von Norden nach Süden, gegen die Alpen. Somit liegt eine Staulage vor, die südlich der Alpen den Nordföhn entstehen lässt. Drehen Sie das Paar Hoch–Tief um die Alpen und Sie gelangen automatisch zu weiteren Grosswetterlagen.

In den folgenden Abschnitten werden wir die sechs für Mitteleuropa typischen Grosswetterlagen einzeln besprechen:

- Westwindlage
- Bisenlage
- Staulage am Alpennordfuss (Nordföhn)
- Föhnlage im Alpenraum und Alpenvorland
- Schönwetterlage in Mitteleuropa
- Gewitterlage in Mitteleuropa

Sie werden alle nach dem gleichen Muster dargestellt. Die Grundform zeigt die Lage des Hoch-Tief-Paars; die Windrichtung gibt der Lage den Namen. Der Legendentext erläutert die Situation. Die Wetterkarte zeigt die Umsetzung der Grundform für den Alltagsgebrauch und die allgemeine Lage erklärt die momentan herrschende Situation.

Wir empfehlen Ihnen, in allen schwarzweissen Wetterkarten die Kaltfront und die hinter ihr liegende Kaltluft blau, die Warmfront und die hinter ihr liegende Warmluft rot und die Niederschlagsgebiete grün einzufärben. Die Windrichtungen – sie sind oft mit Pfeilen angegeben – markieren Sie braun. Konzentrieren Sie sich im Folgenden vor allem auf die Lage des Paars Hoch–Tief.

---

[1] Lat. *advectio* «Zufuhr».
[2] Lat. *convehere* «zusammenbringen»; bezeichnet in der Meteorologie die vertikale Luftbewegung (Auf- und Abwinde) ohne grossräumige, d. h. advektive Winde.

A Westwindlage

Westwindlage (W- und SW-Winde): Das Hoch liegt über Südspanien und Nordafrika, das Tief über Grossbritannien und Skandinavien. Dazwischen weht der feuchte Westwind. In diesen eingebettet ziehen kräftige Tiefdruckgebiete über die Britischen Inseln und Skandinavien. Warm- und Kaltfronten gleiten mit ihren Regenzonen in raschem Wechsel über West- und Mitteleuropa hinweg. Das Wetter verändert sich laufend.

Typisch für die Westwindlage ist die wechselhafte Witterung und ihr Niederschlagsreichtum. Ihren Ursprung hat die Zyklone meist im sogenannten Islandtief (auch Atlantiktief genannt), das durch den Zusammenstoss von subtropischer Warmluft und polarer Kaltluft an der Polarfront entstanden ist.

[Abb. 9-11] Grundform der Westwindlage

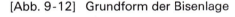

Gezeichnet für Frühjahr und Herbst. Vergleiche auch mit Abb. 4-21, S. 45, Polarfront.

B Bisenlage

Bisenlage (NE-Wind): Zwischen einem ausgedehnten Hoch über den Britischen Inseln und dem Tief über dem Mittelmeer stellt sich eine trocken-kalte Luftströmung ein, die Bise. Diese im Sommer trockenen, im Winter kalten Winde werden im westlichen Mittelland zwischen Alpen und Jura kanalisiert. Sie erreichen in Genf bei grosser Kälte hohe Geschwindigkeiten.

[Abb. 9-12] Grundform der Bisenlage

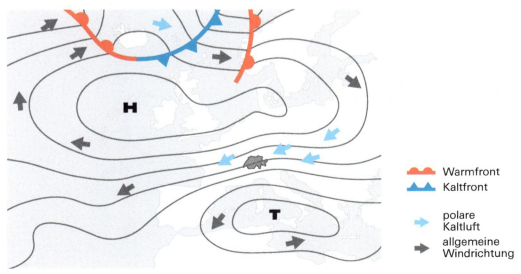

C Staulage am Alpennordfuss (Nordföhn)

Staulage (N/NW-Winde): Das dominierende Hoch über den Britischen Inseln führt kühle und feuchte Luft über den Kontinent in Richtung der verschiedenen kleineren Tiefdruckgebiete über Italien, dem Balkan und dem Baltikum. Die kühlen, feuchten Luftmassen aus Nordwesten stauen sich auf der Alpennordseite und bilden eine dichte, dauerhafte Wolkendecke, aus der kräftige Niederschläge fallen.

Typisch für die Staulage am Alpennordfuss ist auf der Alpennordseite der Niederschlagsreichtum und auf der Alpensüdseite der trockene Nordföhn.

[Abb. 9-13] Grundform der Staulage am Alpennordfuss (Nordföhn)

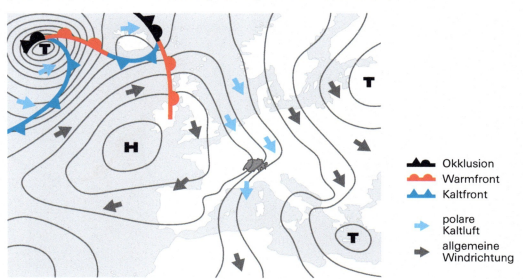

D Föhnlage im Alpenraum und Alpenvorland

Föhnlage (S/SE-Winde): Die Föhnlage (vgl. Kap. 5.2, S. 59) ist die umgekehrte Staulage. Das Hoch (über Italien) steuert die warm-feuchte Luft über die Alpen ins Tief (über den Britischen Inseln). Sie bringt dem Tessin kräftige Niederschläge, der Nordseite hingegen Föhnaufhellungen.

Typisch für die Föhnlage am Alpennordfuss ist der warme trockene (Süd-)Föhn und auf der Alpensüdseite der Niederschlagsreichtum.

[Abb. 9-14] Grundform der Föhnlage in Alpenraum und Alpenvorland

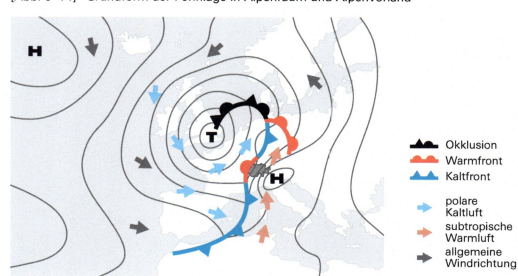

E Schönwetterlage in Mitteleuropa

Schönwetterlage (zentrale Hochdrucklage über Europa): Eine ausgeprägte Hochdruckzelle, meist ein Ausläufer des Azorenhochs, liegt stabil über Europa und verhindert advektive Winde – es ist fast windstill. So können bei genügend starker Sonneneinstrahlung lokale, thermische Auf- oder Abwinde entstehen, die konvektiven Winde. Im Allgemeinen sinkt die Luft im Hoch ab (trocken adiabatische Erwärmung), wodurch die Wolken aufgelöst werden. Es ist also fast wolkenlos. Das Hoch steuert die Tiefdruckwirbel mit ihren Fronten im Norden Europas vorbei.

Typisch für die Schönwetterlage ist das über Mitteleuropa liegende stabile Hoch mit seinem schönen, warmen (Sommer)wetter.

[Abb. 9-15] Grundform der Schönwetterlage in Mitteleuropa

F Gewitterlage in Mitteleuropa

Gewitterlage (flache Druckverteilung, ohne advektive Winde): Bei Gewitterlage ist keine klare Verteilung der Druckzentren auszumachen.

[Abb. 9-16] Grundform der Gewitterlage in Mitteleuropa

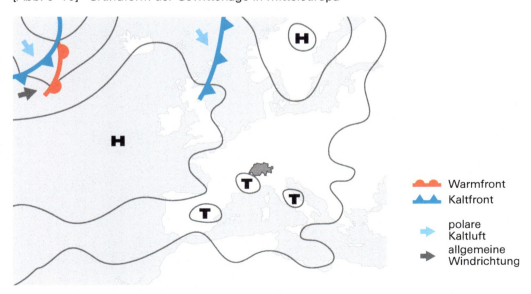

Die flache Druckverteilung mit eher tiefem Druck begünstigt die Bildung von Quellbewölkung (Cumulus-Wolken) durch konvektive Aufwinde. Im Sommer können sich in diesen labilen Luftschichtungen Gewitterfronten thermischen Ursprungs bilden, die häufig von heftigen Schauern mit Hagel begleitet sind.

Typisch für die Gewitterlage ist die nachmittägliche Quellbewölkung mit häufigen Gewittern, vor allem im Sommer.

Zusammenfassung

Für Mitteleuropa unterscheiden wir sechs verschiedene Grosswetterlagen:

Advektive Lagen:

- Westwindlage: Regenzonen ziehen in raschem Wechsel von Westen über Mitteleuropa hinweg.
- Bisenlage: trockener, kalter Wind aus Nordosten.
- Staulage (N/NW-Winde) am Alpennordfuss: Die dichte und dauerhafte Wolkendecke bringt auf der Alpennordseite kräftige Niederschläge.
- Föhnlage (S/SE-Winde) in Alpenraum und Alpenvorland: Föhnaufhellungen auf der Alpennordseite, während auf der Alpensüdseite oft kräftige Niederschläge fallen.

Konvektive Lagen:

- Schönwetterlage (meist durch Ausläufer des Azorenhochs) in Mitteleuropa: schönes, sonniges Wetter.
- Gewitterlage (flache Druckverteilung) in Mitteleuropa: Aufquellende Bewölkung mit starken Gewittern, zum Teil von Hagelschauern begleitet.

Aufgabe 71

Bestimmen Sie die vier Grosswetterlagen a)–d) in Abbildung 9-17. Beginnen Sie mit d), indem Sie d) mit Abbildung 9-10, S. 108 vergleichen.

[Abb. 9-17] Grundformen der advektiven Grosswetterlagen Mitteleuropas[1]

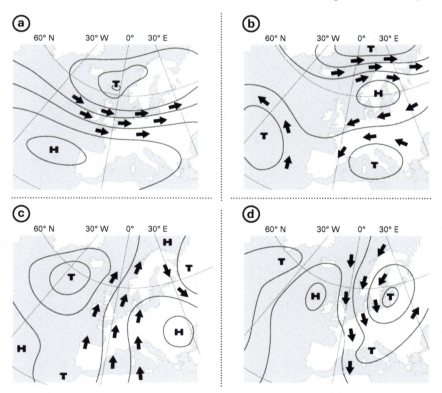

[1] Vergleichen Sie auch die entsprechenden Karten im Atlas (SWA S. 16; DWA S. 186).

Aufgabe 72

A] Bestimmen Sie die Wetterlage an einem typischen Tag im Februar (vgl. Abb. 9-18). Begründen Sie Ihre Antwort.

B] Erläutern Sie das Wetter (Luftdruck, Bewölkung, Niederschlag), das gemäss der Wetterkarte über Zürich resp. der Schweiz herrschte.

[Abb. 9-18]   Typische Wetterkarte für den Februar

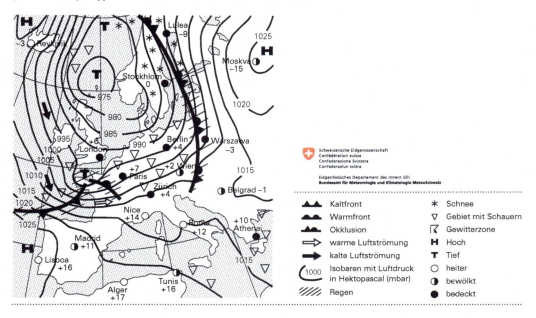

Aufgabe 73

Erstellen Sie mithilfe der Abbildung 9-19 eine Prognose für die Alpennordseite für Dienstagabend.

[Abb. 9-19]   Typische Wetterkarte einer winterlichen Westwindlage

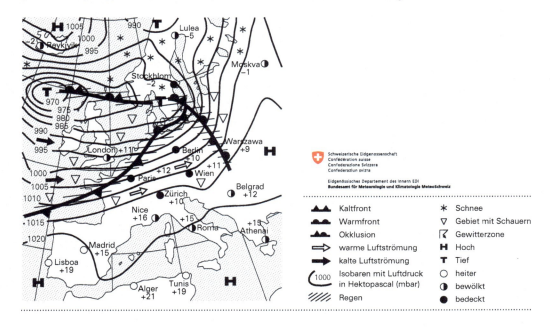

9 Wetterbericht und Wetterkarteninterpretation

Aufgabe 74 Erstellen Sie mithilfe der Abbildung 9-20 eine Prognose für die ganze Schweiz für Montagabend.

[Abb. 9-20] Typische Wetterkarte einer sommerlichen Schönwetterlage

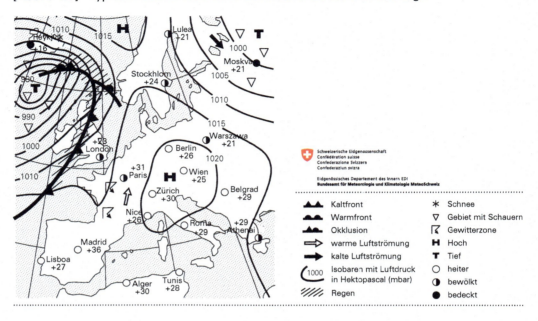

Aufgabe 75 Erstellen Sie mithilfe der Abbildung 9-21 eine Prognose für die ganze Schweiz für Montagabend.

[Abb. 9-21] Typische Wetterkarte einer sommerlichen Gewitterlage

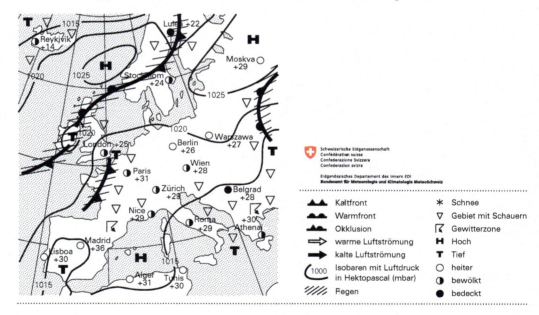

Aufgabe 76 Füllen Sie Tabelle 9-1 zu den sechs europäischen Grosswetterlagen aus.

[Tab. 9-1] Grosswetterlagen im Vergleich

Wetterlage	Das Hoch liegt über	Das Tief liegt über	Der Wind weht aus	Es herrscht ... Wetter	Advektiv	Konvektiv
Westwindlage					☐	☐
Bisenlage					☒	☐
Staulage					☐	☐
Föhnlage					☐	☐
Schönwetterlage	Mitteleuropa	nach Norden abgedrängt	windstill	schönes, sonniges, warmes	☐	☐
Gewitterlage					☐	☒

9.5 Wetterregeln

Seit alters her ist der Mensch bemüht, im Ablauf der Wettergeschehnisse eine Regelmässigkeit zu finden, die es ihm erlaubt, weit vorauszublicken und seine Vorhaben danach richten zu können.

Was sind Wetterregeln?

Sicher wird unser Wetter von einem feststehenden jahreszeitlichen Rhythmus geprägt. Im Sommer ist es warm, es kommt zu Gewittern; im Winter ist es kalt, Gewitter sind selten, dafür gibt es Nebel und Schnee. Zudem ist das Wetter der gemässigten Zone meist unbeständig, lange Perioden gleichen Wetters sind selten. Diese Ausführungen aber umschreiben wohl eher das Klima als das Wetter eines einzelnen zukünftigen Tages. Verlässliche Wetterregeln basieren auf dem Erkennen beginnender Veränderungen der Klimaelemente und sagen das sich sehr wahrscheinlich entwickelnde Wettergeschehen voraus. Wetterregeln dienen somit meist der Kurzfristvorhersage.

9.5.1 Zwölf Wetterregeln zur Kurzfristvorhersage

Diese Wetterregeln können Ihnen dienen, wenn Sie in den Ferien und auf Bergwanderungen Wetterbeobachtungen machen wollen. Voraussetzung zur Anwendung der Regeln ist lediglich ein Barometer. Die folgenden zwölf Regeln sind vom Alpen-Club aufgestellt worden. Fragen Sie sich jeweils (mithilfe der Abbildung 9-6, S. 102), welche Wetterlage, welches Drucksystem und welche Fronten wohl im Spiel sind.

1. Steigt der Luftdruck innerhalb weniger Stunden stark (6 bis 8 hPa), so ist eine eintretende Aufheiterung nur von kurzer Dauer.
2. Steigt der Druck im Laufe eines Tages stark, so ist schönes Wetter zu erwarten, dessen Dauer im Verhältnis zu der des Steigens steht. Steigt der Druck nur einen Tag lang, so ist die Dauer des guten Wetters auch nicht viel länger.
3. Geht das Steigen langsam, gleichmässig und andauernd vor sich (zwei oder mehrere Tage), so ist eine längere Trockenwetterzeit in Sicht. Dreht sich gleichzeitig der Wind von West nach Nord, so ist baldige Aufklärung zu erwarten, die im Wallis und Engadin früher eintritt als an der Nord- und Ostabdachung der Alpen (im Herbst und Winter in den Niederungen Hochnebel).

4. Bei ausgesprochenem Steigen des Drucks ist namentlich dann mit Besserung zu rechnen, wenn der zuvor aus Süd und nachher aus West kommende Wind sich weiter dreht, bis er aus Nordost kommt.
5. Erreicht das Barometer bei Windstille und grosser Luftfeuchtigkeit einen hohen Stand, so ist mit Nebelbildung zu rechnen, der aber meist helles Wetter folgt.
6. Steigt der Druck rasch und ruckweise, fällt er dazwischen aber mehrfach ein wenig, so stellt sich gewöhnlich ein unbeständiges Wetter ein. Genauso bei raschem und ruckweisem Fallen, das von kurzen Steigungen unterbrochen ist.
7. Bei fallendem Druck kann man sicher mit Niederschlag rechnen, wenn gleichzeitig der Wind von Nord oder Ost nach Süd oder Südwest umspringt, und der Föhn nicht dazwischenspielt!
8. Langes und anhaltendes Fallen deutet auf lang anhaltende Niederschläge; je länger das Fallen, um so dauerhafter der Niederschlag. Geht das Fallen ungewöhnlich rasch (und tief) vor sich, so ist mit Niederschlag und starkem Wind zu rechnen.
9. Rasches, wenn auch nicht tiefes Fallen bei Windstille und grosser Wärme (besonders bei zunehmender Feuchtigkeit im Sommer) lässt ein Gewitter erwarten.
10. Mit grosser Sicherheit ist mit baldigem Regen zu rechnen, wenn der Druckabfall in der Zeit zwischen 10:30 und 11:30 Uhr morgens fortdauert. Bei westlichen Winden tritt der Regen dann meistens schon innerhalb der nächsten 24 Stunden ein, bei östlichen Winden ein wenig später.
11. Steigt der Druck nur am Nachmittag, wenn auch nur wenig, so kommt meist Aufheiterung, die nicht lange dauert.
12. Fällt der Druck am Nachmittag nur wenig, so hat dies, vor allem im Sommer, wenig zu bedeuten. Dieser Nachmittagsfall gehört zum «täglichen Druckgang» und ist nur eine Folge der Lufterwärmung.

Besondere Beachtung verdienen das Abend- und das Morgenrot. Abendrot bei wolkenlosem Himmel darf als Schönwetterzeichen für den folgenden Tag gedeutet werden. Abendrot mit Wolken hingegen deutet auf eine hohe Luftfeuchtigkeit hin. Ein Gebiet mit hoher Feuchte liegt also in unmittelbarer (westlicher) Nähe, es dürfte daher bald regnen.

Mit dem Einbezug der Luftfeuchtigkeit in unsere Überlegungen verstehen wir auch, warum das Morgenrot ein sicheres Schlechtwetterzeichen ist: Da nun das Sonnenlicht von Osten kommt, steht das Gebiet der hohen Luftfeuchtigkeit schon über uns (oder zumindest näher als beim abendlichen Schlechtwetterrot), es wird in wenigen Stunden regnen.

9.5.2 Bauernregeln

Stimmen die Bauernregeln?

Die meisten Bauernregeln sind das ernst zu nehmende Ergebnis jahrhundertelanger Beobachtungen. Denn das Wohl, ja das Überleben der meisten Menschen hing in der Zeit vor dem täglichen Wetterbericht von der richtigen Einschätzung meteorologischer Bedingungen ab. Eine der ältesten Bauernregeln, die schriftlich überliefert ist, stammt aus Babylon und gilt noch heute: «Wenn ein Ring die Sonne umgibt, wird Regen fallen, wenn eine Wolke den Himmel dunkelt, wird ein Wind blasen.»

Viele alte Regeln jedoch stimmen nicht mehr, weil sich das Klima geändert hat oder weil sie einen bestimmten lokalen Ursprung haben: Was für die Bauern im Glarnerland seine Richtigkeit hatte, war nach deren Auswanderung nach New Glarus in den USA völlig falsch. Die Gültigkeit zahlloser Bauernregeln aber konnte die Meteorologie beweisen!

Die folgenden vier Bauernregeln sollen dies illustrieren:

- *Abends sprecht ihr: Es wird ein schöner Tag werden, denn der Himmel ist rot; und des Morgens sprecht ihr: Es wird heute Ungewitter sein, denn der Himmel ist rot und trübe.* Diese allgemein bekannte Regel (hier in der Form wiedergegeben, wie sie schon in der Bibel nachzulesen ist) wurde von den Meteorologen auf ihre Verlässlichkeit untersucht: In 7 von 10 Fällen versagt sie nicht. Das Abendrot entsteht, wenn die im Westen in wolkenfreiem Gebiet untergehende Sonne Wolken über dem östlichen Himmel von unten bestrahlt und rot einfärbt. Wolken im Osten sind aber bei unserem vorherrschenden Westwind meist abziehende Wolken. Morgenrot hingegen entsteht, wenn die im Osten aufgehende Sonne eine von Westen aufziehende Wolkenschicht eines Schlechtwettergebiets an der Unterseite rötet. Im Osten selbst ist es dann noch wolkenfrei, während im Westen sich der Himmel schon eintrübt.

- *Wenn die Schwalben tief fliegen, lässt der Regen nicht auf sich warten.* Die Schwalben sind Insektenfresser und jagen im Flug. Fliegen die Insekten bei schönem, ruhigem Wetter hoch (in warmen Aufwinden), fliegen auch die Schwalben hoch. Sobald aber der Wind aufkommt und es kühler wird, fliegen sie im Schutz von Häusern und Büschen direkt über dem Boden, um nicht fortgetragen zu werden. Entsprechend tief fliegend jagen die Schwalben.

- *Gibt Ring oder Hof sich Sonn' oder Mond, bald Regen und Wind uns nicht verschont.* Die Annäherung eines Tiefs ist zuerst an dem Aufzug ganz dünner hoher Schleierwolken (Cirrostratus) aus Eiskristallen zu erkennen. Und genau diese Wolken sind es, bei denen die Sonne oder der Mond einen Ring (Halo) ausbilden. Sinkt die Wolkengrenze ab (Altostratus), entsteht ein Hof. Bis es Regen gibt, können noch 24–36 Stunden vergehen, je nachdem, wie schnell das Tief zieht.

- *Regenbogen am Morgen macht dem Schäfer Sorgen; Regenbogen am Abend ist dem Schäfer labend.* Der Regenbogen ist immer da, wo es regnet und gleichzeitig die Sonne scheint, denn er entsteht durch Lichtbrechung und Reflexion an Regentropfen. Er entsteht nur auf der sonnenabgewandten Seite des Blickfelds, d. h. am Morgen im Westen, am Abend im Osten. Da Regenwolken meist von Westen heran- und nach Osten abziehen, ist ein Regenbogen im Osten ein gutes, einer im Westen ein schlechtes Zeichen.

[Abb. 9-22]   Doppelter Regenbogen über Getreidefeld

Bild: © J5M – Fotolia.com

Zusammenfassung

Verlässliche Wetterregeln basieren auf dem Erkennen beginnender Veränderungen der Klimaelemente und sagen das sich sehr wahrscheinlich entwickelnde Wettergeschehen voraus. Wetterregeln dienen somit meist der Kurzfristvorhersage.

Die meisten Bauernregeln sind das ernst zu nehmende Ergebnis jahrhundertelanger Beobachtungen. Viele alte Regeln jedoch stimmen nicht mehr, weil sich das Klima geändert hat oder weil sie einen bestimmten lokalen Ursprung haben.

Aufgabe 77

A] Studieren Sie die 4. Wetterregel in Kapitel 9.5.1, S. 115. Welche Wetterlage hat sich eingestellt, wenn der Wind aus Nordosten weht?

B] Betrachten Sie die 7. Wetterregel. Welche Front rückt hier vor?

C] Lesen Sie die 8. Wetterregel. Welcher Luftsektor ist in absehbarer Zeit zu erwarten?

10 Mensch und Atmosphäre

Lernziele	Nach der Bearbeitung dieses Kapitels können Sie ... • den natürlichen und künstlichen Treibhauseffekt beschreiben. • den Kohlenstoff-Kreislauf erläutern. • langfristige Auswirkung des Klimawandels skizzieren. • unseren Einfluss auf die Atmosphäre darlegen, Lösungsmöglichkeiten nennen und Ihr Handeln danach richten. • die Entstehung und die Wirkung von Winter- und Sommersmog erläutern. • die Entstehung des Ozonlochs erklären und seine Gefahren darlegen. • den Klimawandel von Smog und Ozonloch unterscheiden.
Schlüsselbegriffe	FCKW, fossile Brennstoffe, Inversionslage, IPCC, Klimamodelle, Klimawandel, Kohlenstoff-Kreislauf, Luftverunreinigungen, Ozonloch, Ozonschicht, Sommersmog, Treibhauseffekt, Wintersmog

Der Mensch wird als Klimafaktor wirksam, indem er durch Industrie, Besiedlung und Landwirtschaft Gase verschiedenster Art an die Atmosphäre abgibt.

Die Auswirkungen sind sowohl regionaler wie auch globaler Art. Auf regionaler Ebene sind es die Luftverunreinigungen wie Smog oder Feinstaubbelastungen, die die Gesundheit von Lebewesen beeinträchtigen. Im globalen Kontext haben wir es mit dem heute bereits überall deutlich spürbaren Klimawandel zu tun.

Der Klimawandel, der Smog und das Ozonloch sind nicht zu verwechseln oder miteinander gleichzusetzen. Sie sind nicht gleichbedeutend, weil sie sowohl andere Ursachen als auch andere Auswirkungen haben.

Wir werden die Problemkreise Klimawandel, Luftverunreinigungen und Ozonloch im Folgenden genauer betrachten.

10.1 Klimawandel

Obwohl die Grundtatsachen des anthropogenen[1] Treibhauseffekts schon seit über 50 Jahren bekannt sind, wurden seine Wirkungen auf das Klima lange verharmlost oder bestritten. Heute besteht in der Wissenschaft ein fast vollständiger Konsens darüber, dass ein Klimawandel stattfindet. Die Erwärmung des Klimasystems ist klar nachweisbar. Weniger Konsens besteht hingegen bezüglich des künftigen Ausmasses des Klimawandels.

10.1.1 Messbare Klimaveränderungen

IPCC

Die folgende Darstellung über die Klimaveränderungen und ihre Ursachen stützt sich auf den neusten Klimabericht des IPCC (Intergovernmental Panel on Climate Change) von 2014.[2] An seiner Erstellung waren über 1 000 Klimaforscherinnen und -forscher auf der ganzen Welt beteiligt.

Dieser sogenannte Fünfte Sachstandsbericht des Weltklimarates der Uno stellt verschiedene messbare Klimaveränderungen fest, von denen wir hier nur die wichtigsten nennen:

---

[1] Anthropogen: durch den Menschen hervorgerufen.
[2] Download des Berichts (Climate Change 2014, Synthesis Report):
http://www.ipcc.ch/pdf/assessment-report/ar5/syr/SYR_AR5_FINAL_full_wcover.pdf (1.4.2016)

Anstieg der Durchschnittstemperatur

Die Durchschnittstemperatur über der Erdoberfläche ist von 1880 bis 2012 um 0.85 °C angestiegen. Auf der Nordhalbkugel war der Zeitraum von 1983 bis 2013 wahrscheinlich die wärmste 30-Jahre-Periode der letzten 1 400 Jahre. Lange Hitzeperioden sind häufiger geworden und auch andere Wetterereignisse nehmen immer extremere Formen an wie z. B. lang andauernde Niederschläge oder immer stärkere und heftigere Stürme.

Erwärmung der Ozeane

Auch die Ozeane werden zusehends durch den Klimawandel erwärmt. Sie nehmen 90% der zusätzlichen Energie der globalen Erwärmung auf. Dadurch stieg in den oberen 75 Metern des Meereswassers die Temperatur von 1971 bis 2010 um durchschnittlich 0.11 °C pro Jahrzehnt an. Aber auch in Schichten bis zu 700 Metern Tiefe kann man eine Erwärmung feststellen.

Rückgang des Eises

Der grönländische Eisschild und das arktische sowie das antarktische Meer-Eis haben in den letzten Jahrzehnten deutlich an Masse verloren. Man schätzt, dass seit 1979 – seit Beginn der genauen Satellitenbeobachtung – die Ausdehnung des arktischen Meer-Eises im Sommer um fast die Hälfte abgenommen hat.

[Abb. 10-1]   Vergleich des arktischen Eises 1979 (links) und 2012 (rechts)

 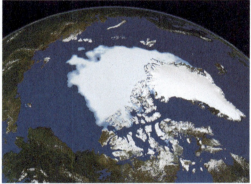

Satellitenaufnahme des arktischen Eises von 1979 zum Zeitpunkt seines jährlichen Minimums im September gegen Ende des arktischen Sommers. Das Eis bedeckt den grössten Teil der Ostküste Grönlands (Mitte rechts) und stösst bis an die nördliche Küste von Russland (Mitte links).
Bild: Keystone/Science Photo Library/NASA

Satellitenaufnahme der gleichen Region von 2012 zum gleichen jährlichen Zeitpunkt. Es bietet sich ein ganz anderes Bild als noch 1979: Weite Flächen des Nordpolarmeers sind eisfrei. Die Eisfläche hat aufgrund der Erderwärmung um ca. 10% pro Jahrzehnt abgenommen. Es könnte sogar sein, dass bis 2030–2040 das Meereis im Sommer jeweils ganz verschwindet.
Bild: Keystone/Science Photo Library/NASA

Anstieg des Meeresspiegels

Der Anstieg des Meeresspiegels betrug im Zeitraum von 1901 bis 2010 etwa 20 cm. Seit den 1990er-Jahren beschleunigt sich der Anstieg: Von 1901 bis 1990 betrug er noch 1.2 Millimeter pro Jahr, seitdem ist jedoch ein durchschnittlicher Anstieg von 3.2 Millimeter pro Jahr zu verzeichnen. Vor allem zahlreiche kleinere Inselstaaten wie die Fidschi oder die Malediven sowie Länder mit flachen Küstengebieten und tiefliegendem Hinterland wie die Niederlande sind von dieser Entwicklung bedroht.

Anstieg der Konzentration von Treibhausgasen

Die heutige Konzentration von Treibhausgasen in der Atmosphäre ist die höchste der letzten 800 000 Jahre. Im Vergleich zur vorindustriellen Konzentration hat der Gehalt an Kohlenstoffdioxid um 40% zugenommen.

Die Konzentration der Treibhausgase stieg im 20. Jahrhundert so schnell an wie noch nie in den vergangenen 22 000 Jahren.

Sinken des pH-Werts der Ozeane – sauer werdende Ozeane

Die Ozeane haben 155 der 550 Milliarden Tonnen CO_2, die seit 1750 freigesetzt wurden, aufgenommen. Dadurch sank der pH-Wert der obersten Wasserschicht um 0.1.

10.1.2 Treibhauseffekt

Zentrales Phänomen und Ursache des Klimawandels ist der anthropogene oder künstliche Treibhauseffekt. Es gibt auch einen natürlichen Treibhauseffekt. Ohne diesen wäre das Leben auf der Erde gar nicht möglich, es wäre eisig kalt!

Natürlicher und künstlicher Treibhauseffekt beruhen auf demselben physikalischen Prinzip:

Prinzip des Treibhauseffekts

Kurzwellige Strahlung der Sonne dringt weitgehend ungehindert durch die Atmosphäre, sofern sie von der Ozonschicht nicht absorbiert und von der Wolkendecke nicht ins All reflektiert wird. Tagsüber, nach dem Aufprall auf die Erdoberfläche, wandert ein Teil der frei gewordenen Energie als langwellige Wärmestrahlung, d.h. als Infrarotstrahlen (IR-Strahlen) zurück Richtung All. Auch nachts setzt sich der Prozess der Wärmestrahlung, soweit noch Wärme gespeichert ist, fort.

Dabei wird ein Teil der Wärmeabstrahlung von den sogenannten Treibhausgasen – vergleichbar mit dem Glas eines Treibhauses – zurückgehalten. Die nicht absorbierte Wärmestrahlung kann von Wolken reflektiert werden oder die Troposphäre verlassen.

[Abb. 10-2] Treibhauseffekt

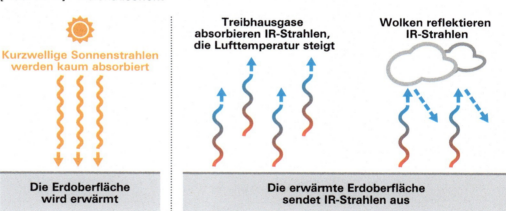

Treibhausgase lassen die kurzwellige Einstrahlung von der Sonne zur Erde passieren, absorbieren aber die von der Erde ausgehende langwellige Infrarotstrahlung (IR-Strahlung).

Natürlicher Treibhauseffekt

Dank diesem natürlichen Treibhauseffekt (bedingt auch durch den Wasserdampf in der Luft) beträgt die Temperatur auf der Erdoberfläche im weltweiten Jahresdurchschnitt ca. +15 °C. Ohne die natürlich vorhandenen Treibhausgase läge sie etwa 30 °C tiefer!

Anthropogener Treibhauseffekt

Leitet nun der Mensch zusätzlich Treibhausgase in die Atmosphäre, wird der Treibhauseffekt verstärkt. Denn je höher die Konzentration der Treibhausgase ist, umso höher ist der Anteil der Wärmestrahlung, der in der Troposphäre bleibt, weil er absorbiert wird. Um Verwechslungen zu vermeiden, spricht man hier vom anthropogenen oder künstlichen Treibhauseffekt und meint ganz korrekt die menschgemachte Verstärkung des Treibhauseffekts.

10.1.3 Treibhausgase

Spurengase

Treibhausgase sind Spurengase in der Atmosphäre, die die kurzwelligen Sonnenstrahlen passieren lassen und die langwelligen Strahlen der Wärmerückstrahlung absorbieren. Dadurch entweicht die Wärme nur noch reduziert ins All und heizt die Atmosphäre ähnlich einem Glashaus auf.

Zu den Spurengasen, die als wichtigste anthropogene Treibhausgase auftreten, zählen wir Kohlenstoffdioxid (CO_2), Methan (CH_4), Ozon (O_3), Fluorkohlenwasserstoffe (FKW) und Lachgas (N_2O). Ihre Anteile am Luftgemisch und ihre Treibhauswirksamkeit sind sehr unterschiedlich. Tabelle 10-1 zeigt, dass nicht Kohlenstoffdioxid allein für den anthropogenen Treibhauseffekt verantwortlich ist.

[Tab. 10-1] Anthropogene Treibhausgase (Übersicht)

	Anteil ppm[1]	Potenzial[2]	Effekt[3]	Wichtigste Quellen
Kohlenstoffdioxid	400	1	56%	Fossile Brennstoffe, Brandrodungen
Methan	1.8	25	16%	Reisfelder, Rinder, Deponien, Erdgas, Auftauen der Permafrostböden
Ozon	0.03	2000	12%	Bildung aus NO_x und VOC (volatile organic compounds, s. unten)
FKW	0.0003	Bis 12000	11%	Kühlmittel, Treibgas
Lachgas	0.31	300	5%	Düngung

[1] 1 ppm = 0.0001%, parts per million (1 Teil auf 1 Million Teile), [2] Verstärkung des Treibhauseffekts im Vergleich zu CO_2, [3] Anteil am anthropogenen Treibhauseffekt (nach IPCC).

Kohlenstoffdioxid

Woher stammt Kohlenstoffdioxid?

Kohlenstoffdioxid (CO_2) entsteht bei der Verbrennung von Holz, fossilen Brenn- und Treibstoffen und Kehricht sowie bei Verwesungsprozessen, also z. B. auch im Komposthaufen. Durch physikalisch-chemische und biologische Prozesse findet ein ständiger Kohlenstoffaustausch vor allem zwischen Atmosphäre, Biosphäre und Hydrosphäre statt, wodurch sich in der Atmosphäre eine bestimmte CO_2-Konzentration einstellt.

Kohlenstoff-Kreislauf

Die Fotosynthese (vgl. Abb. 10-3, S. 122) ist das zentrale Glied im Kohlenstoff-Kreislauf. Pflanzen binden Kohlenstoffdioxid (CO_2) und setzen Sauerstoff (O_2) frei. Verbrennungs- und Abbauprozesse binden O_2 und setzen CO_2 frei. Durch die Sedimentation (= Ablagerung) organischer Stoffe und die anschliessende Bildung von Kohle oder Erdöl wird dem Kreislauf Kohlenstoff entzogen und so der Kohlenstoffdioxidgehalt in der Atmosphäre verringert.

$$\text{Fotosynthese:} \quad \text{Lichtenergie} + 12\,H_2O + 6\,CO_2 = 6\,O_2 + 6\,H_2O + C_6H_{12}O_6 \text{ (Traubenzucker)}$$

$$\text{Veratmung}^{[1]}: \quad C_6H_{12}O_6 + 6\,O_2 = 6\,CO_2 + 6\,H_2O + \text{Energie}$$

$$= 12\,H_2O$$

[1] Abbau organischer Verbindungen in der Zelle zur Energiegewinnung.

Das CO_2-Molekül hat die Eigenschaft, die eindringenden kurzwelligen Sonnenstrahlen passieren zu lassen und die von der Erde abgestrahlten langwelligen Wärmestrahlen zu absorbieren oder zu reflektieren, was den Wärmehaushalt der Atmosphäre stark beeinflusst.

[Abb. 10-3] Der Kohlenstoff-Kreislauf

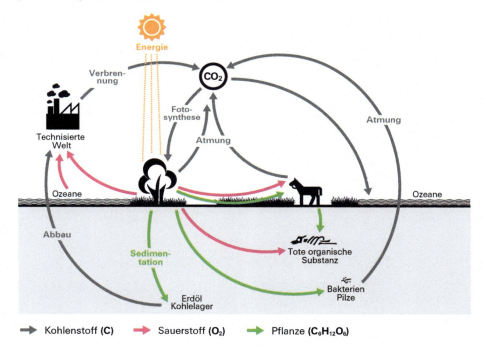

Landpflanzen setzen beim Verbrannt- und Gefressenwerden gleich viel CO_2 frei, wie sie in sich gespeichert haben. Der für die Verbrennung fossiler Brennstoffe notwendige Sauerstoff O_2 kommt hauptsächlich von den Meeresalgen.

Fossile Brennstoffe und Kohlenstoffdioxid

Durch die Nutzung fossiler Brennstoffe (= Erdöl, Kohle, Erdgas) in Verkehr, Heizungen, Kraftwerken und das Abbrennen von tropischen Waldflächen werden jährlich ca. 28 Mrd. t Kohlenstoffdioxid freigesetzt, pro Erdbewohner also 4 t pro Jahr oder ca. 11 kg pro Tag. Diese Emissionen stammen zu 80% aus der Verbrennung fossiler Brennstoffe und zu 20% aus den Brandrodungen. Die Kohlenstoffdioxid-Konzentration der Luft hat dadurch von 1850–2015 von ca. 280 ppm (parts per million) auf über 400 ppm zugenommen und könnte je nach weiterem Entwicklungstrend im Jahr 2100 ca. 560 ppm betragen (vgl. Abb. 10-7, S. 126):

[Abb. 10-4] Entwicklung des atmosphärischen Kohlenstoffdioxidgehalts seit 1850

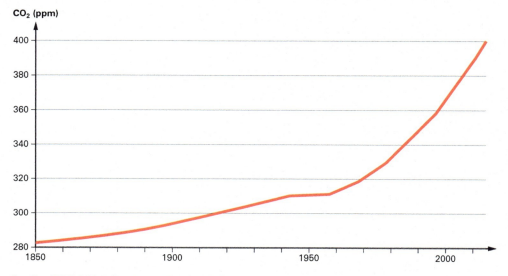

Quelle: IPCC 2014, Synthesis Report, S. 3

Der Anstieg, der mit der Industrialisierung begann, hat sich in den letzten Jahrzehnten beschleunigt (Tab. 10-2).

[Tab. 10-2] Durchschnittlicher jährlicher Anstieg der CO_2-Konzentration in der Atmosphäre pro Jahrzehnt

Jahrzehnt	Anstieg CO_2-Konz./Jahr
1959–1964 (nur 6 Jahre)	0.73 ppm
1965–1974	1.06 ppm
1975–1984	1.44 ppm
1985–1994	1.42 ppm
1995–2004	1.87 ppm
2005–2014	2.11 ppm

ppm: parts per million. Quelle: https://www.co2.earth/co2-acceleration (24.3.2016)

2015 wurde sogar eine Rekordzunahme von 3.05 ppm[1] registriert.

Mauna Loa

Gemessen werden diese Werte seit 1958 auf Hawaii durch die meteorologische Forschungsstation Mauna Loa, die sich auf dem gleichnamigen Vulkan befindet. Da Hawaii mitten im Pazifik liegt und in weitem Umkreis wenig CO_2 abgegeben wird, ist dort die Zunahme des CO_2 in der Atmosphäre zuverlässig feststellbar.

Auf Mauna Loa wird aber nicht nur die Konzentrationsentwicklung von CO_2 gemessen, sondern von allen Treibhausgasen, die zur Erderwärmung beitragen. Ebenso von Aerosolen, die die Ozonschicht zerstören. Die Messwerte werden ausgewertet und mit Messwerten anderer Stationen verglichen, um globale Trends zu erkennen.

[Abb. 10-5] Die Forschungsstation Mauna Loa auf Hawaii

Das Hauptgebäude (hinten links) und die Kuppeln mit den Messgeräten der Mauna-Loa-Forschungsstation. Bild: Keystone / Simon Fraser / Mauna Loa Observatory / Science Photo Library

[1] Quelle: National Oceanic and Atmospheric Administration NOAA, http://www.esrl.noaa.gov/gmd/ccgg/trends/gr.html (24.3.2016)

Methan

Wie entsteht Methan?

Methan (CH$_4$) ist ein leicht brennbares Gas. Es wird freigesetzt bei der Gärung im Pansen (Magen) von Paarhufern wie Rindern oder Schafen, beim Verbrennen von Biomasse und entweicht aus Gasfeldern, Kohlezechen, Reisfeldern, Kehrrichtdeponien, Sumpfgebieten und auftauenden Permafrostböden.

Permafrost

Vor allem Letztere, die Permafrostböden, sind eine unberechenbare Quelle für Methan. Beim Permafrost handelt sich um das bis anhin immer gefrorene Erdreich im hohen Norden. Eine globale Erwärmung könnte weite Teile des arktischen Permafrosts auftauen, wodurch riesige Sumpfgebiete entstünden. Dies könnte zur Freisetzung von grossen Mengen von Methan führen und die Klimaerwärmung weiter verstärken.

Der Einfluss dieses Prozesses auf die globale Erwärmung kann nur schwer vorhergesagt werden, vor allem da es sich hierbei um eine positive Rückkopplung handelt, d. h., die Erwärmung führt zu Veränderungen, die die Erwärmung weiter verstärken: Je wärmer es wird, umso grossflächiger und umso tiefer tauen die Permafrostböden auf, umso mehr Methan wird frei – je mehr Methan in der Atmosphäre ist, umso wärmer wird es, umso grossflächiger und umso tiefer tauen die Permafrostböden auf ... usw.

[Abb. 10-6] Auftauender Permafrostboden in Sibirien

Luftaufnahme des Lena Delta Wildlife Reserve in Sibirien, Russland. Im Sommer bilden sich durch das Auftauen der obersten Bodenschichten Seen und Flüsse. Bild: Keystone / Bernhard Edmaier / Science Photo Library

Ozon

Bodennahes Ozon wird durch menschliche Tätigkeiten praktisch nicht abgegeben (emittiert), entsteht aber im Sommersmog (vgl. Kap. 10.2.2, S. 132) aus den anthropogenen Emissionen von Stickoxiden und VOC (volatile organic compounds). Bei den VOC handelt es sich um leicht flüchtige organische Verbindungen, die als Lösungsmittel in Farben, Lacken oder auch in Reinigungsmitteln und in Treibstoffen verwendet werden. Durch Verdunsten und bei unvollständiger Verbrennung gelangen VOC in die Luft.

Ozon ist gesundheitsschädigend und als Treibhausgas 2 000-mal wirksamer als Kohlenstoffdioxid.

Fluorkohlenwasserstoffe (FKW) und Fluor-Chlor-Kohlenwasserstoffe (FCKW)

FKW, FCKW

Fluorkohlenwasserstoffe (FKW) und Fluor-Chlor-Kohlenwasserstoffe (FCKW) sind synthetische Gase, die nur aus anthropogenen Quellen in die Luft gelangen. Sie werden als Kühlmittel und als Treibgase bei der Kunststoffherstellung eingesetzt. In Spraydosen werden sie praktisch nicht mehr verwendet. Die FCKW sind weitgehend verboten, weil sie in der Stratosphäre zur Zerstörung der Ozonschicht beitragen (vgl. Kap. 10.2.3, S. 133).

Dieser erfreulichen Reduktion steht allerdings die weniger erfreuliche Zunahme der als Treibhausgas wirksamen FKW als Kühlmittel, z. B. in Autoklimaanlagen, gegenüber. Der Beitrag der FKW zum Treibhauseffekt ist trotz winziger Konzentrationen relativ hoch, weil ihr Treibhauspotenzial bis zu 12 000-mal höher ist als dasjenige von Kohlenstoffdioxid.

Lachgas (Distickstoffmonoxid)

Woher stammt Lachgas?

Lachgas (N_2O) ist in allen Höhen der Troposphäre gleichmässig verteilt. Auf natürliche Weise entsteht Lachgas vor allem im Boden. Es wird dort von Mikroorganismen (Kleinstlebewesen) produziert. Wald- und Steppenbrände sind weitere natürliche Quellen. Vom Menschen wird Lachgas vor allem durch die Verwendung fossiler Brennstoffe und durch den Einsatz grosser Mengen stickstoffhaltiger Düngemittel in der Landwirtschaft in die Atmosphäre gebracht. Lachgas ist in zweifacher Hinsicht ein klimarelevantes Spurengas: Es ist beteiligt am Treibhauseffekt und an der Zerstörung der Ozonschicht.

Wasserdampf

Bedeutung von Wasserdampf

Auch Wasserdampf ist ein wichtiges Treibhausgas. Die Luftfeuchtigkeit oder der Anteil von Wasserdampf (H_2O) am Luftgemisch wird stark von der Lufttemperatur beeinflusst. In den Tropen können bis zu 4 Volumenprozente der Luft Wasserdampf sein. Direkten Einfluss auf die Menge an Wasserdampf hat der Mensch trotz Kühltürmen von thermischen Kraftwerken kaum.

Indirekt kann aber der Wasserdampf in der Troposphäre auch als Folge menschlicher Tätigkeiten zunehmen: Jede menschbedingte oder natürliche Erwärmung der Luft erhöht die Fähigkeit der Luft, Wasserdampf aufzunehmen. Luft von 14.3 °C (= globale Jahresdurchschnittstemperatur von 1850) vermag max. ca. 10.7 g/m^3 Wasser aufzunehmen. Luft von 18.8 °C (möglicherweise die globale Durchschnittstemperatur von 2050) ca. 14.7 g/m^3, also 37% mehr. Mit zunehmender Temperatur steigt somit die absolute Feuchtigkeit, die Treibhauswirksamkeit, die Niederschlagsintensität und die Niederschlagsmenge.

10.1.4 Prognosen für die Klimaentwicklung

Klimamodelle

Prognosen über die Entwicklung des Klimas in den nächsten 100 Jahren basieren auf Klimamodellen und bestimmten Annahmen über die Entwicklung (Bevölkerung, Lebensstandard, Energieverbrauch, Energieträger etc.).

Emissionsszenarien

Der weitere Ausstoss von Treibhausgasemissionen wird eine weitere Erwärmung und Veränderung des Klimasystems bewirken. Der Klimawandel wird bereits aufgetretene Risiken verstärken und weitere Risiken auslösen. Die im Folgenden dargestellten Prognosen sind keine Schwarzmalerei. Sie beruhen auf den vom IPCC entwickelten Emissionsszenarien, denen verschiedene Annahmen über die Entwicklung im 21. Jahrhundert zugrunde liegen.

Um die zukünftigen Klimaänderungen einzuschätzen, wurden im Klimabericht von 2014 vier mögliche Entwicklungen der CO_2-Konzentration bestimmt, sogenannte Konzentrationspfade. Sie wurden gemäss den Störungen des globalen Wärmehaushalts benannt, die sie bis zum Jahr 2100 hervorrufen würden. Im Klimabericht werden diese Störungen Veränderungen des Strahlungsantriebs genannt:

[Tab. 10-3] Emissions-Szenarien

Emissions-Szenarium	Veränderung des Strahlungsantriebs
RCP 2.6	2.6 W/m²
RCP 4.5	4.5 W/m²
RCP 6.0	6.0 W/m²
RCP 8.5	8.5 W/m²

RCP steht für «Representative Concentration Pathways», repräsentative Konzentrationspfade.

Entwickelt sich die CO_2-Konzentration entlang dem RCP 8.5, bedeutet das eine Veränderung der Energiebilanz von 8.5 Watt pro Quadratmeter Erdoberfläche im Vergleich zum vorindustriellen Wert von 1850. Abbildung 10-7 zeigt auf, welchem Anstieg der CO_2-Konzentration die vier Konzentrationspfade entsprechen:

[Abb. 10-7] Darstellung der Konzentrationspfade des Klimaberichts 2014

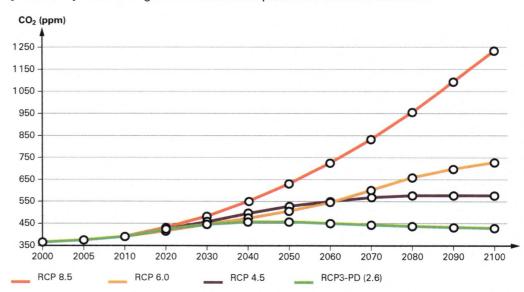

Quelle: https://de.wikipedia.org/wiki/Fünfter_Sachstandsbericht_des_IPCC (26.4.2016)

Weiterer Temperaturanstieg

Welcher Konzentrationspfad und damit welche Entwicklungen das Weltklima bis 2100 nehmen wird, ist von den politischen und technischen Massnahmen abhängig, die zur Reduktion des Treibhausgasausstosses getroffen werden. Wahrscheinlich nicht mehr zu verhindern ist, dass bis 2035 die Temperatur der Erdatmosphäre um 0.3–0.7 °C höher liegen wird als noch 2005. Ab dann ist bestenfalls (RCP 2.6) mit einer Erhöhung von 0.3–1.7 °C, schlimmstenfalls (RCP 8.5) von 2.6–4.8 °C bis ins Jahr 2100 zu rechnen.

Ein wichtiges Ziel der internationalen Klimapolitik ist, dass sich die globale Durchschnittstemperatur um weniger als 2 °C erhöht, verglichen mit der Temperatur vor Beginn der Industrialisierung um ca. 1850. Um dies zu erreichen, darf die CO_2-Konzentration in der Atmosphäre nicht über 450 ppm steigen, was eine substanzielle und vor allem schnelle Reduktion der globalen Treibhausgasemissionen erfordert, da bereits jetzt die 400-ppm-Grenze überschritten ist.

Wetterextreme

Eine der weiteren Folgen der Erderwärmung werden gemäss dem Klimabericht häufigere Wetterextreme sein. In den mittleren Breiten und feuchten tropischen Regionen werden die Niederschläge häufiger und intensiver werden.

Erwärmung der Ozeane

Auch die Ozeane werden sich weiter erwärmen, auch in tieferen Schichten. Dadurch werden die Meeresströmungen beeinflusst. So wird sich wahrscheinlich die atlantische Meeresströmung (Golfstrom) abschwächen, was für Westeuropa eine Abkühlung im Winter bedeuten würde.

Anstieg des Meeresspiegels

Sollte die Entwicklung dem RCP 8.5 folgen, könnte der arktische Ozean im Sommer schon vor Mitte dieses Jahrhunderts eisfrei sein. Auch für das Volumen der Gletscher ist eine weitere Verschlechterung zu befürchten: 35–85% bei RCP 8.5, wenn es gut geht 15–55% Reduktion bei RCP 2.6. Dadurch ist mit einem Anstieg des Meeresspiegels bis zum Zeitraum 2080–2100 je nach Konzentrationspfad zwischen 26 bis 82 cm zu rechnen.

10.1.5 Rückkopplungsprozesse und ihre Wirkung auf das Klima

Rückkopplung

Die Messdaten und Prognosen des Klimaberichts 2014 zeigen mehr als deutlich auf: Die Erwärmung der Atmosphäre beeinflusst das Klima und das Leben auf der Erde. Die vage Hoffnung, dass sich das Klimasystem selbst reguliere, wurde und wird nicht erfüllt, weil es viel mehr positive als negative Rückkopplungen gibt. Einige Beispiele:

- Die Erwärmung der Meere führt dazu, dass diese weniger Kohlenstoffdioxid speichern können und einen Teil des gespeicherten CO_2 wieder abgeben.
- Die Verminderung der Eis- und Gletscherfläche reduziert die weissen Teile der Erdoberfläche, die das Sonnenlicht reflektieren; das verstärkt die Erwärmung.
- Steigende Temperaturen können die Fotosynthese beschleunigen, sodass mehr Kohlenstoffdioxid gebunden wird. Leider wird die Veratmung noch stärker beschleunigt, sodass das organische Material noch schneller abgebaut wird.
- Höhere Temperaturen lassen mehr Wasser verdunsten und verstärken dadurch die Wolkenbildung. Tiefe Wolken verstärken die Erwärmung (positive Rückkopplung), hohe vermindern sie, weil sie die Einstrahlung reduzieren (negative Rückkopplung).

Folgen

Die Folgen des Klimawandels sind kaum absehbar. Hier fassen wir nur einige der wichtigsten zusammen:

- Die Trockengürtel dehnen sich aus, grosse Gebiete verwüsten (= Desertifikation).
- Die Niederschläge werden in den gemässigten Zonen intensiver und nehmen auch mengenmässig zu, die Gefahr von Überschwemmungen steigt dadurch an.
- Die alpine Permafrostgrenze steigt in die Höhe, wodurch Erdrutsche und Bergstürze häufiger werden.
- Das Verschwinden der Gletscher verursacht in Berggebieten im Sommer Wassermangel.
- Der Anstieg des Meeresspiegels führt zur Überflutung von Küstengebieten und Inseln.
- Die für das Erdklima wichtigen Meeresströmungen werden sich ändern.
- Die Erwärmung der Meere führt zum Absterben von Korallenriffen.
- Weltweit werden Orkane und Wirbelstürme häufiger und heftiger und nehmen andere Zugbahnen.
- Viele Arten werden aussterben, Ökosysteme werden destabilisiert.
- Tropische Krankheitserreger werden sich weiter ausbreiten.

[Abb. 10-8] Folgen des Klimawandels: Dürre, Sturmschäden, Überschwemmungen

Bild: © Thinkstock   Bild: © dvalkyrie / Fotolia.com   Bild: © Thinkstock

10.1.6 Klimaschutz

21. UN-Klimakonferenz

Die oben erwähnten Auswirkungen des Klimawandels zeigen: Es muss auf individueller und globaler Ebene möglichst schnell und konsequent gehandelt werden, um die dringend erforderliche Reduktion der CO_2-Ausstösse herbeizuführen. 2015 wurde in Paris die 21. UN-Klimakonferenz abgehalten. Dort wurde ein Klimaabkommen vereinbart, das die globale Erwärmung auf 1.5 °C senken will. Dieses hoch gesteckte Ziel wird das Pariser Abkommen genannt.

Gemeinsame Lösungen gefordert

Nur gemeinsame Lösungen bringen den Klimaschutz vorwärts. Einzelne Länder richten nur wenig aus. Daher sind für alle Staaten Massnahmen vorgesehen wie die Reduktion des Energieverbrauchs, der Ersatz der Kohle bei der Energieversorgung und dadurch die Reduktion der Netto-Emissionen. Dies bedeutet, es soll ein Ausgleich geschaffen werden zwischen menschengemachten Emissionen und der Entfernung von Treibhausgasen aus der Atmosphäre, z. B. durch Wiederaufforstung von Wäldern oder auch durch künstliche CO_2-Entfernungstechniken. Solche Kohlenstoffsenken sollen bewirken, dass zwischen 2050 und 2100 die Netto-Emissionen auf Null zurückgehen. Es soll also nur noch so viel CO_2 ausgestossen werden, wie wieder in irgendeiner Form gebunden werden kann.

Ablösung des Kyoto-Protokolls

Das Pariser Abkommen löst das Kyoto-Protokoll ab, das 1997 als Zusatzregelung zur UN-Klimakonferenz geschaffen wurde und für die Industrieländer, als damalige Hauptverursacher, konkrete Vorgaben zur Reduktion des CO_2-Ausstosses vorsah. Dieses Protokoll wurde aber von den USA niemals in Kraft gesetzt.

Mit dem Pariser Abkommen werden nun alle Staaten in die Pflicht genommen, vor allem auch ehemalige Schwellenländer wie China, die mittlerweile zu den Hauptemittenten von Treibhausgasen zählen. Zwar besteht auch dieses Abkommen aus vielen Kompromissen, es wird jedoch als Erfolg und Wendepunkt in der internationalen Klimaschutzpolitik betrachtet. Jeder Staat ist nun auch verpflichtet, seine Massnahmen offenzulegen und anhand eines Berichts regelmässig überprüfen zu lassen. An weiteren internationalen Zusammenkünften sollen die Fortschritte diskutiert und die langfristigen Klimaziele überprüft werden.

[Abb. 10-9]   Hoffnungsträger erneuerbare Energien

Fossile Energieträger müssen für einen nachhaltigen Klimaschutz durch erneuerbare Energien wie Wind- und Sonnenenergie und Biokraftstoffe ersetzt werden. Bild: arsdigital / Fotolia.com

10.1.7 Ihr persönlicher Beitrag zum Klimaschutz

Das Pariser Abkommen kann nur erfolgreich sein, wenn alle dazu beitragen und ihr Handeln danach ausrichten. Das heisst, nur wenn wir unser eigenes Verhalten ändern, kann der CO_2-Ausstoss nachhaltig reduziert werden. Vor allem da mit einem weiteren Anwachsen der Weltbevölkerung auf 9.7 Milliarden im Jahr 2050 zu rechnen ist und sich der Lebensstandard und damit auch der Energieverbrauch der Menschen in weniger entwickelten Ländern erhöhen wird.

Was jede und jeder für den Klimaschutz im täglichen Leben tun kann, zeigt folgende Liste[1]:

- Auf Ökostrom umstellen.
- Weniger heizen.
- Mit dem Fahrrad oder öffentlichen Verkehrsmitteln fahren.
- Auf Inland- und Kurzstreckenflüge verzichten.
- Beim Kauf eines PKW auf dessen Verbrauch achten.
- Wertstoffe recyclen.
- Weniger Fleisch essen.
- Mit niedriger Temperatur und voller Maschine waschen.
- Elektrische Geräte ganz abschalten, nicht auf Standby lassen.
- Ganz allgemein weniger konsumieren.
- …

So klein die einzelnen Schritte auch scheinen mögen, gemeinsam sind die Ziele des Klimaschutzes erreichbar.

Zusammenfassung

Unter Treibhauseffekt verstehen wir die Eigenschaft von Wasserdampf und den Spurengasen Kohlenstoffdioxid, Methan, FKW / FCKW, Lachgas und Ozon, die langwellige Wärmeabstrahlung zu reflektieren und so – einem Treibhaus gleich – die Temperatur der Troposphäre zu erhöhen.

Nach den heutigen Erkenntnissen (Klimabericht des IPCC 2014) wird die Klimaveränderung vorwiegend durch die anthropogenen Emissionen der Treibhausgase Kohlenstoffdioxid, Methan, Ozon, Fluorkohlenwasserstoffe und Distickstoffmonoxid verursacht.

Ohne drastische Massnahmen zur Reduktion der Treibhausgas-Emissionen wird die mittlere Jahrestemperatur im 21. Jahrhundert um mehr als 4 °C steigen und katastrophale Folgen haben. Auch für das beste Szenario, bei dem alle möglichen Massnahmen schnell realisiert werden, muss mit einem Anstieg von 1.5 bis 2 °C gerechnet werden.

Weitere Folgen:

- Der Meeresspiegel wird im 21. Jahrhundert ansteigen.
- Meeresströmungen werden sich ändern.
- Die Niederschläge nehmen in höheren Breiten zu, in den Tropen und Subtropen ab.
- Extreme Wettersituationen (Wirbelstürme, Überschwemmungen, Dürren) nehmen zu.
- Viele Arten werden aussterben, Ökosysteme werden destabilisiert.
- Tropische Krankheitserreger werden sich ausbreiten.

Die Erwärmung führt zu Veränderungen, die die Erwärmung weiter verstärken:

- Durch die Erwärmung der Meere sinkt die Löslichkeit für Kohlenstoffdioxid.
- Das Auftauen von Permafrostböden setzt Methan frei.
- Mit den Schnee- und Eisflächen nimmt der Anteil der weissen, wärmereflektierenden Erdoberfläche ab.

[1] Für mehr Tipps für ein nachhaltiges Leben vgl. http://www.wwf.ch/de/aktiv/besser_leben/umwelttipps/ (30.3.16)

Aufgabe 78	Was meint der Begriff Treibhausgas?
Aufgabe 79	Warum bildet sich aus Sauerstoff in der Stratosphäre Ozon und in der Troposphäre nicht?
Aufgabe 80	Geben Sie für jeden Schadstoff an, zu welchem(n) Umweltproblem(en) er beiträgt: A] Kohlenstoffdioxid B] Schwefeldioxid C] VOC D] FCKW
Aufgabe 81	Welche Anzeichen des Klimawandels können Sie in Ihrem Alltag entdecken?
Aufgabe 82	Welche Wirkungen können folgende Veränderungen auf das Erdklima haben? A] Zunahme der Reisanbaufläche B] Zunahme der Verdunstung durch die steigende Temperatur C] Zunahme der Fläche der Sandwüsten
Aufgabe 83	Welche Massnahmen müssen wir treffen, um die CO_2-Emissionen zu reduzieren?

10.2 Vom Menschen verursachte Luftverunreinigungen

Im Gegensatz zu den eher langfristigen Auswirkungen des Klimawandels beeinträchtigen die vom Menschen (anthropogen) verursachten Luftverunreinigungen, die wir hier besprechen, sehr schnell und eindeutig die menschliche Gesundheit. Beispiele sind Atemwegserkrankungen durch Smog oder Sonnenbrand durch das Ozonloch.

10.2.1 Wintersmog (Smog)

Smog[1] ist das Kurzwort für ein Rauch-Nebel-Gemisch, das die Gesundheit der Menschen gefährdet. Er entsteht durch Luftverschmutzung. Diese hat drei Hauptverursacher: Industrie, Haushalt (Heizungen mit Heizöl) und Verkehr (Kraftfahrzeug- und Luftverkehr).

Inversion und Wintersmog

Wintersmog entsteht bei sogenannten Inversionslagen: Normalerweise nimmt die Lufttemperatur mit der Höhe ab. Die erwärmte Luft aus Bodennähe kann ungehindert aufsteigen und sorgt so für eine ständige Durchmischung der Troposphäre. Bei Inversionslagen aber liegt am Boden Kaltluft, darüber lagern wärmere Luftschichten – die Luft ist nicht normal, sondern umgekehrt (= invers) geschichtet.

Diese stabile Luftschichtung (schwere Kaltluft unten, leichte Warmluft oben) führt dazu, dass praktisch kein Luftaustausch zwischen der kalten Luftschicht am Boden und der wärmeren darüber stattfindet. Deshalb wird die Inversionsschicht oft auch Sperrschicht genannt. Dies kann zur Anreicherung der Luftschadstoffe (vor allem Russ, Staub und Schwefeldioxid) in bodennahen Schichten führen. Die austretenden Schadstoffe bleiben in Bodennähe gefangen und die Schadstoffkonzentration erhöht sich. Inversionslagen treten vor allem im Winter auf und können wenige Stunden bis zu mehreren Tagen dauern.

---

[1] Engl. *smoke* «Rauch» und engl. *fog* «Nebel».

[Abb. 10-10] Wintersmog bei Inversionslagen

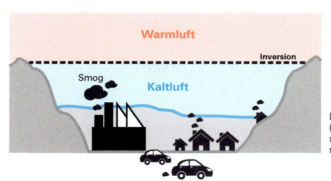

Der Luftaustausch ist praktisch unmöglich (Sperrschicht!). Die Schadstoffe reichern sich an. Insbesondere an Wintertagen entsteht so der Wintersmog.

Wintersmog war früher in Europa regional ein grosses Problem. Unvergessen bleiben die extremen Smogsituationen in London in den 1950er- und 1960er-Jahre. Daher wird Wintersmog auch als London-Typ oder «Londoner Smog» bezeichnet. Durch gezielte Massnahmen konnte die Londoner Luftqualität aber rasch und massiv verbessert werden.

Smogalarm in China

Heute bereitet Wintersmog vor allem in verschiedenen Grossstädten Chinas schwerwiegende Probleme. Im Winter 2015 wurde in zehn verschiedenen chinesischen Städten wegen der starken Luftverschmutzung die höchste Alarmstufe ausgerufen. Die starke Luftbelastung entsteht vor allem durch die Kohleverbrennung zur Energiegewinnung, den stetig wachsenden Verkehr und durch Tausende von Industrieanlagen, die nicht so strengen Umweltauflagen unterliegen wie in Europa oder den USA.

Pro Jahr sterben einer Studie zufolge bis zu 1.6 Millionen Chinesinnen und Chinesen an den Folgen der Luftverschmutzung![1] Das genaue Ausmass ist noch wenig bekannt, es müsste jedenfalls schnell gehandelt werden. Die heutige Umwelttechnik würde es ermöglichen, die Emissionen rasch zu senken.

[Abb. 10-11] Wintersmog in Beijing, der Hauptstadt Chinas, Dezember 2015

Bild: © Shaowen1994 / Dreamstime.com

[1] http://www.deutschlandfunk.de/luftverschmutzung-in-china-taeglich-sterben-4-000-menschen.1818.de.html?dram:article_id=328294 (8.3.2016)

10.2.2 Sommersmog: Troposphären-Ozon

Wie entsteht Sommersmog?

Der Sommersmog entsteht durch hohe Ozonkonzentration in den bodennahen Luftschichten der Troposphäre bei schönem, warmem Wetter in und bei Gebieten mit hohem Verkehrsaufkommen. Er bildet sich durch fotochemische Reaktionen, die durch das Sonnenlicht ausgelöst werden, aus den vom Menschen emittierten VOC, Stickoxiden und Kohlenmonoxid. Die Schadstoffe reichern sich an, weil wie beim Wintersmog der Luftaustausch gehemmt ist. In den sommerlichen Hochdrucklagen – im Hochdruckgebiet herrscht absinkende Luftbewegung! – kann die verschmutzte Stadtluft nicht aufsteigen, sondern bleibt in Bodennähe liegen. Sommersmog wird auch «Los-Angeles-Smog» (vgl. Abb. 10-12) genannt, weil er im autoverkehrsreichen und sonnigen Los Angeles häufig auftritt.

[Abb. 10-12] Der «Los-Angeles-Smog» oder Foto- bzw. Sommersmog

Austauscharme Lagen, insbesondere im Sommer, sind dafür verantwortlich. Starker Sonnenschein sowie hohe Konzentrationen von Stickoxiden begünstigen die Entstehung von fotochemischem Smog.

Das durch menschliche Tätigkeiten bedingte Ozon ist regional und zeitlich unregelmässig verteilt. Die höchsten Konzentrationen treten zur sommerlichen Mittagszeit in der Nähe von Ballungsräumen auf. Weil aber die hauptsächlich aus dem Verkehr stammenden Emissionen während der Smogbildung durch den Wind verfrachtet werden, sind auch ländliche Gebiete betroffen.

Fotochemische Reaktion

Bei der fotochemischen Reaktion spaltet die starke Sonnenstrahlung dem Distickstoffmonoxid (Lachgas, N_2O), aber auch dem Stickstoffdioxid (NO_2) ein Sauerstoffatom ab. Dieses einzelne Sauerstoffatom klammert sich an ein «gewöhnliches» Sauerstoffmolekül O_2, das so zu einem Ozonmolekül O_3 wird.

Wirkungen

Ozon ist ein Reizgas, das schon in niedrigen Konzentrationen eine ätzende Wirkung auf die Atemwege ausübt. Kinder und ältere Personen sind besonders gefährdet. Bei hohen Ozonwerten sollten sportliche Anstrengungen im Freien generell unterlassen werden. Auch der Atemprozess von Pflanzen und Tieren wird negativ beeinflusst.

Darüber hinaus hat Ozon noch folgende Bedeutung für das Klima und das Leben:

- Ozon absorbiert in der Stratosphäre die harte Ultraviolettstrahlung (UV-Strahlung → Sonnenbrand) zum grossen Teil und schützt so das Leben (vgl. Kap. 10.2.3, S. 133).
- Ozon wirkt in der Troposphäre als Treibhausgas (2 000-mal so wirksam wie CO_2, vgl. Kap. 10.1.3, S. 121).

Beachten Sie: Sommersmog ist ein irreführender Begriff, denn hier hat Smog nichts mit dem *Smoke* (Rauch) und *Fog* (Nebel) des Wintersmogs zu tun! Beim Sommersmog entsteht die schädigende Substanz (Ozon) erst sekundär, d.h. erst durch Umwandlung der Vorläufersubstanzen Stickoxide und VOC.

10.2.3 Ozonloch: Stratosphären-Ozon

Ozonschicht

Das Stratosphären-Ozon entsteht in einer Höhe zwischen 15 und 50 km auf natürliche Weise. Ultraviolettes Licht spaltet Sauerstoffmoleküle O_2 in einzelne Sauerstoffatome O, die sich an andere Sauerstoffmoleküle anklammern und so Ozonmoleküle O_3 bilden. Ozon hat die positive Eigenschaft, die harte ultraviolette Strahlung zu absorbieren. Ohne den Schutzschild aus Ozon – die Ozonschicht – wäre Leben auf der Erde in der uns bekannten Form nicht möglich!

Natürlicher Ozonabbau

In einem weiteren natürlichen Prozess wird Ozon wiederum zu Sauerstoff (O_2) abgebaut. Dabei werden erneut gefährliche UV-Strahlen absorbiert. Danach kann der Kreislauf von Auf- und Abbau von Neuem beginnen.

Ozonabbau durch FCKW

FCKW-Verwendung

FCKW werden oder wurden wegen ihrer Reaktionsträgheit als Treibgase bei der Herstellung von Schaumstoffen, als Kältemittel in Kühlgeräten und als Reinigungs- und Lösemittel in der Textil- und Elektronikindustrie eingesetzt. Früher gelangten auch grosse Mengen als Treibgase aus Sprühdosen in die Luft. Halogen-Kohlenwasserstoffe, deren Moleküle auch Brom-Atome enthalten (Halone) wie $CBrF_3$ oder $CBrClF_2$, werden oder wurden z. B. in Feuerlöschgeräten eingesetzt.

Wirkung

Als inerte (reaktionsträge) Gase steigen die FCKW im Verlauf von etwa 10 Jahren unverändert durch die Troposphäre in die Stratosphäre auf. Erst in einer Höhe von 20–30 km ist die kurzwellige UV-Strahlung so intensiv, dass sich von den FCKW-Molekülen Chlor-Atome abspalten. Diese sind sehr reaktiv. Ein Chlor-Atom kann einem Ozon-Molekül ein Sauerstoff-Atom abnehmen und mit diesem ein ClO-Molekül bilden. Aus dem ClO-Molekül entsteht durch Reaktion mit einem freien O-Atom wieder ein Cl-Atom und ein O_2-Molekül:

$$O_3 + Cl \longrightarrow O_2 + ClO \qquad ClO + O \longrightarrow Cl + O_2$$

Die freien O-Atome für die zweite Reaktion entstehen in der Stratosphäre durch die Spaltung von O_2-Molekülen unter Wirkung kurzwelliger UV-Strahlung.

Cl-Atome als Katalysator

Die Chlor-Atome aus der zweiten Reaktion können erneut mit Ozon reagieren. Sie wirken als Katalysator. Ein einziges Chlor-Atom kann den Abbau von über hunderttausend Ozon-Molekülen katalysieren, bevor es inaktiviert wird.

Je mehr Ozonmoleküle zerstört werden, desto geringer wird die Ozonkonzentration in der Stratosphäre und umso grösser wird das Ozonloch!

Folgen des Ozonabbaus

Der Abbau des Ozonschildes führt zu einer Zunahme der kurzwelligen UV-Einstrahlung auf die Erdoberfläche. Diese energiereichen UV-Strahlen schädigen lebende Zellen (Sonnenbrand) und verursachen in den Zellkernen Veränderungen der DNA (Mutationen). Beim Menschen sind vor allem die Hautzellen betroffen. Ein Ozonverlust von 1% verursacht eine Zunahme der Hautkrebserkrankungen um 2–5%. Sonnenbäder erhöhen das Hautkrebsrisiko drastisch.

Über Schäden an Pflanzen und Planktonlebewesen ist noch wenig bekannt. Grundsätzlich sind Einzeller und Lebewesen mit einer dünnen Haut noch stärker gefährdet als wir.

Gegenmassnahmen

1987 haben die meisten Industrieländer ein Abkommen (Montrealer Protokoll) über die Reduktion ozonzerstörender Substanzen unterzeichnet. Danach wurden die FCKW als Kühlmittel durch die weniger schädlichen teilhalogenierten Fluorchlorkohlenwasserstoffe (HFCKW) ersetzt. 2007 haben sich die meisten Länder auch auf einen Zeitplan für die Reduktion der HFCKW und den vollständigen Verzicht (in Industrieländern bis 2020, in Entwicklungsländern bis 2030) geeinigt.

Weil der Aufstieg der Ozonkiller in die Stratosphäre einige Jahre dauert, kann sich die Ozonschicht nur langsam erholen.

Trendwende

Durch das weltweite Verbot von FCKW gibt es erste Anzeichen für eine erfreuliche Trendwende: Nach neueren Messungen regeneriert sich die Ozonschicht wieder. Gemäss einem Bericht der UNO und der Weltorganisation für Meteorologie (WMO) 2014 könnte sich die Ozonschicht bis zum Jahr 2050 in weiten Teilen regeneriert haben. Es wird jedoch immer Jahre geben, in denen das Ozonloch sich wieder vergrössert wie im Herbst 2015. Trotz solcher Ausreisser wird sich nach heutigem Forschungsstand die Ozonschicht weiterhin erholen.[1]

[Abb. 10-13] Entwicklung des Ozonlochs von 1979 bis 2014

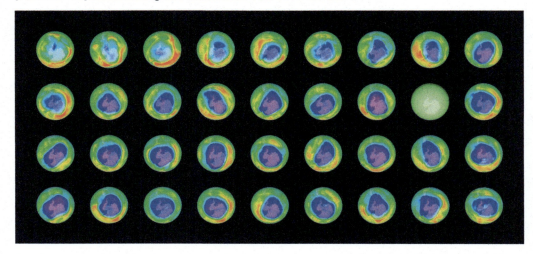

Satellitenaufnahmen der jährlichen maximalen Ausdehnung des Ozonlochs jeweils Anfang Oktober über der Antarktis seit 1979 bis 2014, ausser 1995. Die Serie verläuft von links nach rechts und von oben nach unten. Bild: Keystone / Science Photo Library

Zusammenfassung

Bei winterlichen Inversionslagen bilden vor allem Russ, Feinstäube und Schwefeldioxid den Wintersmog. Bei einer Inversionslage liegt am Boden Kaltluft, darüber befinden sich wärmere Luftschichten. Die Luft ist umgekehrt geschichtet, eine Durchmischung findet praktisch nicht statt. Dies führt zu einer Anreicherung der Schadstoffe und einer Belastung der Atemwege, besonders im Bereich von Industriegebieten und Städten.

Der Sommersmog oder fotochemische Smog entsteht durch hohe Ozonkonzentrationen bei schönem, warmem Wetter in und bei Gebieten mit hohem Verkehrsaufkommen aus Emissionen von VOC, Stickoxiden und Kohlenmonoxid.

Ozon ist ein dreiatomiges Sauerstoffmolekül (O_3). In der Stratosphäre absorbiert Ozon das Ultraviolettlicht und schützt so das Leben auf der Erde. «Ozonkiller» wie FCKW steigen unverändert bis in die Stratosphäre und zerstören dort die Ozonmoleküle der Ozonschicht. Je geringer die Ozonkonzentration in der Stratosphäre wird, umso grösser wird das Ozonloch. Der Abbau der Ozonschicht verursacht auf der Erde eine Zunahme der kurzwelligen UV-Strahlung, die Zellen schädigt und Hautkrebs verursacht.

Seit 1987 werden die FCKW in den meisten Industrieländern nicht mehr verwendet. Weil der Aufstieg der Ozonkiller in die Stratosphäre einige Jahre dauert, wird sich die Ozonschicht nur langsam regenerieren. Es ist jedenfalls ein Trend zur Erholung der Ozonschicht beobachtbar.

[1] Quelle: http://www.zeit.de/wissen/umwelt/2015-10/ozonloch-ozonschicht-suedpol-folgen-interview (23.2.2014) und http://www.bafu.admin.ch/publikationen/publikation/01794/index.html?lang=de, S. 27 (8.3.2016)

Aufgabe 84 Wie und wodurch entsteht der Wintersmog?

Aufgabe 85 Die Forschungsanstalt für Agrikulturchemie und Umwelthygiene in Liebefeld Deutschland untersuchte das Weizenwachstum unter Ozonstress.

Welche Erkenntnisse gewinnen Sie aus den Messergebnissen (vgl. Tab. 10-4)?

[Tab. 10-4] Ozonkonzentration

Ozonkonzentration im Vergleich mit der Umgebungsluft	50%	100%	150%	200%
Ozonkonzentration in µg/m³	24	48	72	96
Kornzahl pro Ähre	37	36	31	26
Gewicht pro Korn in mg	34.4	32.8	25.7	19.4
Ernteertrag pro Hektare in Tonnen	6.50	5.92	4.18	2.33

Aufgabe 86 «Ozon – oben zu wenig, unten zu viel!» Was meint diese Aussage?

Aufgabe 87 Was sagt die Abbildung 10-14 aus?

[Abb. 10-14] Verlauf einer Smogkatastrophe

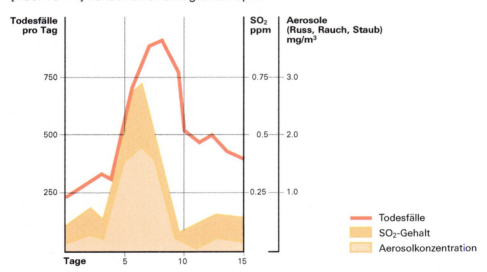

Die Grafik beruht auf dem Verlauf der Londoner Smogkatastrophe vom Dezember 1952.

Aufgabe 88 Gemäss eines Szenarios könnte in der Schweiz die Jahresdurchschnittstemperatur von 1880 bis 2100 n. Chr. um ca. 4 °C ansteigen. Um wie viele Höhenmeter werden die alten (1880) limitierenden Grenzen wie z. B. die Rebgrenze, Weizengrenze, Baumgrenze, Schneegrenze ansteigen? (Hinweis: In der Troposphäre nimmt die Temperatur durchschnittlich um 0.65 °C pro 100 m Höhe ab.)

Gesamtzusammenfassung

1 Atmosphäre und Klimaelemente

1.1 Aufbau der Atmosphäre

Die Atmosphäre gliedert sich in die Troposphäre, die eigentlich wetterwirksame Schicht sowie in die Strato-, die Meso- und die Thermo-/(Iono)sphäre. Die durchschnittliche Temperaturabnahme in der Troposphäre beträgt 0.65 °C/100 m.

1.2 Zusammensetzung der Atmosphäre

Die Atmosphäre setzt sich zusammen aus: Stickstoff (ca. 78%), Sauerstoff (ca. 21%), Argon (ca. 0.9%), Kohlenstoffdioxid (ca. 0.04%) und weiteren Gasen.

1.3 Klimaelemente

Die Klimaelemente

- Sonnenstrahlung,
- Lufttemperatur,
- Luftdruck,
- Wind,
- Luftfeuchtigkeit und
- Niederschlag

sind veränderliche physikalische Grössen der Atmosphäre, deren Entwicklung das Klima eines Gebiets prägt.

2 Sonnenstrahlung

2.1 Strahlungsstrom und Sonnenstrahl-Einfallswinkel

Alle Flächen der Erde werden von unterschiedlichen Sonnenstrahl-Einfallswinkeln getroffen: Je grösser der Einfallswinkel α ist, desto kleiner ist die bestrahlte Fläche und desto grösser der Strahlungsstrom resp. die einströmende Energie.

Im globalen Jahresdurchschnitt wird jeder Erdoberflächenpunkt täglich 12 Stunden bestrahlt. An den einzelnen Erdoberflächenpunkten unterscheiden sich die Sonnenstrahl-Einfallswinkel während des lichten Tages hingegen stark.

2.2 Breitenabhängigkeit des Strahlungsstroms

Infolge der Revolution und der Rotation der Erde fallen die Sonnenstrahlen während des Jahres unter sich ständig verändernden Winkeln auf die Erdoberfläche ein. Der auf einen beliebigen Standort der Erde fallende Strahlungsstrom ist abhängig vom Sonnenstrahl-Einfallswinkel. Er wird verändert durch den Breitenkreis des Standorts, den Abstand des

Standorts zum Breitenkreis mit senkrechtem Sonnenstrahl-Einfallswinkel und die Tageszeit am Standort (Ortszeit).

2.3 Reflexion und Absorption

Der auf die Atmosphärenoberfläche einfallende Strahlungsstrom erreicht etwa zur Hälfte die Erdoberfläche. Die Wirksamkeit dieses Strahlungsstroms ist abhängig vom Einfallswinkel des Strahlungsstroms, der durch den Tagesgang der Sonne, die geografische Breite und die Exposition bestimmt wird, und von der Albedo, die ihrerseits von der Beschaffenheit des bestrahlten Materials abhängig ist.

2.4 Jahreszeiten und solare Klimazonen

Die Jahreszeiten heissen auf der Nordhalbkugel und der Südhalbkugel:

vom	21.3.	bis 20.6.	(Nord-)Frühling	(Süd-)Herbst
vom	21.6.	bis 22.9.	(Nord-)Sommer	(Süd-)Winter
vom	23.9.	bis 20.12.	(Nord-)Herbst	(Süd-)Frühling
vom	21.12.	bis 20.3.	(Nord-)Winter	(Süd-)Sommer

Die sechs solaren Klimazonen heissen: nördliche und südliche Polarzone, nördliche und südliche gemässigte Zone sowie nördliche und südliche Tropenzone.

Die folgenden Breitenkreise teilen die Erde in die solaren Klimazonen ein:

- Äquator auf 0° (Nord / Süd)
- Nördlicher Wendekreis auf 23.5° Nord
- Südlicher Wendekreis auf 23.5° Süd

Auf den Wendekreisen liegen die nördlichsten bzw. südlichsten Punkte der nördl. bzw. südl. Tropenzone, über denen die Sonne nur an einem Tag im Jahr senkrecht steht.

- Nördlicher Polarkreis auf 66.5° Nord
- Südlicher Polarkreis auf 66.5° Süd

Auf ihnen liegen die südlichsten bzw. nördlichsten Punkte der nördl. bzw. südl. Polarzone, über denen die Sonne nur an einem Tag nicht mehr auf- bzw. untergeht.

3 Luftdruck

Die Masseinheit für den Luftdruck ist das Hektopascal. Auf Meereshöhe lastet die Erdatmosphäre mit einem durchschnittlichen Luftdruck von 1 013 hPa, dem Normaldruck.

Über einer warmen Fläche erwärmt sich die Luft und dehnt sich aus. Die Luftmasse wird auf ein grösseres Volumen verteilt und somit werden spezifisches Gewicht und Luftdruck kleiner. Die Luft beginnt zu steigen. Über einer kalten Fläche hingegen ist die Luft kühl und schwer.

Ein Gebiet, auf dem hoher Druck, also ein Hoch, lastet, heisst Hochdruckgebiet.

Ein Gebiet, auf dem tiefer Druck, also ein Tief, lastet, heisst Tiefdruckgebiet.

Hoch und Tief bzw. Hoch- und Tiefdruckgebiete werden mit H und T bezeichnet.

4 Wind

4.1 Physik der Winde

Die Luft hat das Bestreben, Druckunterschiede auszugleichen, indem sie von Räumen höheren Drucks in solche niedrigeren Drucks strömt.

Thermische Luftdruckunterschiede und thermische Winde: Der Bodenwind weht vom Bodenhoch ins Bodentief. Der Höhenwind weht (in entgegengesetzter Richtung) vom Höhenhoch zum Höhentief. Über dem Bodentief liegt das Höhenhoch und umgekehrt. Der Motor der gesamten Luftbewegung ist das Bodentief (Hitzetief).

4.2 Windgeschwindigkeitsmessung

Die Windgeschwindigkeit wird mit dem Schalenkreuzanemometer gemessen. Sie wird in m/s, km/h oder in Knoten (1 Knoten = 1.85 km/h) angegeben. Die Beaufort-Skala ist zwölfteilig und dient der Abschätzung der Windgeschwindigkeit.

Die Windrichtung wird mit den Himmelsrichtungen (N, E, S, W etc.) oder durch das Azimut (in °) angegeben. Der Wind wird immer nach seiner Herkunftsrichtung benannt.

4.3 Lokale Windsysteme

In Küstenregionen entsteht das Hitzetief während des Tages über dem Land (→ Seewind), während der Nacht über der Wasserfläche (→ Landwind).

Im Gebirge entsteht das Hitzetief am Morgen über den Gebirgsflanken bzw. dem oberen Tal (→ Hangauf- bzw. Talwind), am Abend über der Talsohle bzw. dem unteren Tal (→ Hangab- bzw. Bergwind).

4.4 Planetarisches Druck- und Windsystem

Auf der Erde wird durch die Corioliskraft jede grossräumige Luftströmung aus der Richtung des Druckgefälles ihres Hoch-Tiefdruck-Systems abgelenkt:

- Die Ablenkung auf der Nordhalbkugel erfolgt in Bewegungsrichtung nach rechts.
- Die Ablenkung auf der Südhalbkugel erfolgt in Bewegungsrichtung nach links.

In Bodennähe strömt die Luft schiefwinklig zu den Isobaren vom Hoch ins Tief.

- Auf der Nordhalbkugel dreht sich das Bodentief im Gegenuhrzeigersinn, das Bodenhoch im Uhrzeigersinn.
- Auf der Südhalbkugel dreht sich das Bodentief im Uhrzeigersinn, das Bodenhoch im Gegenuhrzeigersinn.

Zwischen den Subtropen und dem Äquator wehen die Passatwinde. Bedingt durch die unterschiedliche Ablenkung (Corioliskraft) sind es auf der Nordhalbkugel Nordost-, auf der Südhalbkugel Südostpassate. Sie strömen in der innertropischen Konvergenzzone (ITC) zusammen.

In den polnahen Gebieten wehen auf der Nordhalbkugel die kalten polaren (Nord-)Ost-, auf der Südhalbkugel die (Süd-)Ostwinde. Im Bereich des Westwindgürtels ist der Jetstream wirksam. Er baut sich aus überschüssigen Luftmassen der tropischen Höhenwinde auf und bedingt die in der Frontalzone schwingende Polarfront. Die Polarfront grenzt die subtropische Warm- von der subpolaren Kaltluft ab. Durch die Reibung dieser beiden Luftmassen aneinander entstehen Wellen in der Polarfront. An diesen Wellen entstehen durch die Luftbewegung dynamische Tiefdruckzentren oder dynamische Zyklonen. Die dabei vorstossende Kaltluft bildet die Kaltfront, die Warmluft die Warmfront. Schliesst die Kaltfront auf die Warmfront auf, sprechen wir von einer Okklusion.

Die jahreszeitliche Wanderung des Sonnenzenitalstands verschiebt das planetarische Druck- und Windsystem im Nordsommer nordwärts, im Südsommer südwärts. Im Nordsommer werden die Zonen auf der Nordhalbkugel zusammengedrückt, im Nordwinter gedehnt. Auf der Südhalbkugel sind die Verhältnisse umgekehrt.

4.5 Monsune

Die Monsune sind jahreszeitlich wechselnde, grossräumige Winde. Die Differenz im Azimut der beiden Windrichtungen muss mindestens 120° betragen. Zudem müssen die Winde während rund 60% der Zeit ihres jeweiligen Halbjahrs wehen.

4.6 Spezielle Winde

Regionale Winde entstehen meist nach dem Muster der thermischen Windentstehung. Die bekanntesten Regionalwinde im europäischen Raum sind Föhn, Bise, Mistral, Bora, Etesien und Schirokko.

Wirbelstürme entstehen in einem thermischen Tief, das von einem kälteren Hoch eingeengt wird.

Die aussertropischen Tornados sind kleinräumige, kurzlebige und extrem energiereiche Luftwirbel. Die tropischen Wirbelstürme sind grossräumige, langlebige und energiereiche Wirbelwinde.

5 Luftfeuchtigkeit

5.1 Physik der feuchten Luft

Die Sättigungsmenge F_s wird verdoppelt bei 10 °C Temperaturzunahme und halbiert bei 10 °C Temperaturabnahme.

Luft von 0 °C vermag ca. 4 Gramm gasförmiges Wasser pro m^3 aufzunehmen.

Die absolute Luftfeuchtigkeit F_a umschreibt die momentan in der Luft vorhandene Wasserdampfmenge in Gramm pro Kubikmeter (g/m^3). Die relative Luftfeuchtigkeit F_r (Sättigungsgrad) zeigt in Prozenten (%) die momentan in der Luft vorhandene Wassermenge bezüglich der Sättigungsmenge F_s.

Gesättigte Luft enthält die bezüglich der Temperatur maximal mögliche Menge Wasser in Gasform. Ungesättigte Luft enthält weniger Wasserdampf als maximal möglich wäre. Sie hat ein Feuchtigkeitssättigungsdefizit F_d und zeigt die Tendenz, Wasser in Gasform aufzunehmen.

Die relative Luftfeuchtigkeit F_r halbiert sich bei 10 °C Lufttemperaturzunahme oder verdoppelt sich bei 10 °C Lufttemperaturabnahme.

Wird bei kühler werdender Luft die absolute Luftfeuchtigkeit F_a grösser als die temperaturabhängige Sättigungsmenge F_s, so beginnen Wassertropfen auszufallen.

5.2 Föhn

Von trocken adiabatischer Temperaturänderung sprechen wir, wenn die Temperaturänderung nur durch die Luftdruckänderung bestimmt ist. Der trocken adiabatische Temperaturgradient beträgt 1 °C pro 100 m Höhenveränderung.

Bei feucht adiabatischer Temperaturänderung wird die Temperaturänderung durch die Luftdruckänderung und durch die frei werdende Kondensationswärme bestimmt. Der feucht adiabatische Temperaturgradient beträgt –0.5 °C pro 100 m Aufstieg.

Das klassische (oder thermodynamische) Föhnmodell geht von einer Luftströmung zwischen Luv und Lee des Gebirges aus. Die Abkühlung erfolgt zunächst trocken, nach Erreichung des Taupunkts feucht adiabatisch. Deshalb erreicht relativ milde Luft die höchsten Gipfel. Die Erwärmung beim Abstieg erfolgt dann nur trocken adiabatisch, was zu den hohen Temperaturen in den Lee-Tälern führt. Auch ist die Luft nun sehr trocken.

Der Nordföhn weht als kälterer Wind als sein südlicher Gegenspieler von Norden durch die südlichen Alpentäler. Dieses trockene Nordwindwetter erhöht die Waldbrandgefahr in dem an sich schon warmen und trockenen Süden der Schweiz und in Norditalien.

6 Klimafaktoren und Ozeanografie

6.1 Klimafaktoren

Klimafaktoren sind unveränderliche topografische Grössen, die die Klimaelemente eines Orts weitgehend beeinflussen und bestimmen.

Breitenlage: Mit zunehmender Breite nimmt der Strahlungsstrom ab und sinkt somit die Jahresdurchschnittstemperatur.

Exposition ist die geneigte Lage einer Oberfläche bezüglich der Horizontalen. Der Einfallswinkel des Strahlungsstroms wird so vergrössert und mit ihm die sich entwickelnde Boden- und Lufttemperatur.

Bodenbeschaffenheit: Materialdichte, Farbe und Glanz des Bodens beeinflussen die Reflexion und Absorption des Strahlungsstroms und somit auch die Boden- und Lufttemperatur.

Höhenlage: Mit zunehmender Höhe sinkt der Luftdruck und in seiner Abhängigkeit die Lufttemperatur.

Kontinentalität ist die Lage eines Orts in Bezug auf die Verteilung von Meer und Land. In Abhängigkeit von der Lage zum Meer unterscheidet man ozeanische und kontinental beeinflusste Klimate.

Meeresströmungen sind oberflächennahe, grossmassige und weiträumige Meereswasserbewegungen, die entlang bestimmter Bahnen zirkulieren.

6.2 Ozeanografie

Das Wasser der Erde befindet sich in einem ständigen Kreislauf von Verdunstung, Windtransport, Niederschlag und Abfluss.

Die Ozeanografie hat die Aufgabe, die in den Ozeanen ablaufenden Vorgänge zu untersuchen, deren Ursachen zu finden und die grundlegenden Gesetzmässigkeiten aufzudecken.

Meeresströmungen, auch Triften (oder Driften) genannt, transportieren Meerwasser entlang bestimmter Bahnen über weite Strecken. Die hauptsächlichen Ursachen dieser Strömungen sind die regelmässigen Winde wie die Passate und Dichteunterschiede des Meerwassers. Eine warme Strömung polwärts bringt relativ warmes in relativ kaltes Wasser. Eine kalte Strömung äquatorwärts bringt relativ kaltes in relativ warmes Wasser.

Die Meeresströme zirkulieren analog den Winden auf der Nordhalbkugel im Uhrzeigersinn, auf der Südhalbkugel im Gegenuhrzeigersinn. Für Europa ist der Wärme transportierende Golfstrom von Bedeutung.

Strömungen beeinflussen die meernahen Landgebiete. So umspült der warme Golfstrom das Nordkap mit einer jährlichen Durchschnittstemperatur von 5 °C und beschert Westeuropa ein mildes, feuchtes Klima; kalte Strömungen hingegen verursachen oft Wüstenbildungen.

Das El-Niño-Phänomen ist eine natürliche Klimaschwankung im südlichen Pazifik. Es hat verheerende Folgen nicht nur für die angrenzenden Küstengebiete, sondern für weite Teile der Welt. In einigen Gebieten kommt es zu heftigen Niederschlägen mit Überschwemmungen und Erdrutschen. Andere Regionen leiden unter extremer Dürre, was Missernten zur Folge hat. Es gibt Anzeichen dafür, dass durch den anthropogen verstärkten Treibhauseffekt auch dieses, an sich natürliche Phänomen, verstärkt und häufiger auftritt.

7 Klimaklassifizierung

7.1 Klimadiagramme

Das Klimadiagramm zeigt den Jahresgang der durchschnittlichen Temperatur und die durchschnittlichen monatlichen Niederschlagshöhen. Die x-Achse trägt die Monate Januar bis Dezember, die linke y-Achse die Temperatur in °C und die rechte y-Achse die Niederschlagshöhen in mm (Beachten Sie: 10 °C ≈ 20 mm). So zeigt das Klimadiagramm die ariden und die humiden Monate.

7.2 Köppens Klimaklassifikation

Köppens Klimaklassifikation ist beschreibend. Sie beruht auf Schwellenwerten der Temperatur und des Niederschlags (und deren Auswirkungen auf die Vegetation) und weist fünf Klimazonen auf, die in zwölf Klimatypen unterteilt sind. Die Zonen und Typen werden mit der Klimaformel, einer Buchstabenfolge, bezeichnet

A	Tropisches Regenklima ohne Winter
B	Trockenklima
C	Warmgemässigtes Klima
D	Boreales oder Schnee-Wald-Klima
E	Schneeklima

Die fünf Klimazonen nach W. Köppen gliedern sich in zwölf Klimatypen mit den folgenden Charakteristiken:

A	Tropisches Regenklima ohne Winter
Af	Tropisches Regenwaldklima: immer heiss und niederschlagsreich (f)
Am	Tropisches Monsunklima: immer heiss mit hoher Luftfeuchtigkeit; monsunalbedingte Regenzeit (m)
Aw	Savannenklima: immer heiss; trockener Winter (w), feuchter Sommer

B	Trockenklima
BS	Steppenklima (S): heisser Sommer mit kurzer Regenzeit und kälterer Winter
BW	Wüstenklima (W): heisser Sommer ohne Regen und kälterer Winter
C	Warmgemässigtes Klima
Cw	Warmes, wintertrockenes Klima (aussertropisches Monsunklima): ständig warm, trockene Winter (w) und feuchte Sommer
Cs	Warmes, sommertrockenes Klima (Mittelmeerklima): warme und trockene Sommer (s), milde und feuchte Winter
Cf	Feuchtgemässigtes Klima («unser Klima»): ständig feuchte (f) warme Sommer und mild-kühle Winter
D	Boreales oder Schnee-Wald-Klima
Dw	Wintertrockenkaltes Klima: kalte, trockene Winter (w), feuchte, kühle Sommer
Df	Winterfeuchtkaltes Klima: ganzjährig feucht (f), milde Sommer, kalte Winter
E	Schneeklima
ET	Tundrenklima (T): sehr kurzer, mild-kühler Sommer und kalter Winter
EF	Klima ewigen Frosts (F): ganzjährig kalt

Als Vegetation wird die gesamte Pflanzenwelt eines Gebiets bezeichnet und eine Vegetationszone ist also ein Gebiet, das sich durch eine eigenständige Vegetation auszeichnet. Solche Zonen sind: Eiswüste, Tundra, borealer Nadelwald, sommergrüner Laub- und Mischwald, winterfeuchter Hartlaubwald, Halbwüste und Wüste, Savanne und tropischer Regenwald.

8 Wettererfassung

8.1 Bodenstationen

Eine meteorologische Station ist eine Wetterbeobachtungsstelle, an der zu gegebenen Zeiten genau definierte Daten mit meteorologischen Instrumenten (Thermo-, Hygrometer etc.) gemessen und / oder mit Augenbeobachtungen (Bewölkung, Sichtweite etc.) erhoben werden.

Das synoptische Netz dient der Erstellung der Wetterprognose. Es muss den Prognostikern das Wetter «auf einen Blick» zeigen. Die synoptischen Stationen müssen ihre Daten möglichst gleichzeitig und sofort an die Wetterzentrale übermitteln. Als internationaler Standard ist definiert, die Daten alle drei Stunden zu übermitteln.

Das klimatologische Netz wird vor allem von Klimatologen benutzt. Für sie ist es von untergeordneter Bedeutung, ganz aktuelle Daten zu haben, weil sie meist lange Zeitreihen analysieren.

8.2 Radiosondierung

Die Radiosondierung misst mittels ballontransportierten Höhenwettersonden Lufttemperatur, Luftfeuchtigkeit, Luftdruck und Wind in der freien Atmosphäre.

8.3 Satellitenbilder

Für die gemässigten Breiten Europas sind die Bilder des in einer Höhe von 36 000 km über dem Golf von Guinea geostationären Satelliten von Bedeutung.

9 Wetterbericht und Wetterkarteninterpretation

9.1 Wetterkarte oder Bodenwetterkarte

Ein Wetterbericht für die Schweiz beruht auf der Wetterkarte, der Grafik der Radiosondierungen, der Karte der 500-hPa-Fläche, der Wetterdatentabelle mit der Legende und auf dem Satellitenbild von Meteosat.

Die Daten stammen von drei Messungen des Tages: von 6, 12 und 18 Uhr UTC (Weltzeit).

Die hauptsächlich im Wetterbericht vertretenen Klimaelemente heissen Lufttemperatur (TT), relative Luftfeuchtigkeit (UU), Windrichtung (DD), Windgeschwindigkeit (FF), Wetter (W, Bewölkung), Niederschlag (RR) und Luftdruck (Isobaren).

Die wichtigsten Symbole und Signaturen sind in nachfolgender Abbildung enthalten.

Wichtigste Symbole und Signaturen

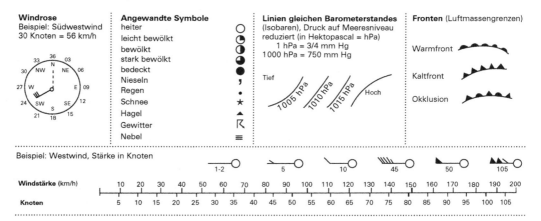

9.2 Wetterkarteninterpretation

Eine dynamische Zyklone entsteht, indem sich eine warme Luftmasse in die Polarfront schiebt. Die warme Luftmasse in der Zyklone wird bei voller Ausbildung von zwei Fronten begrenzt: von der Warmfront, wo warme Luft flach an der kalten Luft aufsteigt, und von der Kaltfront, wo sich die kalte Luft mit steiler Neigung unter die warme Luft schiebt.

Die Entwicklung der Polarfrontzyklone endet mit der Okklusion – sie entsteht, wenn die schnellere Kaltfront von hinten auf die Warmfront auffährt.

Beim Durchgang einer voll ausgebildeten Zyklone erlebt man das Vorderseitenwetter mit Landregen unter der flachen Warmfront, schönes, warmes Wetter im Warmsektor, heftige Regen und böige Winde unter der steilen Kaltfront als Rückseitenwetter und schönes, kühles Wetter im Zwischenhoch.

Die Zyklone baut sich ab, wenn die Kalt- die Warmfront eingeholt hat (Okklusion). Zyklonen treten häufig nicht alleine, sondern in sogenannten Familien auf. Dies erklärt den wiederkehrenden Durchgang von Warm- und Kaltfronten.

Das Azorenhoch ist als Rossbreitenhoch ein stabiles Gebilde. Sehr oft bildet sich an der Polarfront in der Gegend von Island ein Tief, das Islandtief oder Atlantiktief. Azorenhoch und Islandtief steuern häufig den Wetterablauf in Europa.

Die allgemeine Lage ist die Zusammenfassung der momentanen, grossräumigen Wetterlage in Textform.

9.3 Wettervorhersage oder Wetterprognose

Die Wettervorhersage beruht auf der genauen Beschreibung der allgemeinen Lage und der Abschätzung des Vorankommens der sich entwickelnden Wettergeschehnisse.

Für uns gilt: Unser künftiges Wetter liegt meist im Westen.

9.4 Typische Grosswetterlagen

Für Mitteleuropa unterscheiden wir sechs verschiedene Grosswetterlagen:

Advektive Lagen:

- Westwindlage: Regenzonen ziehen in raschem Wechsel von Westen über Mitteleuropa hinweg.
- Bisenlage: trockener, kalter Wind aus Nordosten.
- Staulage (N/NW-Winde) am Alpennordfuss: Die dichte und dauerhafte Wolkendecke bringt auf der Alpennordseite kräftige Niederschläge.
- Föhnlage (S/SE-Winde) in Alpenraum und Alpenvorland: Föhnaufhellungen auf der Alpennordseite, während auf der Alpensüdseite oft kräftige Niederschläge fallen.

Konvektive Lagen:

- Schönwetterlage (meist durch Ausläufer des Azorenhochs) in Mitteleuropa: schönes, sonniges Wetter.
- Gewitterlage (flache Druckverteilung) in Mitteleuropa: Aufquellende Bewölkung mit starken Gewittern, zum Teil von Hagelschauern begleitet.

9.5 Wetterregeln

Verlässliche Wetterregeln basieren auf dem Erkennen beginnender Veränderungen der Klimaelemente und sagen das sich sehr wahrscheinlich entwickelnde Wettergeschehen voraus. Wetterregeln dienen somit meist der Kurzfristvorhersage.

Die meisten Bauernregeln sind das ernst zu nehmende Ergebnis jahrhundertelanger Beobachtungen. Viele alte Regeln jedoch stimmen nicht mehr, weil sich das Klima geändert hat oder weil sie einen bestimmten lokalen Ursprung haben.

10 Mensch und Atmosphäre

10.1 Klimawandel

Unter Treibhauseffekt verstehen wir die Eigenschaft von Wasserdampf und den Spurengasen Kohlenstoffdioxid, Methan, FKW / FCKW, Lachgas und Ozon, die langwellige Wärmeabstrahlung zu reflektieren und so – einem Treibhaus gleich – die Temperatur der Troposphäre zu erhöhen.

Nach den heutigen Erkenntnissen (Klimabericht des IPCC 2014) wird die Klimaveränderung vorwiegend durch die anthropogenen Emissionen der Treibhausgase Kohlenstoffdioxid, Methan, Ozon, Fluorkohlenwasserstoffe und Distickstoffmonoxid verursacht.

Ohne drastische Massnahmen zur Reduktion der Treibhausgas-Emissionen wird die mittlere Jahrestemperatur im 21. Jahrhundert um mehr als 4 °C steigen und katastrophale

Folgen haben. Auch für das beste Szenario, bei dem alle möglichen Massnahmen schnell realisiert werden, muss mit einem Anstieg von 1.5 bis 2 °C gerechnet werden.

Weitere Folgen:

- Der Meeresspiegel wird im 21. Jahrhundert ansteigen.
- Meeresströmungen werden sich ändern.
- Die Niederschläge nehmen in höheren Breiten zu, in den Tropen und Subtropen ab.
- Extreme Wettersituationen (Wirbelstürme, Überschwemmungen, Dürren) nehmen zu.
- Viele Arten werden aussterben, Ökosysteme werden destabilisiert.
- Tropische Krankheitserreger werden sich ausbreiten.

Die Erwärmung führt zu Veränderungen, die die Erwärmung weiter verstärken:

- Durch die Erwärmung der Meere sinkt die Löslichkeit für Kohlenstoffdioxid.
- Das Auftauen von Permafrostböden setzt Methan frei.
- Mit den Schnee- und Eisflächen nimmt der Anteil der weissen, wärmereflektierenden Erdoberfläche ab.

10.2 Vom Menschen verursachte Luftverunreinigungen

Bei winterlichen Inversionslagen bilden vor allem Russ, Feinstäube und Schwefeldioxid den Wintersmog. Bei einer Inversionslage liegt am Boden Kaltluft, darüber befinden sich wärmere Luftschichten. Die Luft ist umgekehrt geschichtet, eine Durchmischung findet praktisch nicht statt. Dies führt zu einer Anreicherung der Schadstoffe und einer Belastung der Atemwege, besonders im Bereich von Industriegebieten und Städten.

Der Sommersmog oder fotochemische Smog entsteht durch hohe Ozonkonzentrationen bei schönem, warmem Wetter in und bei Gebieten mit hohem Verkehrsaufkommen aus Emissionen von VOC, Stickoxiden und Kohlenmonoxid.

Ozon ist ein dreiatomiges Sauerstoffmolekül (O_3). In der Stratosphäre absorbiert Ozon das Ultraviolettlicht und schützt so das Leben auf der Erde. «Ozonkiller» wie FCKW steigen unverändert bis in die Stratosphäre und zerstören dort die Ozonmoleküle der Ozonschicht. Je geringer die Ozonkonzentration in der Stratosphäre wird, umso grösser wird das Ozonloch. Der Abbau der Ozonschicht verursacht auf der Erde eine Zunahme der kurzwelligen UV-Strahlung, die Zellen schädigt und Hautkrebs verursacht.

Seit 1987 werden die FCKW in den meisten Industrieländern nicht mehr verwendet. Weil der Aufstieg der Ozonkiller in die Stratosphäre einige Jahre dauert, wird sich die Ozonschicht nur langsam regenerieren. Es ist jedenfalls ein Trend zur Erholung der Ozonschicht beobachtbar.

Lösungen zu den Aufgaben

1 Seite 8   Der Erddurchmesser von 12 734 km wird durch 1 m repräsentiert. Die 12 km mächtige Troposphäre misst in unserem Modell 1 m · 12 km : 12 734 km = 0.00094 m = 0.94 mm! Merken Sie sich: Die Troposphäre weist lediglich eine Mächtigkeit von einem Tausendstel des Erdradius auf.

2 Seite 10   Der Höhenunterschied zwischen Genf und dem Grossen Sankt Bernhard beträgt 2 074 m (2 479 m – 405 m). Da die durchschnittliche Temperaturabnahme in der Troposphäre 0.65 °C/100 m beträgt, ist für den Grossen Sankt Bernhard eine Jahresdurchschnittstemperatur von ca. –3.5 °C [10 °C – (20.74 · 0.65 °C)] zu erwarten.

3 Seite 14

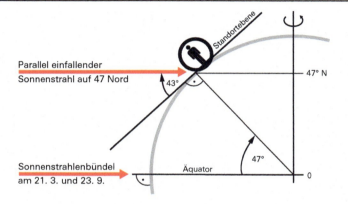

4 Seite 15

Datum	Die Sonne steht senkrecht über dem ...	Die Strahlen tangieren die ...	Auf der Nordhalbkugel herrscht ... und beginnt der ...	Auf der Südhalbkugel herrscht ... und beginnt der ...
21.3.	Äquator	Pole	Tag-und-Nacht-Gleiche Frühling	Tag-und-Nacht-Gleiche Herbst
21.6.	nördlichen Wendekreis	Polarkreise	der längste Tag Sommer	der kürzeste Tag Winter
23.9.	Äquator	Pole	Tag-und-Nacht-Gleiche Herbst	Tag-und-Nacht-Gleiche Frühling
21.12.	südlichen Wendekreis	Polarkreise	der kürzeste Tag Winter	der längste Tag Sommer

5 Seite 15   Der Breitenkreis mit senkrechtem Sonneneinfallswinkel ist bestimmt durch die Schrägstellung der Erdachse zur Ekliptik und den Standort der Erde auf ihrer Umlaufbahn um die Sonne.

6 Seite 18   Im Januar ist der Einfallswinkel des Strahlungsstroms bedeutend kleiner als im Juli. Auch die Tage sind kürzer und die verschneite Winterlandschaft weist eine grössere Albedo auf als die Sommerlandschaft. Je kleiner der Einfallswinkel, je kürzer die Tage und je grösser die Albedo, desto tiefer ist die Bodentemperatur.

7 Seite 21   Bezüglich des Lichts ist auf der Nordhalbkugel am 21. Juni der sommerlichste Tag. Die Sonne steht dann senkrecht über dem nördlichen Wendekreis. Den herbstlichsten, winterlichsten und frühlingshaftesten Tag erleben wir am 23. September, 21. Dezember und 21. März.

| 8 | Seite 21 | Vom Äquator aus gesehen steigt die Sonne bei Sonnenaufgang senkrecht über den Horizont, vom Polarkreis aus gesehen unter einem flachen Winkel. Bei senkrechtem Überqueren des Horizonts ist der Weg für den Sonnendurchmesser kürzer als beim schiefwinkligen Überqueren. Je kürzer der Weg, desto kürzer ist die Zeit, um den Weg zurückzulegen. |

Sonnenaufgang am Äquator und in den nördlichen bzw. südlichen Breiten

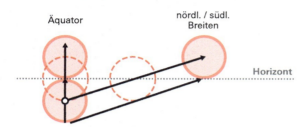

| 9 | Seite 21 | Am 21. Juni fällt der Strahlungsstrom an der Atmosphärenobergrenze am Nordpol während 24 Stunden unter einem Winkel von 23.5° ein. Am Äquator steigt die Sonne am gleichen Tag innerhalb von 12 Stunden von 0° auf maximal 66.5° und sinkt dann immer wieder auf 0° ab. Und während der restlichen 12 Stunden bleibt die Sonne unter dem Horizont. |

| 10 | Seite 24 | Da der Normaldruck auf Meereshöhe 1 013 hPa beträgt, hat Bern mit 1 040 hPa einen höheren Druck als normal, Bern liegt also in einem Hochdruckgebiet. |

| 11 | Seite 24 | Der Aussendruck sinkt mit zunehmender Höhe, der relativ grösser werdende Innendruck bläht den umgürteten Ballon auf. |

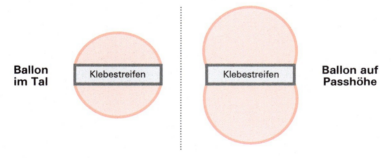

Ein möglicher Nachweis der Luftdruckveränderung: der durch die Passfahrt aufgeblähte Ballon.

| 12 | Seite 26 | Vor dem Steigflug muss der Pilot die Luft mit dem Brenner erwärmen. Dies ist eine diabatische Temperaturveränderung. Während des Steigflugs – vorausgesetzt, der Pilot stellt den Brenner ab – dehnt sich der Heissluftballon aus, weil mit zunehmender Höhe ein geringerer Luftdruck auf den Ballon drückt. Wenn sich der Ballon ausdehnt, dehnt sich auch die Luft darin aus, d. h., sie wird dekomprimiert und kühlt sich ab. Dies ist eine adiabatische Temperaturänderung. |

| 13 | Seite 26 | Die Frage ist absichtlich so offen formuliert, damit Sie sich zwischen den zwei Möglichkeiten der Temperaturänderung entscheiden müssen. Folgende Gedanken führen zur Lösung: Wenn der Ballon auf gleicher Höhe schwebt, ändert sich der Luftdruck nicht, und somit ist die adiabatische Temperaturänderung auszuschliessen. Beobachtungen zeigen uns, dass Heissluftballone aber nicht unendlich lange in der Luft bleiben, sondern langsam absinken. Wenn die Ballone zu Boden sinken, muss vorher die Luft darin irgendwie kälter geworden sein, sodass sie sich zusammenzieht, dichter wird und so für Abtrieb sorgt. Die Luft muss sich offensichtlich diabatisch abkühlen, denn adiabatisch haben wir oben ausgeschlossen. Diabatische Abkühlung heisst, dass die Luft im Ballon ihre Wärme durch Infrarotstrahlung an die Umgebungsluft abstrahlt. |

14	Seite 26	Die Landmassen erwärmen sich stärker als die Wassermassen. Je wärmer die Landoberfläche, desto ausgeprägter ist das Tief.
15	Seite 28	Entstehen zwei Luftdruckgebiete unterschiedlicher Stärke, so beginnt die Luft vom Gebiet mit höherem Druck (H) zum Gebiet mit niedrigerem Druck (T) zu fliessen. Der Wind weht aus dem Hoch ins Tief.
16	Seite 28	Der starke Bodenwind zum Hitzetief soll das künstlich angelegte Feuer zur Feuerfront treiben. Sobald sich das Hauptfeuer und das kleinere Gegenfeuer vereinigen, vermag sich das Hauptfeuer nicht mehr über die Aschenflächen des Gegenfeuers auszubreiten.
17	Seite 32	Die meisten Winde, ca. 40% aller Beobachtungen, wehen in Friedrichshafen im Juli aus Südwesten.
18	Seite 33	In Friedrichshafen liegt der typische Fall des See-Land-Windsystems vor (Abb. 4-1, S. 28 und Abb. 4-6, S. 32).
19	Seite 46	Linksablenkung auf der Südhalbkugel infolge der Erdrotation

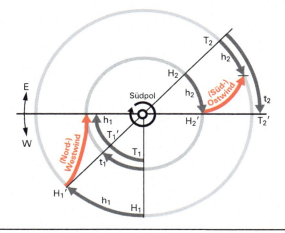

20	Seite 46	Die Abbildung 4-14, S. 40 ist am Äquator achsensymmetrisch zu spiegeln. Die Bezeichnungen in der Abbildung sind identisch mit denjenigen des Texts zur Abbildung 4-14.

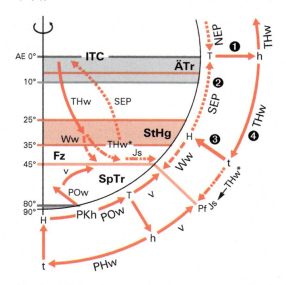

Jetstream, Polarfront und Frontalzone auf der Südhalbkugel: 21.3. / 23.9.

21 Seite 47

Der Grund für diesen Unterschied liegt in der ungleichen Verteilung der Landmassen. Auf der Nordhalbkugel liegen mehr Landmassen. Der jahreszeitlich wechselnde Sonnenstand bewirkt vor allem über den Kontinenten eine deutliche Verschiebung des permanenten planetaren Druck- und Windsystems (vgl. Abb. 4-19, S. 44).

22 Seite 47

Solare Klimazonen   Planetarische Drucksysteme

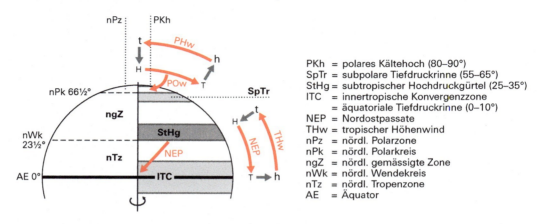

Gegenüberstellung der solaren Klimazonen und des permanenten planetaren Drucksystems, 21.3. / 23.9.

23 Seite 47

Im Nordsommer (Juli) liegt die ITC über China, Darwin liegt also im Passatgürtel der Südhalbkugel, hat somit Südostpassat. Dieser ist trocken, da er aus dem Kontinent (Australische Wüste) weht. Bei Sonnenwende (21.3. / 23.9.) liegt die ITC über dem Äquator, noch immer weht der Südostpassat über Darwin.

Im Südsommer (Dezember) liegt die ITC etwas südlich von Darwin. Dadurch werden die Nordostpassate aus dem pazifischen Raum über den Äquator gezogen, nach links abgelenkt und erreichen Darwin nach ihrem langen Weg über grosse Meeresflächen als feuchte Nordwestpassate oder äquatoriale Westwinde.

24 Seite 47

Wer in den Monaten April und Mai, also in den Nordfrühlingsmonaten, ins Mittelmeergebiet reist, gerät in den Einflussbereich des subtropischen Hochdruckgürtels. Touristinnen und Touristen, die im Juni und Juli nach Südskandinavien reisen, geraten hingegen in die Frontalzone. Die Mittelmeerreisenden reisen im Frühjahr ihrem Sommer entgegen, die Nordlandreisenden eilen im Sommer ihrem Frühjahrswetter nach.

25 Seite 47

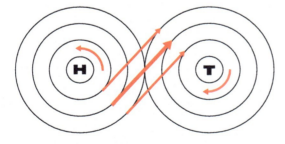

Idealisierte Darstellung der Luftbewegung zwischen einem Bodenhoch und einem Bodentief auf der Südhalbkugel.

26	Seite 49	Wie Sie sicher gemerkt haben, betrifft die einzige Bedingung, die noch zu erfüllen wäre, die Windhäufigkeit. Da Sie keine Daten dazu haben, wollen wir sie Ihnen kurz nennen: Der Westwind ist bei uns in der Schweiz viel zu häufig. Er weht übers ganze Jahr gesehen während fast 85% der Zeit, in der ein Wind gemessen wird (Windstille zählt nicht!). Die Bise weht im Winter nur während ca. 5% der Zeit, in der ein Wind weht. Sie kann somit nicht als Wintermonsun angesehen werden, weil sie zu selten weht.
27	Seite 49	Der asiatische Kontinent, die grösste zusammenhängende Landmasse unseres Planeten, erwärmt sich im Sommer besonders stark und kühlt im Winter besonders stark aus. Die Folgen sind ein starkes sommerliches Hitzetief (→ Südwest- und Südostmonsun) und ein starkes winterliches Kältehoch (→ Nordostmonsun).
28	Seite 52	Bei der Bora liegt das Bodentief über der warmen Adria, das Bodenhoch über den noch kalten Dinarischen Alpen.
29	Seite 52	In der unmittelbaren Umgebung des Äquators entstehen keine tropischen Wirbelstürme, weil dort die Corioliskraft zu gering ist, um eine Wirbelbildung zuzulassen. Die Bildung tropischer Wirbelstürme beginnt etwa bei 8° Breite. Die jahreszeitliche Verlagerung der tropischen Wirbelstürme verläuft parallel zur ITC.
30	Seite 58	Abhängigkeit der Sättigungsmenge von der Lufttemperatur 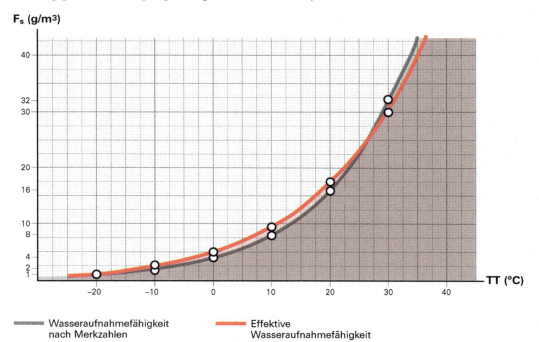
31	Seite 58	A] $F_a = 4$ g/m^3. Die absolute Luftfeuchtigkeit F_a verändert sich bei einer Temperaturzunahme nicht. B] $F_r = 25\%$. 4 g/m^3 (= F_s bei 0 °C) sind 25% von 16 g/m^3 (= F_s bei 20 °C).
32	Seite 58	A] $F_r = 50\%$, denn 8 g/m^3 (= F_a) sind 50% von 16 g/m^3 (= F_s bei 20 °C). B] $F_r = 25\%$, denn 8 g/m^3 (= F_a) sind 25% von 32 g/m^3 (= F_s bei 30 °C). C] $F_r = 100\%$, denn 8 g/m^3 entsprechen dem Sättigungswert von 10-gradiger Luft.

33	Seite 58	A] 20 °C; bei einem Temperaturrückgang um 10 °C wird die relative Luftfeuchtigkeit F_r verdoppelt.
		B] 0 °C; bei einem Temperaturrückgang von 20 °C wird die F_r vervierfacht.
34	Seite 58	A] 4 g/m³.
		Bei 20 °C und einer relativen Luftfeuchtigkeit F_r von 50% herrscht eine absolute Luftfeuchtigkeit von 8 g/m³ (= 16 g/m³ (bei 20 °C) : 2).
		Die Sättigungsmenge F_s beträgt bei 0 °C 4 g/m³.
		F_a (bei 20 °C) − F_s (bei 0 °C) = 8 g/m³ − 4 g/m³ = 4 g/m³.
		B] 1 g/m³.
		F_a (bei 10 °C) − F_s (bei −20 °C) = 2 g/m³ − 1 g/m³ = 1 g/m³.
35	Seite 63	Göschenen liegt 700 m (1 106 m − 406 m) höher als Zürich. Pro 100 m Höhenanstieg sinkt die Temperatur um 1 °C. Die Temperatur beträgt also in Göschenen noch 8 °C (15 °C − 7 °C).
36	Seite 63	18.5 °C
		Die Nullgradgrenze liegt 1 830 m (2 500 m − 670 m) höher als St. Gallen. Pro 100 m Absinken steigt die Temperatur um 1 °C.
		$0 °C + \dfrac{2500 \text{ m} - 670 \text{ m}}{100 \text{ m}} \cdot 1 °C = 0 °C + 18.3 °C \approx 18.5 °C$
37	Seite 63	A] 10 °C.
		B] 1 000 m; der trocken adiabatische Temperaturgradient beträgt 1 °C/100 m Höhenveränderung.
		C] 1 000 m; aus a (10 °C) und b (10 °C/1 000 m) resultieren 1 000 m.
		D] Beim Wechsel von der trocken adiabatischen zur feucht adiabatischen Abkühlung sinkt der Temperaturgradient von 1 °C/100 m auf 0.5 °C/100 m.
38	Seite 63	Hauptföhntäler der Schweiz (SWA S. 14; DWA S. 23): 1. Rhonetal und Genfersee, 2. Saanetal, 3. Unteres Aaretal, 4. Oberes Aaretal / Grimsel, 5. Sarnen / Brünig, 6. Engelberger Aatal, 7. Oberes Reusstal, 8. Unteres Reusstal, 9. Linthtal und Zürichsee, 10. Vorderrheintal (Surselva), 11. Hinterrheintal (Schams, Domleschg), 12. Oberhalbstein und Lenzerheide, 13. Rheintal und Bodensee.
39	Seite 63	Der Nordföhn weist eine geringere Anfangstemperatur auf als der Südföhn. Somit erreicht der Nordföhn den Alpenkamm mit tieferen Temperaturen als der Südföhn.
40	Seite 63	Zwischen Coimbra (15 m ü. M.) und Guarda (1 057 m ü. M.) liegt die Sierra da Estrela (1 991 m ü. M.). An diesem Gebirge müssen die feuchten westlichen Meerwinde aufsteigen und infolge adiabatischer Abkühlung einen Teil des kondensierenden Wasserdampfs abgeben. Coimbra liegt auf der Luv- oder Stauseite, Guarda auf der föhnbedingt trockeneren Leeseite.

41 Seite 66 Je höher ein Ort liegt, desto niedriger ist die Temperatur.

Der Temperaturgradient beträgt hier im Januar 0.365 °C/100 m.

Schaffhausen	390 m ü. M.	–1.3 °C	Januarmittelwert
Säntisgipfel	2 502 m ü. M.	–9.0 °C	Januarmittelwert
Differenz TT	(–1.3 °C) – (–9.0 °C) = + 7.7 °C		
Differenz h	2 502 m – 390 m = 2 112 m		

$$\frac{7.7\,°C \cdot 100}{2\,112\,m} = 0.365\,°C/100\,m$$

Der Temperaturgradient beträgt im Juli 0.578 °C / 100 m.

Schaffhausen	390 m ü. M.	17.8 °C	Julimittelwert
Säntisgipfel	2 502 m ü. M.	5.6 °C	Julimittelwert
Differenz TT	(17.8 °C) – (5.6 °C) = + 12.2 °C		
Differenz h	2 502 m – 390 m = 2 112 m		

$$\frac{12.2\,°C \cdot 100}{2\,112\,m} = 0.578\,°C/100\,m$$

42 Seite 66 Der Unterschied hat zwei Ursachen: Zum einen ist das Schwarze Meer viel kleiner als der Atlantik (kleinere Wassermenge = kleinerer Einfluss), zum andern wehen in Westirland vom Atlantik her Westwinde gegen das Land, die die atlantische Wärme ins Landesinnere bringen, während an der Donaumündung die Westwinde vom Lande wegfliessen und somit den ohnehin schwachen Einfluss des Schwarzen Meers zunichtemachen.

43 Seite 66 Die dunklen, massigen Dach- und Asphaltflächen absorbieren mehr Sonnenlicht als die Vegetation der Parkanlagen. Daher entwickeln sich in den Parkanlagen tiefere und somit angenehmere Lufttemperaturen.

44 Seite 66 Für diesen Umstand ist hauptsächlich die Exposition verantwortlich.

45 Seite 67

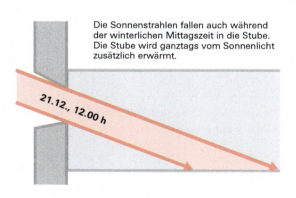
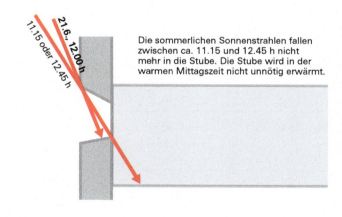

Lichteinfall in die Bündnerstube am 21.12. und 21.6.

46 Seite 77 Kanarenstrom, Nord-Äquatorialstrom, Süd-Äquatorialstrom, Brasilstrom, Antarktischer Strom, Perustrom, Ostaustralstrom.

47 Seite 77 Benguelastrom.

48	Seite 77	An der Ostküste Brasiliens fliesst der warme Brasilstrom, an der Küste Südwestafrikas der kalte Benguelastrom.
49	Seite 77	Dort trifft der kalte Labradorstrom auf den warmen Golfstrom. Die kalten bzw. warmen Luftmassen über diesen Strömen werden durchmischt. Infolge der Temperatursenkung der warmen und feuchten Luftmassen kondensiert Wasserdampf zu Nebel.
50	Seite 77	Die Südküste Islands wird vom warmen Golfstrom bespült, während sich durch die Beringstrasse der kalte Kurilenstrom (mit Treibeis) zwängt.
51	Seite 77	Bei einem El-Niño-Ereignis nimmt der Südostpassat als auch der Perustrom ab. Richtungsänderungen der Luft- und Wasserströme sind die Folge. Dadurch erhöht sich die Wassertemperatur im Äquatorbereich.
52	Seite 88	A] Die Monate April bis September gelten auf der Südhalbkugel als Wintermonate. B] Hanoi liegt auf der Nordhalbkugel. Die Wintermonate (Oktober bis März) sind trocken.

53 Seite 88

Gemäss Atlas	Gemäss Köppen
Am	Am (Tropisches Monsunklima)
Awf	Aw (Savannenklima)
Awt	Aw (Savannenklima)
BSh	BS (Steppenklima)
BSk	BS (Steppenklima)
BWh	BW (Wüstenklima)
BWk	BW (Wüstenklima)
Cs	Cs (Warmes, sommertrockenes Klima)
Cf	Cf (Feuchtgemässigtes Klima)
ET	ET (Tundrenklima)

54	Seite 89	A] Assuan gehört zum Klimatyp BW Wüstenklima. Wärmster Monat (33 °C) über 10 °C. Trockenheitsindex (Ti): NN / (TT+7) = 0.3 / (26+7) = 0.009 Periodizität: Der trockenste Sommermonat weist 0 mm und der feuchteste Wintermonat 1 mm Niederschlag auf; der Sommer ist (mit weniger als 1/3 des Winters) trocken. Der trockenste Wintermonat weist 0 mm und der feuchteste Sommermonat 2 mm Niederschlag auf; der Winter ist auch (mit weniger als 1/10 des Sommers) trocken. Sind beide Jahreszeiten trocken, liegt keine Periodizität vor. B] New York gehört zum Klimatyp Cf («unser Klima», d. h. das feuchtgemässigte Klima in Mitteleuropa). Wärmster Monat (23 °C) über 10 °C. Kältester Monat (–1 °C) zwischen +18 °C und –3 °C. Trockenheitsindex: NN / (TT+7) = 109.2 / (11+7) = 6.07 Periodizität: Der trockenste Sommermonat weist mehr (81 mm) als 1/3 Niederschlag des feuchtesten Wintermonats (105 mm) auf. Der trockenste Wintermonat (76 mm) weist mehr als 1/10 Niederschlag des feuchtesten Sommermonats (108 mm) auf. Sind beide Jahreszeiten feucht, liegt keine Periodizität vor.
55	Seite 89	Die Klimastation Säntis gehört zum Klimatyp ET Tundrenklima. Auf die Berechnung der Periodizität und des Trockenheitsindexes können wir verzichten, denn der wärmste Monat (ca. 6 °C) liegt unter 10 °C und über 0 °C.

56 Seite 89   1 E Schneeklima, 2 D Boreales oder Schnee-Wald-Klima, 3 C Warmgemässigtes Klima, 4 A Tropisches Regenklima ohne Winter

57 Seite 89   Die solaren Klimazonen werden rein mathematisch gekennzeichnet: In der Tropenzone erreicht die Sonne zenitale Stellung, in den gemässigten Zonen herrscht der Tag-Nacht-Rhythmus und in den Polarzonen gibt es Tage ohne Sonnenaufgang resp. -untergang. Die physischen Klimazonen Köppens werden dadurch gekennzeichnet, dass in ihnen die Klimafaktoren Temperatur und Niederschlag einen wirklich ähnlichen Verlauf haben und die Vegetation einen einheitlichen Charakter aufweist.

58 Seite 89

Abb.	Klimazone		Klimatyp	
7-6	A	Tropisches Regenklima ohne Winter	Aw	Savannenklima
7-7	E	Schneeklima	ET	Tundrenklima
7-8	B	Trockenklima	BW	Wüstenklima (Sahara)
7-9	C	Warmgemässigtes Klima	Cs	Warmes sommertrockenes Klima («Mittelmeerklima»)
7-10	E	Schneeklima	EF	Klima ewigen Frosts
7-11	A	Tropisches Regenklima ohne Winter	Af	Tropisches Regenwaldklima

59 Seite 91

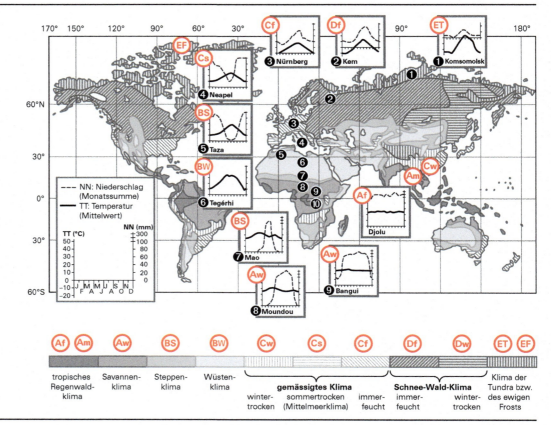

60 Seite 93   Synoptisch bedeutet in der Meteorologie die Durchführung der Wetterbeobachtungen zu den gleichen (synoptischen) Terminen.

61 Seite 100   A] Westlich von Paris stösst die Kaltfront nach Osten vor. Die Temperatur beträgt 8 °C, der Luftdruck 1 025 hPa. Der Himmel ist bedeckt, es fällt wohl Regen. Der Wind bläst aus Südwesten mit 15 Knoten.

B] Das in A] beschriebene Wetter wird in einigen Stunden in Paris sein.

62	Seite 100	A] Bewölkt und es hat auch Nebel.
		B] 4 °C.
		C] 5 Knoten aus WSW (Westsüdwest).
		D] 1 030 hPa.
		E] Ja. Dies ist anzunehmen, da gerade eine Kaltfront über der Stadt liegt.
		F] Leicht bewölkt, Temperatur 12 °C, Luftdruck 1 033.4 hPa (334 ist zu lesen als 1 033.4), Windgeschwindigkeit 10 Knoten, Windrichtung WSW (Westsüdwest).
63	Seite 100	A] In 5 720 m Höhe.
		B] (558 − 510) · 10 m = 480 m.
64	Seite 101	A] 00Z: Die Taupunkttemp. beträgt ca. −13 °C, die Lufttemperatur ca. 5 °C. Pro 10 °C Temperaturdifferenz halbiert sich die rel. Luftfeuchtigkeit. Temp.-Differenz ca. 18 °C, rel. Luftfeuchtigkeit ca. 30%. 12Z: Temperaturdifferenz ca. 15 °C, relative Luftfeuchtigkeit ca. 40%.
		B] In 2 km Höhe: ca. 24 Knoten aus SW. In 9 km Höhe: 25 Knoten aus S.
65	Seite 106	A] Warmluft ist leichter als Kaltluft. Bei der Warmfront steigt die Warmluft an der Kaltluft auf und verdrängt mit der Zeit die schwere Kaltluft. Das bedeutet, dass die Luft über einer Bodenstation ständig leichter wird, da sie immer mehr Warmluft enthält. Leichtere Luft drückt weniger auf das Barometer – der Luftdruck sinkt.
		B] Eine Kaltfront.
		C] Heftiger Niederschlag, böige Winde, eventuell Gewitter.
66	Seite 106	Das Vorderseitenwetter spielt sich in einem flach ansteigenden, vorwiegend horizontalen Kondensationsraum, das Rückseitenwetter in einem steilen, vertikalen Kondensationsraum ab. Bei Ersterem fallen die Niederschläge der verschiedenen Wolkentypen nacheinander aus, bei Letzterem gewissermassen gleichzeitig.
67	Seite 106	A] In Kaltluft, vor Eintreffen der Warmfront.
		B] Eine Kaltfront.
		C] Kalte Luft ist schwerer als die verdrängte Warmluft und sinkt im Frontbereich kräftig ab.
		D] Eine Kaltfront.
68	Seite 106	Auftauchen der Warmfront – Zunehmende Bewölkung von Westen – Beginnender Landregen, Eintritt in den Warmsektor – Aufhellung mit kurzer Erwärmung – Herannahen der Kaltfront – Steile Wolkenbänke mit plötzlichem Schauerregen und böigen Winden, Eintritt in das Hoch – Aufhellung, Rückseitenwetter.
69	Seite 106	Die Bewegungsrichtung der Zyklonen wird von der Bewegungsrichtung des ostwärts strömenden Jetstreams bestimmt.

70   Seite 106   Wetterkarte an einem typischen Februartag:

1. Front: Kaltfront
2. Sektor: Kaltluft fliesst ein
3. Druckgebiet: keines, Normaldruck (ca. 1 015 hPa)
4. Temperatur: 6 °C
5. Bedeckung: Der Himmel ist bedeckt
6. Niederschläge: Es fallen Niederschläge
7. Wind: aus Nordwesten
8. Wetterlage: Übergang von Westwindlage zu Staulage

Zusammenfassung: Zürich liegt bei niedriger Temperatur in einem (noch) niederschlagsfreien Warmsektor. Infolge der Temperaturinversion verdeckt eine (Hoch-)Nebeldecke den Himmel.

---

71   Seite 112   A] Westwindlage (NW- bis SW-Winde)

                                 B] Bisenlage (NE- bis E-Winde)

                                 C] Föhnlage (S- bis SW-Winde)

                                 D] Staulage (N- bis NW-Winde)

---

72   Seite 113   A] Es herrscht Westwindlage. Die Luft fliesst zwischen dem Hoch über Portugal und dem Tief über dem Ärmelkanal ostwärts.

B] Die Schweiz liegt im Bereich des Rückseitenwetters einer abgezogenen Okklusion. Der Luftdruck liegt bei 1 010 hPa, der Himmel ist bedeckt und es gibt schauerartige Niederschläge.

---

73   Seite 113   Die Prognose für Dienstagabend lautet: Auf der Alpennordseite und im Wallis ist es wechselnd bewölkt und es kann vereinzelt regnen, vor allem in Juranähe. Am Abend besteht eine zunehmende Niederschlagsneigung. Es weht in den Bergen, zum Teil auch im Flachland, starker West- bis Südwestwind.

---

74   Seite 114   Die Prognose für Montagabend lautet: In der ganzen Schweiz ist es schön, sonnig und hochsommerlich heiss. Die Höchsttemperaturen betragen in der ganzen Schweiz bei 32 Grad. Es weht im Allgemeinen ein schwacher Wind, in den Bergen aus westlicher Richtung.

---

75   Seite 114   Die Prognose für Montagabend lautet: In der ganzen Schweiz ist es meistens sonnig. Am Nachmittag bilden sich in den Bergen Quellwolken und es entstehen gegen Abend einzelne Gewitter.

76 Seite 115

Wetterlage	Das Hoch liegt über	Das Tief liegt über	Der Wind weht aus	Es herrscht ... Wetter	Advektiv	Konvektiv
Westwindlage	Südspanien Nordafrika	Grossbritannien, Skandinavien	Westen bis Südwesten	kühles, feuchtes	☒	☐
Bisenlage	Skandinavien	Östliches Mittelmeer	Nordosten	trockenes, kaltes	☒	☐
Staulage	Grossbritannien	Italien, Balkan	Nordwesten	kühles, feuchtes auf der Nordseite, trockenes auf der Südseite	☒	☐
Föhnlage	Italien	Grossbritannien	Süden bis Südosten	trockenes, warmes im N, feuchtes im S	☒	☐
Schönwetterlage	Mitteleuropa	nach Norden abgedrängt	windstill	schönes, sonniges, warmes	☐	☒
Gewitterlage	Flachdrucklage		schwache Winde	gewitterhaftes (Quellbewölkung)	☐	☒

77 Seite 117

A] Eine Bisenlage

B] Eine Warmfront

C] Der Warmsektor

78 Seite 130

Ein Treibhausgas ist ein Spurengas in der Atmosphäre, das die kurzwelligen Sonnenstrahlen passieren lässt und die langwelligen Strahlen der Wärmerückstrahlung absorbiert. Dadurch entweicht die Wärme nur noch reduziert ins All und heizt die Atmosphäre ähnlich einem Glashaus auf. Zu den anthropogenen Treibhausgasen zählen wir Kohlenstoffdioxid, Methan, Ozon, Fluorkohlenwasserstoff und Lachgas.

79 Seite 130

Weil die zur Spaltung der O_2-Moleküle erforderliche kurzwellige UV-Strahlung nur in der Stratosphäre vorkommt.

80 Seite 130

A] Kohlenstoffdioxid: anthropogener Treibhauseffekt

B] Schwefeldioxid: Wintersmog

C] VOC: fotochemischer Smog

D] FCKW: Ozonabbau in der Stratosphäre, anthropogener Treibhauseffekt

81 Seite 130

Den stattfindenden Klimawandel sehen wir in unseren Breitengraden am Abschmelzen der Gletscher und am Ansteigen des Meeresspiegels. Doch auch die Häufung von extremen Witterungsabläufen ist auffällig: Orkane treten in Europa häufiger auf als früher und die Jahreszeiten weisen zunehmend untypische Witterung auf. Die heute geltenden Klimamodelle gehen von extremen Wetterereignissen als Beginn des Klimawandels aus.

82   Seite 130

A] Durch die Zunahme der Reisanbaufläche nehmen die Methan-Emissionen zu. Das verstärkt den Treibhauseffekt.

B] Mit steigender Temperatur nimmt die Verdunstung zu, der Wasserdampfgehalt der Atmosphäre steigt. Das verstärkt den Treibhauseffekt.

C] Durch die Zunahme der Fläche der Sandwüsten steigt der Anteil der hellen Erdoberfläche, welche die Sonnenstrahlung stärker reflektiert. Das vermindert die Erwärmung.

83   Seite 130

- Stopp der Brandrodungen: Verzicht auf gewisse landwirtschaftliche Produkte
- Ersatz fossiler Energieträger durch erneuerbare Energien
- Reduktion des Energieverbrauchs jedes Einzelnen
- Erhöhung der Energieeffizienz in Heizungsanlagen, Motoren etc.
- Verminderung der Verluste durch bessere Isolation von Gebäuden, Kühlanlagen etc.

84   Seite 135

Wintersmog entsteht bei winterlichen Inversionslagen durch die Ansammlung von hauptsächlich Russ und Schwefeldioxid unterhalb der Inversionsschicht (= Sperrschicht).

85   Seite 135

Eine langfristige Verdoppelung der Ozonkonzentration – dieser Wert ist an sommerlichen Tagen leider nicht selten – verringert den Ernteertrag an Weizen um über 60%, während eine Ozonabnahme auf 50% eine Steigerung von knapp 10% hervorbringen würde. Da die Ozonkonzentration im Verlaufe des Sommers schwankt und der Durchschnittswert noch unter 150% liegt, sind weltweit die Ernteverluste mit ca. 15% zu veranschlagen. Genaue Kostenberechnungen zeigen, dass die Ernteeinbussen heute schon höher liegen als die Kosten, die durch effektive Gegenmassnahmen zur Senkung des Ozongehalts verursacht würden. Abgesehen von derartigen Rentabilitätsberechnungen verschärfen diese Mindererträge auch die Welthungersituation.

86   Seite 135

«Oben», gemeint ist die Stratosphäre, wird Ozon durch das Chlor der FCKW fortwährend abgebaut. Das Ozonloch wird grösser und die UV-Einstrahlung intensiver. «Unten», gemeint ist die Troposphäre, steigt der Ozongehalt infolge der bei Verbrennungsprozessen ausgestossenen Stickstoffoxide, die durch fotochemische Prozesse umgewandelt werden. Eine hohe Konzentration von Ozon wirkt auf alle Atemprozesse schädlich.

87   Seite 135

Mit dem Ansteigen des Schwefeldioxidwerts und dem Rauchanteil steigt auch auffallend die Zahl der Todesfälle. Es lässt sich – im Sinne einer grundsätzlichen Erkenntnis – festhalten, dass die Luftbelastung durch Rauch und SO_2 gesundheitsschädigend ist.

88   Seite 135

Lösungsweg: 4 °C / 0.65 °C = 6.15 und 6.15 mal 100 m = 615 m. Das heisst: Um ca. 600 m steigen alle Höhengrenzen an! Diskutieren Sie für sich dieses eindrückliche Resultat.

Glossar

Abkühlung	Absinken der Lufttemperatur entweder durch Zufuhr von kühleren Luftmassen oder durch nächtliche Ausstrahlung bei wolkenlosem Himmel und trockener Luft (mit Nebelbildung in der Folge). Infolge der Abkühlung steigt die relative Feuchtigkeit bis 100% und der Wasserdampf kondensiert, es bilden sich Wolken. In weiterer Folge kann es zu Niederschlägen kommen. Abkühlung kann auch durch Druckerniedrigung erfolgen.
Ablenkung der Winde	Die durch die Drehung der Erde verursachte Scheinkraft (Corioliskraft) lenkt jede Luftströmung auf der Nordhalbkugel nach rechts (auf der Südhalbkugel nach links) ab.
Absorption	Eigenschaft von dunklen, matten Körpern, einfallende Strahlung aufzunehmen.
Adiabatisch	Vorgang, bei dem Luftmassen vertikal bewegt werden und kein Wärmeaustausch mit der Umgebung stattfindet. Aufsteigende Luft dehnt sich aus (geringerer Luftdruck) und kühlt dabei ab, absinkende wird komprimiert (höherer Luftdruck) und erwärmt sich. Praktisch alle Vertikalbewegungen in der Lufthülle verlaufen adiabatisch, unterhalb des Kondensationsniveaus trockenadiabatisch (Temperaturänderung 1 °C/100 m), oberhalb feuchtadiabatisch (etwa 0.5 °C/100 m).
Albedo	Rückstrahlvermögen bzw. das Verhältnis zwischen einfallender und reflektierter Sonnenstrahlung.
Antizyklone	Bezeichnung für Hochdruckgebiet, siehe Hoch. Gegensatz: Zyklone.
Äquatoriale Tiefdruckrinne	Quasistationärer Tiefdruckgürtel zwischen den beiden Zonen der subtropischen Hochdruckzellen auf der Nord- und Südhalbkugel. Siehe auch ITC.
Arid	Ist die mögliche jährliche Verdunstung in einem Gebiet grösser als der jährliche Niederschlag, so ist das Klima arid (= trocken). Gegenteil: humid (= feucht).
Atmosphäre	Lufthülle der Erde. Zeigt in ihrem vertikalen Aufbau unterschiedliche Eigenschaften und wird daher in mehrere «Stockwerke» unterteilt. Die Stockwerke heissen von unten nach oben: Troposphäre, Stratosphäre, Mesosphäre, Thermosphäre (mit der Ionosphäre) und Exosphäre.
Ausstrahlung	Wärmeabstrahlung der Erdoberfläche an die darüberliegenden Luftschichten.
Azorenhoch	Ein im Bereich der Azoren liegendes Hochdruckgebiet, das zum subtropischen Hochdruckgürtel des Nordatlantiks zählt und als eines der «Aktionszentren» für das Wetter in Mitteleuropa eine wichtige Rolle spielt.
Barometrische Höhenstufe	Höhendifferenz zweier Punkte, bei der der Luftdruck um 1 hPa abnimmt. Die barometrische Höhenstufe beträgt in der unteren Troposphäre ca. 10 m.
Bauernregel	Wetterprognosen aufgrund jahrhundertelanger Beobachtungen des Wettergeschehens. Haben erstaunliche Gültigkeit, aber oft nur regional beschränkt.
Bergwind	Entsteht nachts bei ungestörtem Wetter durch die grosse Wärmeausstrahlung der Berggipfel und weht ins Tal hinunter.
Bisenlage	Grosswetterlage über Mitteleuropa. Sie entsteht, wenn sich nördlich der Schweiz ein Hoch und über dem Mittelmeer ein Tief befindet. Gekennzeichnet durch die Bise, einen kalten Wind aus Nord bis Nordost im schweizerischen und französischen Alpenvorland.
Bodenbeschaffenheit	Klimafaktor. Abhängig davon sind Reflexion und Absorption und dies wirkt sich auf die Lufttemperatur aus. Siehe auch Albedo.
Breitenlage	Klimafaktor. Die geografische Breite eines Punkts bestimmt den Einfallswinkel des Strahlungsstroms und damit den Energieeinfall, der weitgehend die durchschnittliche Lufttemperatur bestimmt.
Celsius	Celsius-Skala. Die heute weit verbreitete, auf den schwedischen Astronomen Anders Celsius zurückgehende, in 100 Grad geteilte Skala zur Temperaturmessung, wonach der Gefrierpunkt des Wassers bei 0 Grad und der Siedepunkt des Wassers (auf Meeresniveau) bei 100 Grad liegt.

Corioliskraft	Ablenkende «Kraft» der Erddrehung. Benannt nach ihrem Entdecker, dem französischen Physiker Gaspard de Coriolis. Durch die Rotation der Erde um ihre eigene Achse entsteht eine (Trägheits-) «Kraft», die bewirkt, dass ein Hoch auf der Nordhalbkugel im Uhrzeigersinn und ein Tief gegen den Uhrzeigersinn umströmt wird. Auf der Südhalbkugel erfolgt die Umströmung genau umgekehrt.
Dunst	Trübung der Atmosphäre durch Wasserdampf und / oder Aerosole mit einer Minderung der Sicht bis auf 2 km.
El Niño	Umkehr der Meeres- und Luftströmung im südl. Pazifik, tritt etwa alle 2–7 Jahre auf und setzt um die Weihnachtszeit ein, daher der Name «El Niño», das Kind, gemeint ist «das Christkind». Dieser Vorgang hält einige Monate an und verursacht massive Wetteränderungen nicht nur im Südpazifik, sondern auch in weit entlegenen Teilen der Erde.
Exposition	Klimafaktor. Lage eines Orts in Bezug auf die Einfallsrichtung und die Steilheit der Sonnenstrahlen.
Fallwind	Wind, der auf der Leeseite von Gebirgen (durch adiabatische Erwärmung) trocken und erwärmt als Föhn auftritt, aber auch von kalten Hochflächen als kalter Fallwind (Bora) in ein wärmeres Gebiet eindringt.
FCKW	Abkürzung für Fluorchlorkohlenwasserstoff. Künstlich hergestelltes Gas, das hauptverantwortlich ist für den Ozonabbau in der Stratosphäre. Siehe auch Ozonloch.
Föhn	Warmer, trockener, meist heftiger Fallwind, der auf der Alpennordseite auftritt. Kommt auch an der Alpensüdseite als sogenannter «Nordföhn» vor, wenn von Norden oder Nordwesten her Kaltluftmassen die Alpen überqueren.
Föhnlage	Grosswetterlage über Mitteleuropa. Das Hoch über Italien steuert warm-feuchte Luft ins Tief über den Britischen Inseln. Auf der Alpensüdseite Niederschläge, auf der Alpennordseite warmer, trockener Fallwind. Siehe auch Föhn.
Fossile Brennstoffe	Brennstoff zur Energienutzung aus Resten von Lebewesen (Erdöl, Erdgas) oder Pflanzen (Kohle). Bei seiner Verbrennung wird Kohlenstoffdioxid freigesetzt. Siehe auch Treibhauseffekt.
Frontalzone	Schwankungsbereich der Polarfront.
Gewitter	Mit Donner und Blitz einhergehende elektrische Entladung in Cumulonimbus-Wolken oder zwischen Wolke und Erde, meist mit kräftigen Schauerniederschlägen verbunden. Gewitter entstehen durch rasches Aufsteigen feuchtwarmer Luft und ihre rasche Abkühlung.
Gewitterlage	Grosswetterlage über Mitteleuropa. Flache Druckverteilung (Isobaren liegen weit auseinander) mit eher tiefem Druck begünstigt die Bildung von Quellwolken und Gewittern. Siehe auch Gewitter.
Globaler Wasserkreislauf	Unter Einfluss der Sonnenstrahlung verdunstet Wasser (meist über den Meeren), wird durch Winde transportiert und fällt als Niederschlag wieder zur Erde. Dies entweder über den Meeren oder den Kontinenten, von denen er durch die Flüsse oder unterirdisch wieder den Meeren zugeführt wird.
Grosswetterlage	Über mehrere Tage wetterbestimmende Anordnung von Hoch- und Tiefdruckgebieten in einem Gebiet. In Mitteleuropa unterscheidet man folgende typische Lagen: Westwindlage, Bisenlage, Staulage, Föhnlage, Schönwetterlage und Gewitterlage.
Halo	Grosser farbiger Ring um Sonne und Mond. Entsteht durch Lichtbrechung in den Eiskristallen dünner Cirrostratus-Wolken; meist Vorbote für Wetterverschlechterung (Wolkenaufzug vor Warmfront).
Hektopascal	Druckeinheit in der Meteorologie ab 1.1.1984 (nach Blaise Pascal). Sie löste das Millibar ab. 1 Hektopascal (hPa) = 1 Millibar (mbar).
Hoch	Ein Hochdruckgebiet oder eine Antizyklone ist ein Gebiet, in dem der Luftdruck allseitig zum Zentrum hin zunimmt. Das Zentrum wird von einer oder mehreren kreisförmigen Isobaren in eher weiteren Abständen zueinander umgeben. Das Hoch wird auf der Nordhalbkugel vom Wind im Uhrzeigersinn umströmt (umgekehrt wie beim Tief).
Hof	Enge Farbringe um Sonne und Mond, die beim Durchscheinen von dünnen Wasserwolken entstehen. Kommt bei Altostratus-Wolken vor und ist ein Schlechtwetterzeichen.

Höhenlage	Klimafaktor. Lage eines Orts im Bezug auf die Meereshöhe. Mit zunehmender Höhe über Meer sinken Lufttemperatur und Luftdruck.
Höhenstufen	Durch Temperatur und Niederschlag bedingte Vegetationsstufen, die an einem Gebirgshang einander folgen. In den Alpen unterscheidet man: Hügelstufe, Bergstufe, untere Alpenstufe, obere Alpenstufe und Schneestufe.
Humid	Besteht ein Überschuss an Niederschlag gegenüber der möglichen Verdunstungsmenge, so ist das Klima humid (= feucht). Gegenteil: arid (= trocken).
Hurrikan	Tropischer Wirbelsturm im Bereich Mittelamerikas und dem Südosten der USA; besonders von Juli bis September auftretend.
ITC	Abkürzung für innertropische Konvergenzzone. Im Äquatorbereich fliessen die Luftströmungen (Passate) in Bodennähe zusammen (konvergieren) und werden zum Aufsteigen gezwungen, was zu Wolkenbildung und Niederschlag führt. Auch die Erwärmung durch die Sonne spielt eine Rolle. Siehe auch äquatoriale Tiefdruckrinne.
Inversion	Luftschicht, in der die Temperatur mit der Höhe zunimmt statt abnimmt. Mit der Temperaturumkehr ist auch eine Feuchteabnahme verbunden. Im Winter meist Ursache für die Bildung von Nebel oder Hochnebel und Smog.
Islandtief	Quasistationäres, für das Wetter in Mitteleuropa besonders wirksames Tiefdruckgebiet über dem Nordatlantik. Es kann das ganze Jahr über auftreten und bewirkt in Europa Wind, Niederschlag und nur kurzzeitige Aufhellungen, also sehr veränderliches Wetter.
Isobaren	Linien gleichen Luftdrucks.
Isohyeten	Linien gleicher Niederschlagshöhe.
Isothermen	Linien gleicher Lufttemperatur.
Jetstream	In der oberen Troposphäre der Subtropen und der gemässigten Breiten auftretendes Band sehr hoher Windgeschwindigkeiten aus westlicher Richtung. (Wird auch als Strahlstrom bezeichnet.)
Kalmen	Die Kalmengürtel sind Schwachwindzonen auf den Weltmeeren im Bereich der subtropischen Hochdruckzellen. Siehe auch Rossbreiten.
Kaltfront	Grenzfläche zwischen warmen und kalten Luftmassen, wenn kältere Luft die wärmere Luft am Boden verdrängt und zum Aufsteigen bringt. Beim Durchzug einer Kaltfront dreht der Wind unter Auffrischen meist von SW auf NW, die Lufttemperatur sinkt plötzlich (Temperatursturz) und der Luftdruck beginnt zu steigen.
Klima	Mittlerer Zustand der Atmosphäre über einem grösseren Gebiet mit ähnlichen Wetterabläufen während einer längeren Zeitepoche (30 Jahre).
Klimadiagramm	Grafische Darstellung der durchschnittlichen Monatswerte von Temperatur und Niederschlag eines Orts.
Klimaelemente	Sechs grundlegende, durch meteorologische Messinstrumente erfassbare Grössen: Sonnenstrahlung, Lufttemperatur, Luftdruck, Wind, Luftfeuchtigkeit und Niederschlag.
Klimafaktoren	Naturräumliche Gegebenheiten, von denen die Klimaelemente beeinflusst werden. Es sind dies: Breitenlage, Exposition, Bodenbeschaffenheit, Höhenlage, Kontinentalität, Meeresströmungen.
Klimatologie	Lehre vom Klima der Erde. Beschäftigt sich mit der Witterung im Jahresverlauf, um daraus eine Aussage über den mittleren Zustand der Atmosphäre abzuleiten.
Klimatypisierung	Zusammenfassung, Systematisierung und übersichtliche Darstellung der sich während der Jahreszeiten in einem geografischen Raum ähnelnden Wetterabläufe. Siehe auch Witterung.
Klimavorhersage	Versuch, das Klima der Zukunft aufgrund der Klimaentwicklung der Vergangenheit vorherzusagen.
Klimazone	Geografischer Grossraum, in dem möglichst viele Klimaelemente über Jahre hinweg weitgehend ähnlichen Verlauf aufweisen.

Kohlenstoff-Kreislauf	Durch die Fotosynthese binden die Pflanzen Kohlenstoff und setzen Sauerstoff frei. Auch wird durch Sedimentation und die Bildung fossiler Brennstoffe Kohlenstoff gebunden. Dagegen binden Verbrennungsprozesse, Atmung und Verwesung Sauerstoff und setzen Kohlenstoff frei. Die beiden Stoffe befinden sich also in einem Kreislauf. Siehe auch Treibhauseffekt.
Kondensation	Umwandlung des (unsichtbaren) Wasserdampfs zu Wassertröpfchen, die bei Vorhandensein von Kondensationskernen eine Wolke oder Nebel bilden. Ursache: Abkühlung der Luft bis zum Taupunkt, d. h. bis zur vollständigen Sättigung der Luft mit Wasserdampf (100% Luftfeuchtigkeit).
Kontinentalität	Klimafaktor. Klimatischer Gegensatz zwischen Meer und Festland. Wirkt sich auf die Durchschnittstemperaturen und die Niederschlagsmenge aus. Siehe auch Temperaturamplitude.
Köppens Klimaklassifikation	Beruht auf der Systematisierung klimatologischer Beobachtungsergebnisse. Die Grundlage bildet der mittlere Zustand der bodennahen Troposphäre, hauptsächlich geprägt von Temperatur und Niederschlag, denn diese wirken sich direkt auf die Vegetation aus.
Köppens Klimatypen	Es werden die folgenden 12 Typen unterschieden: Tropisches Regenwaldklima (Af), Tropisches Monsunklima mit Regenwald (Am), Savannenklima (Aw), Steppenklima (BS), Wüstenklima (BW), warmes, wintertrockenes Klima (Cw), warmes, sommertrockenes Klima (Cs), feuchtgemässigtes Klima (Cf), wintertrockenkaltes Klima (Dw), winterfeuchtkaltes Klima (Df), Tundrenklima (ET), Klima ewigen Frosts (EF).
Landregen	Lang anhaltender Regen, durch Aufgleiten von warmer auf kühler Luft verursacht, in der Regel an der Warmfront auftretend. Gegensatz: kurzzeitige Regenschauer (in oder nach einer Kaltfront).
Landwind	Nachts bei Schönwetter auftretender Wind, der vom sich abkühlenden Land nach der relativ warmen Wassermasse (See, Meer) weht.
Lee	Ein der Seemannssprache entnommener Begriff für die dem Wind abgewandte (windgeschützte) Seite eines Gebirges oder Hindernisses, im Gegensatz zum «Luv», der dem Wind zugewandten (windoffenen) Seite.
Luftdruck	Klimaelement. Der Druck, den die Luft infolge der Schwerkraft auf eine Fläche ausübt. Der Druck ist in der Physik als Kraft pro Fläche definiert. Eine gedachte vertikale Luftsäule also, die vom Erdboden bis an den Rand der Atmosphäre reicht, übt auf eine Einheitsfläche im Durchschnitt das Gewicht von 1 013.2 Hektopascal (hPa) aus. 1 hPa = 100 Pascal (Pa); 1 Pa = 1 Newton/Quadratmeter. 1 Newton (N) ist die Kraft, die der Masse von 1 Kilogramm (kg) die Beschleunigung von 1 Meter pro Sekundenquadrat (1 m/s^2) erteilt.
Luftfeuchtigkeit	Klimaelement. Wasserdampfgehalt der Luft. Angegeben als relative Feuchtigkeit (in Prozent) und absolute Feuchtigkeit (in Gramm Wasserdampf pro Kubikmeter Luft [g/m^3]).
Lufttemperatur	Klimaelement. Wärmezustand der Luft, abhängig von Sonnenstand, Höhe über Meer, Wind und Luftfeuchtigkeit sowie der Beschaffenheit der Erdoberfläche. Die mittlere Lufttemperatur über die gesamte Erdoberfläche beträgt etwa 15 °C.
Luftverschmutzung	Gesamtbegriff für die Verunreinigung der Atmosphäre mit einer Vielzahl verschiedener chemischer Substanzen, die umwelt- und gesundheitsgefährdend sein können.
Luv	Bezeichnung für die dem Wind zugewandte Seite eines Gebirges, die allgemein reichliche Wolkenbildung und Niederschläge aufweist. Gegensatz: Wolkenarmut auf der im «Lee» liegenden Gebirgsseite.
Meeresströmungen	Klimafaktor. Horizontale Verfrachtung von Wassermassen, in den oberen Lagen vor allem durch die Winde hervorgerufen. Warme Meeresströmungen fliessen vom Äquator polwärts und wirken sich in höheren Breiten erwärmend auf das Klima aus. Umgekehrt kühlen die von den Polen kommenden kalten Meeresströmungen die Küstengebiete ab.
Meteorologie	Meteorologie ist die Lehre von den physikalischen Erscheinungen und Vorgängen in der Lufthülle der Erde.

Monsun	Grossräumige Luftströmung, die jahreszeitlich in ihrer Richtung wechselt. Auf der Nordhalbkugel strömt der Sommermonsun als ursprünglicher SE-Passat lange Strecken über offene Meeresflächen, nimmt Feuchtigkeit auf und fliesst nach der Äquatorüberquerung als SW-Monsun in die weit nördlich, meist landeinwärts liegende ITC. Der Sommermonsun bringt oft starke Niederschläge bis weit ins Landesinnere. Der Wintermonsun, ein NE-Passat aus dem Landesinnern, strömt als trockener, oft kalter Wind aufs Meer hinaus in Richtung der jetzt auf der Südhalbkugel liegenden ITC.
Nebel	Eine am Boden aufliegende Wolke aus kleinen Wassertröpfchen mit Sichtweite unter 1 km. Nebel entsteht, wenn sich feuchte Luft, die auch ausreichend Kondensationskerne enthält, unter den Taupunkt abkühlt, also mit Wasserdampf gesättigt ist.
Niederschlag	Klimaelement. Entsteht durch verschiedene Prozesse, bei denen kleine schwebende Wolkentröpfchen zu grossen Tropfen anwachsen, aus der Wolke ausfallen und den Erdboden erreichen. Der Niederschlag kann in verschiedener Form aus der Wolke fallen: Regen, Nieselregen, Schnee, Graupel oder Hagel.
Okklusion	Vereinigung einer Kaltfront mit einer Warmfront, wobei die schneller ziehende Kaltfront die vorangehende Warmfront einholt. Der zwischen den Fronten liegende «Warmsektor» wird dabei immer mehr eingeschnürt und die Warmluft schliesslich vom Boden abgehoben.
Ozeanografie	Die Ozeanografie hat die Aufgabe, die in den Ozeanen ablaufenden Vorgänge zu untersuchen, deren Ursachen zu finden und die grundlegenden Gesetzmässigkeiten aufzudecken.
Ozonloch	Während das bodennahe Ozon (Sommersmog) durch menschliche Aktivitäten zunimmt, nimmt das stratosphärische Ozon ab. Diese Abnahme wird insbesondere durch den Ozonkiller FCKW hervorgerufen.
Ozonschicht	Teil der Stratosphäre in 20–30 km Höhe mit hohem Ozonanteil; Ozon wird gebildet aus Sauerstoff unter Einwirkung ultravioletter Strahlung, aber zerstört durch Treibgase. Siehe Ozonloch.
Passat	Beständiger, auf beiden Erdhalbkugeln das ganze Jahr hindurch auftretender Wind, der vom subtropischen Hochdruckgürtel zum Äquator weht. Durch die Corioliskraft wird der Wind jedoch abgelenkt, sodass er auf der Nordhalbkugel als Nordostpassat, auf der Südhalbkugel als Südostpassat auftritt.
Planetarisches Druck- und Windsystem	Allgemeines Zirkulations-System der Atmosphäre. Wird vom Äquator bis zu den Polen hin unterteilt in: 1. äquatoriale Tiefdruckrinne mit allgemein aufsteigender Luftbewegung (innertropische Konvergenzzone); 2. Passatzone (Nordostpassat auf der Nordhalbkugel, Südostpassat auf der Südhalbkugel); 3. subtropischer Hochdruckgürtel (Rossbreiten), Ursprung der Passate; 4. Westwindzone der mittleren Breiten; 5. subpolare Tiefdruckrinne mit wandernden Tiefdruckgebieten; 6. polare Ostwinde (Nordostwind auf der Nordhalbkugel, Südostwind auf der Südhalbkugel); 7. Hochdruckgebiete über den Polen.
Polarfront	Grenzfläche zwischen polarer Kaltluft und subtropischer Warmluft.
Radiosonde	Messgerät der Meteorologie, das an einen Ballon befestigt, beim Aufstieg fortlaufend Luftdruck, Temperatur und Feuchtigkeit über einen eingebauten Kurzwellensender zur Bodenstation übermittelt.
Reflexion	Klimafaktor. Eigenschaft von hellen, glänzenden Körpern, einfallendes Licht zu reflektieren, zu spiegeln.
Rossbreiten	Windschwache Zonen des subtropischen Hochdruckgürtels. Auf der Nordhalbkugel gehört das Azorenhoch dazu, das für das Wetter in Mitteleuropa eine wichtige Rolle spielt. Siehe auch Kalmen.
Rückseitenwetter	Nach Durchzug eines Tiefs folgen hinter der Kaltfront kühle Luft und ein rascher Wechsel zwischen starker Quellbewölkung mit heftigen Niederschlägen (Regenschauern, Gewittern mit böigem Wind) und Aufheiterungen mit intensivem Sonnenschein.

Satellitenbild	Satellitenbilder stammen meist vom europäischen Wettersatelliten Meteosat, der die Erde aus einer geostationären Umlaufbahn in rund 36 000 km Höhe in verschiedenen Spektralbereichen abtastet. Sie eignen sich hervorragend für die Diagnose und Analyse des Wetterzustands, weil sie einen globalen, aus dem Weltraum gerichteten Überblick über Schlechtwetterzonen und Schönwettergebiete erlauben. Das Infrarotbild liefert Informationen über die Temperatur der Erdoberfläche und der Obergrenze der Wolken.
Saurer Regen	Niederschläge, die mit schwefeligen Säuren und anderen Säuren angereichert sind. Diese stammen aus der Verbrennung fossiler Brennstoffe. Saurer Regen ist verantwortlich für Waldschäden, die Übersäuerung von Oberflächengewässern und Böden und die Zerstörung von Baudenkmälern.
Schönwetterlage	Grosswetterlage über Mitteleuropa. Stabiles Hoch, meist Ausläufer des Azorenhochs, führt zu einer windarmen Wetterlage über Zentraleuropa. Siehe auch Azorenhoch.
Seewind	Tagsüber bei Schönwetter auftretender Wind, der von der kühleren Wassermasse (See, Meer) zum durch Sonneneinstrahlung stärker erwärmten Land weht.
Solar bedingte Hauptklimazonen	Einteilung der Erde in Zonen gemäss dem Klimaelement Sonnenstrahlung. Zwischen 23.5° N und 23.5° S (den Wendekreisen) die Tropenzone, zwischen 23.5° N/S und ca. 40° N/S die subtropische Zone, zwischen 40° N/S und ca. 60° N/S die gemässigte Zone, zwischen 60° N/S und 66.5° N/S (den Polarkreisen) die subpolare Zone und zwischen 66.5° N/S und 90° N/S (den Polen) die Polarzone.
Solare Klimazonen	Einteilung der Erde in Klimazonen gemäss Sonneneinfallswinkel. Man unterscheidet die Tropenzone, die gemässigte Zone und die Polarzone. Siehe auch solar bedingte Hauptklimazonen.
Sommersmog	Schädliche Wirkung durch Ozon, das sich unter Einfluss von Sonnenstrahlung (im Sommer) aus Abgasen von Verkehr und Industrie bildet. Höchste Konzentration in der Nähe der Ballungsräume.
Sonnenstrahlung	Klimaelement. Die Energiequelle für die Erwärmung der Erdoberfläche und der Luft (die von der Erdoberfläche her erwärmt wird) und damit für alle in der Atmosphäre ablaufenden physikalischen Vorgänge, also auch für das Wetter.
Staulage	Grosswetterlage über Mitteleuropa. Auch Nordföhn genannt. Hoch nordwestlich der Schweiz und Tief im Südosten. Die kühlen und feuchten Luftmassen stauen sich an den Alpen. Siehe auch Föhn.
Strahlung	In der Meteorologie die auf die Erde einfallende (kurzwellige) Sonnenstrahlung («Einstrahlung») und die von der Erde ausgehende (langwellige) Wärmestrahlung («Ausstrahlung»).
Strahlungsstrom	Dies ist die Energiemenge, die pro Fläche und Zeit auf die Atmosphärenobergrenze auftrifft.
Synoptik	Teilgebiet der Meteorologie, das in einer grossräumigen Zusammenschau (Synopsis) mithilfe zahlreicher Wetterkarten den Wetterzustand zu einem gegebenen Zeitpunkt untersucht (Wetteranalyse). Dies ist die Grundlage für die Vorhersage der weiteren Wetterentwicklung (Wetterprognose).
Talwind	Talaufwärts gerichtete Luftströmung, die sich bei ungestörtem Wetter tagsüber im Bergland ausbildet.
Taupunkt	Temperatur, auf die sich das Gemisch Luft-Wasserdampf abkühlen muss, damit die Luft mit der vorhandenen Wasserdampfmenge gerade gesättigt ist und Kondensation einzusetzen beginnt.
Temperaturamplitude	Differenz zwischen sommerlichen und winterlichen Durchschnittstemperaturen eines Orts. Bei kleiner Amplitude spricht man von ozeanischem oder maritimem, bei grosser Amplitude von kontinentalem Klima.
Temperaturgradient	Gibt die Temperaturänderung pro 100 m Höhenunterschied an. Ein mit Wasserdampf nicht gesättigtes Luftpaket kühlt sich beim Aufsteigen um 1 °C/100 m ab = trockenadiabatischer Temperaturgradient. Der «feuchtadiabatische» Temperaturgradient beträgt hingegen im Mittel nur etwa 0.5 °C/100 m.
Tief	Unter einem Tiefdruckwirbel oder einer Zyklone versteht man ein Gebiet mit niedrigerem Luftdruck als in der Umgebung; in der Wetterkarte von (meist mehreren) Isobaren umschlossen.
Tornado	Kleinräumiger, verheerender Wirbelsturm in Nordamerika, meist in den Staaten des mittleren Westens der USA. Tritt auf in der warmen Jahreszeit in Verbindung mit Gewittern, d. h. kräftig ausgebildeten Cumulonimbus-Wolken.

Treibhauseffekt	Eigenschaft der Spurengase Kohlenstoffdioxid, Methan, FKW / FCKW, Lachgas und Ozon (Treibhausgase), die langwellige Wärmeabstrahlung zu reflektieren und so – einem Treibhaus gleich – die Temperatur der Troposphäre zu erhöhen.
Tropopause	Grenzschicht zwischen Troposphäre und Stratosphäre; über Mitteleuropa in 10–12 km Höhe, am Pol in 8–9 km, am Äquator in 16–18 km Höhe.
Troposphäre	Unterstes Stockwerk der Atmosphäre, in dem sich praktisch das gesamte sichtbare Wettergeschehen abspielt.
VOC	VOC (Volatile Organic Compounds) sind leichtflüchtige organische Verbindungen, die bei 20 °C gasförmig sind oder leicht verdunsten (ohne Methan). Bei unvollständiger Verbrennung oder durch Verdunsten von Treibstoffen gelangen VOC in die Luft und tragen zum Sommersmog bei.
Warmfront	Die schwach geneigte Grenzfläche, auf der an der Vorderseite eines Tiefs Warmluft auf die sich zurückziehende Kaltluft aufgleitet. Daher bildet sich vor der Warmfront ein mehrere Hundert Kilometer breiter Wolkenschirm (Cirrostratus, Altostratus, Nimbostratus), aus dem lang anhaltende Niederschläge (Landregen) fallen. Der Warmfront folgt ein mehr oder minder ausgeprägter Sektor mit Warmluft und Aufheiterung («Warmsektor»), bevor die zum Tiefdrucksystem gehörende Kaltfront zum Wettersturz (Kaltlufteinbruch) führt.
Wasserdampf	Er ist unsichtbar. Der Wasserdampfgehalt der Luft schwankt mit der Temperatur: bei 30 °C können 32 Gramm, bei –30 °C nur 0.5 Gramm Wasserdampf pro Kubikmeter vorhanden sein. Der Wasserdampfgehalt spielt in der Atmosphäre eine entscheidende Rolle, da Luft nur einen bestimmten Maximalbetrag Wasser in gasförmiger Phase enthalten kann. Jede Wasserdampfmenge, die den «Sättigungswert» überschreitet, kondensiert mehr oder weniger schnell zu flüssigem Wasser als Wolke oder Nebel bzw. bildet kleine Eiskristalle. Je grösser die Übersättigung wird, umso mehr wird als Niederschlag ausgeschieden.
Westwindlage	Häufigste Grosswetterlage über Mitteleuropa. Hoch über Spanien oder Afrika und Tief über West- oder Nordeuropa. Bringt veränderliches Wetter. Siehe auch Warmfront und Kaltfront.
Wetter	Augenblicklicher, absoluter Zustand der Atmosphäre über einem Ort, wie er durch die Grössen der meteorologischen Elemente (Klimaelemente) und ihr Zusammenwirken gekennzeichnet ist.
Wettererfassung	Grundlage für jede Wettervorhersage und Klimaforschung. Zur Wetterbeobachtung gehören sowohl Beobachtungen mit freiem Auge (Bestimmung der Wolken und des Bedeckungsgrads, Feststellung bestimmter Wettererscheinungen, z. B. Nieselregen oder Gewitter, Zustand der Erdoberfläche) als auch Beobachtungen mithilfe von Messgeräten (Luftdruck, Temperatur, Luftfeuchtigkeit, Niederschlagsmenge).
Wetterhütte	Weiss gestrichene Holzhütte mit doppeltem Boden und Dach sowie Jalousienwänden, die der Luft einen ungehinderten Zutritt zu den im Inneren befindlichen meteorologischen Messgeräten erlauben, jedoch die Strahlung, insbesondere der Sonne, abhalten sollen.
Wetterregel	Erfahrungsregel, die sich auf jahrhundertealte Beobachtungen stützt (Bauernregel), zum Teil aber auch auf wissenschaftlich-statistischer Grundlage basiert.
Wettervorhersage	Grundlage für die Wettervorhersage ist die genaue Analyse des aktuellen Wetterzustands anhand von Wetterkarten. In der Bodenwetterkarte wird das Druckfeld durch den Isobarenverlauf dargestellt; man erkennt Tief- und Hochdruckgebiete. Ähnlich kann das Temperaturfeld durch Abgrenzung der Luftmassen bzw. durch Einzeichnen der Fronten analysiert werden. Daraus ergibt sich ein Überblick über die Verteilung der Warm- und Kaltluftmassen.
Wind	Klimaelement. Ausgleichende Luftbewegung zwischen Gebieten hohen und Gebieten tiefen Luftdrucks.
Wintersmog	Smog, engl. aus Smoke = Rauch und Fog = Nebel. Dichter, rauchdurchsetzter Nebel über Industriestädten. Bildet sich bei Inversionslagen; wegen Heizungen besonders im Winter.
Wirbelsturm	Jede wirbelartige stürmische Luftbewegung. Siehe Hurrikan, Tornado.
Witterung	Umschreibt den allgemeinen Charakter eines kurzzeitigen (Stunden bis Tage) Wetterablaufs über einem Ort.

Wolken	Ansammlung von kleinen Wassertröpfchen oder Eisteilchen, deren Fallgeschwindigkeit so gering ist, dass die Wolken in der Atmosphäre zu schweben scheinen. Wolken entstehen durch Abkühlung feuchter Luft in der Höhe infolge Hebung, bis der Wasserdampf kondensiert. Man unterscheidet Wolken ohne Struktur (Cirrostratus, Altostratus, Stratus, Nimbostratus), Wolken mit Struktur (Cirrus, Cirrocumulus, Altocumulus, Stratocumulus) und Wolken mit vorwiegend vertikalem Aufbau (Cumulus, Cumulonimbus).
Zwischenhoch	Kleines, wanderndes Hochdruckgebiet, das zwischen zwei aufeinanderfolgenden Tiefdruckgebieten eingebettet ist und mit diesen meist ostwärts zieht. Das damit verbundene Schönwetter ist dadurch nur von kurzer Dauer.
Zyklone	Bezeichnung für Tiefdruckgebiet, siehe Tief. Gegensatz: Antizyklone.
Zyklonenfamilie	An ein und derselben Frontalzone bilden sich meist mehrere Zyklonen, die in einem Abstand von 1–2 Tagen ostwärts wandern und unterschiedliche Entwicklungsstadien aufweisen. Die «Familie» reicht von der jungen Zyklone (Wellenstörung), die sich über dem Nordatlantik bildet, über das Entwicklungs- und Reifestadium bis zur Okklusion (meist bereits weit über Osteuropa) und umfasst meist 3–5 «Mitglieder».

Stichwortverzeichnis

A
Abkühlung 23, 35, 55
Ablandige Winde 73
Ablenkung der Winde 34, 36
Absolute Luftfeuchtigkeit 54
Absorption 17
Adiabatisch 23, 59
Adiabatische Temperatur-
 änderung 24
Advektive Lagen 108
Aerosole 55
Albedo 16
Allgemeine Lage 104
Anthropogener Treibhauseffekt 121
Antizyklone 41
Äquatoriale Tiefdruckrinne 35, 38
Atmosphäre 7, 8, 9
Auftriebswasser 73
Azorenhoch 43, 104

B
Barometer 24
Barometrische Höhenstufe 23
Bauernregel 116
Beaufort-Skala 29
Bergwind 33
Bise 50
Bisenlage 108, 109
Bodenbeschaffenheit 65
Bodenstation 92
Bodentief 28
Bodenwetterkarte 96, 97
Bodenwind 28
Bora 50, 62
Breitenlage 64

C
China 131
Chinook 62
Cirrus (Ci) 103
Corioliskraft 36
Cumulonimbus (Cb) 103
Cumulus (Cu) 103

D
Desertifikation 127
Diabatische Temperatur-
 veränderung 23
Dynamisches Tief 41

E
El Niño 74, 75, 76
Emissionsszenarien 125
Etesien 50
Exosphäre 8
Exposition 64

F
Fallwind 59, 62
FCKW 125, 133
Feucht adiabatisch 60, 61
Feuchtgemässigtes Klima (Cf) 86
FKW 125
Fluor-Chlor-Kohlenwasserstoffe 125
Fluorkohlenwasserstoffe 121, 125
Föhn 50, 60
Föhnfenster 61
Föhnlage 108, 110, 114
Föhnmauer 61
Föhntäler 62
Fossile Brennstoffe 122
Fotosmog 132
Frontalzone 40, 45, 101
Frostklima (EF) 86
500-hPa-Fläche 98

G
Gewitterlage 108, 111
Golfstrom 72
Grosswetterlagen 107, 108

H
Halo 117
Hangabwind 33
Hangaufwind 33
Hektopascal 22
Hitzetief 27
Hoch 25, 27, 28, 32, 35
Hof 117
Höhenhoch 28
Höhenlage 65
Höhentief 28
Höhenwetterkarte 97, 98
Höhenwind 28
Humboldtstrom 72
Hurrikan 51, 52

I
Innertropische Konvergenzzone
 (ITC) 34, 35
Inversion 130, 131
Inversionslagen 130
Ionosphäre 8
IPCC 118
Islandtief 43, 104, 109
Isobaren 25
ITC (innertropische
 Konvergenzzone) 35

J
Jahreszeiten 18
Jetstream 40

K
Kalmen 38
Kaltfront 101, 102, 103
Klima 11
Klima ewigen Frosts (EF) 86
Klimadiagramm 78
Klimaelemente 11
Klimaentwicklung 125
Klimafaktoren 64
Klimaformel 80
Klimamodelle 125
Klimaschlüssel 81, 82, 83
Klimaschutz 128, 129
Klimatologie 11
Klimatologisches Netz 93
Klimatypen 79, 80, 84
Klimawandel 118
Klimazone 79, 84
Kohlenmonoxid 132
Kohlenstoffdioxid 9, 121, 122
Kohlenstoff-Kreislauf 121
Kohlenstoffsenken 128
Kondensation 55, 56
Kondensationskerne 55
Kontinentales Klima 65
Kontinentalität 65
Konvektive Lagen 108
Köppens Klimaklassifikation 79
Kurzfristvorhersage 107
Kyoto-Protokoll 128

L
Labradorstrom 72
Lachgas 121, 125
Landregen 103
Landwind 32
Lee 59, 65
Londoner Smog 131
Los-Angeles-Smog 132
Luftbelastung 118
Luftdruck 25
Luftfeuchtigkeit 53, 56
Luftverschmutzung 130
Luftverunreinigung 130
Luv 59, 65

M
Maritimes Klima 65
Mauna Loa 123
Meeresströmungen 66, 70
Mensch und Atmosphäre 118
Mesosphäre 7
Meteorologie 11
Methan 121, 124
Millibar 22
Mistral 50
Mittelmeerklima 85
Monsun 44, 48, 49
Monsunklima (Am) 85
Monsunklima, aussertropisch 85

N
Nimbostratus (Ns) 103
Nordföhn 59, 62, 108, 110
Normaldruck 22

O
Okklusion 101, 103
Ozeanografie 68
Ozon 121, 125, 133
Ozonabbau durch FCKW 133
Ozonloch 133, 134
Ozonschicht 7, 133

P
Pariser Abkommen 128
Pascal 22
Passat 34, 37, 38, 44
Permafrost 124
Perustrom 72
Physikalische Atmosphäre 22
Planetarische Zirkulation 33

Planetarisches Druck- und Windsystem 27, 34, 43, 45
Polare Ostwinde 38
Polares Kältehoch 34, 35, 38
Polarfront 39, 40, 101, 104
Polarlicht 8
Positive Rückkopplung 124

R

Radiosonde 94
Radiosondierung 94, 99, 142
Reflexion 17
Regenbogen 117
Relative Luftfeuchtigkeit 54
Revolution 14
Rossbreiten 38
Rossbreitenhoch 104
Rotation 14, 36
Rückkopplungsprozesse 127
Rückseitenwetter 103

S

Santa-Anna-Wind 62
Satellit 95
Satellitenbild 95
Sättigungsdefizit 55
Sättigungsmenge 54
Sauerstoff 9
Savannenklima (Aw) 85
Schalenkreuzanemometer 29
Schirokko 50
Schönwetterlage 104, 108, 111
Seewind 32
Smog 130
Solare Klimazonen 18, 19, 64
Solarkonstante 12
Sommersmog 132
Sonnenstrahl-Einfallswinkel 12, 13
Sonnenstrahlung 12
Sperrschicht 130
Staulage 108, 110
Steigungsregen 61
Steppenklima (BS) 85
Stickoxide 124, 132

Stickstoff 9
Strahlstrom 39
Strahlung 12, 120
Strahlungsstrom 12, 13, 15, 17
Stratosphäre 7, 133, 134
Stratosphären-Ozon 133
Sublimation 53
Subpolare Tiefdruckrinne 34, 35
Subtropen 37
Subtropischer Hochdruckgürtel 34, 35, 38
Südföhn 59, 110
Synoptik 92
Synoptisches Netz 92
Synthetische Gase 125

T

Taifun 52
Talwind 33
Taupunkt 55
Temperaturamplitude 86
Temperaturgradient 59, 60
Thermosphäre 8
Tief 25
Tornado 51
Treibhauseffekt 120, 125
Treibhausgase 120, 121
Trocken adiabatisch 59, 61
Tropen 37
Tropische Zyklone 52
Tropisches Regenwaldklima (Af) 84
Tropopause 7
Troposphäre 7
Troposphären-Ozon 132
Tundrenklima (ET) 86

U

Urmodell des planetarischen Windsystems 34

V

Vegetation 79
Verdunstung 53

VOC 124, 132
Vorderseitenwetter 103

W

Warmes sommertrockenes Klima (Cs) 85
Warmes wintertrockenes Klima (Cw) 85
Warmfront 101, 102
Warmsektor 102, 103
Wasserdampf 9, 53, 69, 125
Wasserkreislauf 69
Weltmeer 68
Westwindlage 101, 108, 109
Westwindsystem 39
Wetter 11
Wetterbericht 96
Wettererfassung 92
Wetterextreme 126
Wetterkarte 96, 97
Wetterprognose 107
Wetterregel 115
Wettervorhersage 107
Willy-Willy 52
Wind 27
Windgeschwindigkeit 29
Windhose 51
Windrichtung 30
Windrose 31
Winterfeuchtkaltes Klima (Df) 86
Wintersmog 130, 131
Wintertrockenkaltes Klima (Dw) 86
Wirbelsturm 50, 51
Wirbelwind 50
Witterung 11
Wüstenklima (BW) 85

Z

Zonda 62
Zwischenhoch 103
Zyklogenese 41
Zyklone 41, 50, 104
Zyklonenfamilie 104

Bildungsmedien für jeden Anspruch
compendio.ch/geografie

Geografie

Das Ende dieses Buchs ist vielleicht der Anfang vom nächsten. Denn dieses Lehrmittel ist eines von über 250 im Verlagsprogramm von Compendio Bildungsmedien. Darunter finden Sie zahlreiche Titel zum Thema Geografie. Zum Beispiel:

Geologie
Grundlagen Geografie: Aufgaben des Fachs, Erde als Himmelskörper und Kartografie
Globale Klimatologie: Meteorologie, Wetterinformation und Klimatologie
Anthropogeografie: Kulturen, Bevölkerung und Städte
Wirtschaftsgeografie und globalisierter Lebensraum

Geografie bei Compendio heisst: übersichtlicher Aufbau und lernfreundliche Sprache, Aufgaben mit Lösungen, je nach Buch auch Glossar oder Zusammenfassungen für den schnellen Überblick.

Eine detaillierte Beschreibung der einzelnen Lehrmittel mit Inhaltsverzeichnis, Preis und bibliografischen Angaben finden Sie auf unserer Website: compendio.ch/geografie

Nützliches Zusatzmaterial

**Professionell aufbereitete Folien
für die Arbeit im Plenum**

Zu den Lehrmitteln im Bereich Naturwissenschaften sind separate Foliensätze erhältlich. Sie umfassen die wichtigsten Grafiken und Illustrationen aus den Büchern und sind so aufgebaut, dass sie auch unabhängig von den Compendio-Lehrmitteln eingesetzt werden können. Alle nötigen Informationen finden Sie unter compendio.ch/geografie

Alle Lehrmittel können Sie via Internet sowie per Post, E-Mail, Fax oder Telefon direkt bei uns bestellen:
Compendio Bildungsmedien AG, Neunbrunnenstrasse 50, 8050 Zürich
Telefon +41 (0)44 368 21 14, Telefax +41 (0)44 368 21 70, E-Mail: bestellungen@compendio.ch, www.compendio.ch

Bildungsmedien für jeden Anspruch
compendio.ch/verlagsdienstleistungen

Bildungsmedien nach Mass
Kapitel für Kapitel zum massgeschneiderten Lehrmittel

Was der Schneider für die Kleider, das tun wir für Ihr Lehrmittel. Wir passen es auf Ihre Bedürfnisse an. Denn alle Kapitel aus unseren Lehrmitteln können Sie auch zu einem individuellen Bildungsmedium nach Mass kombinieren. Selbst über Themen- und Fächergrenzen hinweg. Bildungsmedien nach Mass enthalten genau das, was Sie für Ihren Unterricht, das Coaching oder die betriebsinterne Schulungsmassnahme brauchen. Ob als Zusammenzug ausgewählter Kapitel oder in geänderter Reihenfolge; ob ergänzt mit Kapiteln aus anderen Compendio-Lehrmitteln oder mit personalisiertem Cover und individuell verfasstem Klappentext, ein massgeschneidertes Lehrmittel kann ganz unterschiedliche Ausprägungsformen haben. Und bezahlbar ist es auch.

Kurz und bündig:
Was spricht für ein massgeschneidertes Lehrmittel von Compendio?

- Sie wählen einen Bildungspartner mit langjähriger Erfahrung in der Erstellung von Bildungsmedien
- Sie entwickeln Ihr Lehrmittel passgenau auf Ihre Bildungsveranstaltung hin
- Sie können den Umschlag im Erscheinungsbild Ihrer Schule oder Ihres Unternehmens drucken lassen
- Sie bestimmen die Form Ihres Bildungsmediums (Ordner, broschiertes Buch oder Ringheftung)
- Sie gehen kein Risiko ein: Erst durch die Erteilung des «Gut zum Druck» verpflichten Sie sich

Auf der Website www.bildungsmedien-nach-mass.ch finden Sie ergänzende Informationen. Dort haben Sie auch die Möglichkeit, die gewünschten Kapitel für Ihr Bildungsmedium direkt auszuwählen, zusammenzustellen und eine unverbindliche Offerte anzufordern. Gerne können Sie uns aber auch ein E-Mail mit Ihrer Anfrage senden. Wir werden uns so schnell wie möglich mit Ihnen in Verbindung setzen.

Modulare Dienstleistungen
Von Rohtext, Skizzen und genialen Ideen zu professionellen Lehrmitteln

Sie haben eigenes Material, das Sie gerne didaktisch aufbereiten möchten? Unsere Spezialisten unterstützen Sie mit viel Freude und Engagement bei sämtlichen Schritten bis zur Gestaltung Ihrer gedruckten Schulungsunterlagen und E-Materialien. Selbst die umfassende Entwicklung von ganzen Lernarrangements ist möglich. Sie bestimmen, welche modularen Dienstleistungen Sie beanspruchen möchten, wir setzen Ihre Vorstellungen in professionelle Lehrmittel um.

Mit den folgenden Leistungen können wir Sie unterstützen:

- **Konzept und Entwicklung**
- **Redaktion und Fachlektorat**
- **Korrektorat und Übersetzung**
- **Grafik, Satz, Layout und Produktion**

Der direkte Weg zu Ihrem Bildungsprojekt: Sie möchten mehr über unsere Verlagsdienstleistungen erfahren? Gerne erläutern wir Ihnen in einem persönlichen Gespräch die Möglichkeiten. Wir freuen uns über Ihre Kontaktnahme.

Compendio Bildungsmedien AG, Neunbrunnenstrasse 50, 8050 Zürich
Telefon +41 (0)44 368 21 11, Telefax +41 (0)44 368 21 70, E-Mail: postfach@compendio.ch, www.compendio.ch